U0452349

万川
reflections

一
步
万
里
阔

帝都之铁

汉代铁工业与辐辏网络

林永昌——著　　宋珮怡——译

Connectivity, Imperialism, and the Han Iron Industry

中国工人出版社

图书在版编目（CIP）数据

帝都之铁：汉代铁工业与辐辏网络 / 林永昌著；宋珮怡译. -- 北京：中国工人出版社，2025.5.
ISBN 978-7-5008-8735-5

Ⅰ. K234.07
中国国家版本馆CIP数据核字第2025X2A410号

著作权合同登记号：图字01-2024-2372号

Connectivity, Imperialism, and the Han Iron Industry 1st Edition/by Wengcheong,lam
Copyright©2023 Wengcheong Lam All rights reserved.
Authorized translation from English language edition published by Routledge, part of Taylor & Francis Group LLC; All Rights Reserved.
本书原版由Taylor & Francis出版集团旗下，Routledge出版公司出版，并经其授权翻译出版。版权所有，侵权必究。

China Worker Publishing Press is authorized to publish and distribute exclusively the Chinese (Simplified Characters) language edition. This edition is authorized for sale throughout Mainland of China. No part of the publication may be reproduced or distributed by any means, or stored in a database or retrieval system, without the prior written permission of the publisher. 本书中文简体翻译版授权由中国工人出版社独家出版并仅限在中国大陆地区销售，未经出版者书面许可，不得以任何方式复制或发行本书的任何部分。

Copies of this book sold without a Taylor & Francis sticker on the cover are unauthorized and illegal. 本书贴有Taylor & Francis公司防伪标签，无标签者不得销售。

帝都之铁：汉代铁工业与辐辏网络

出 版 人	董　宽
责任编辑	杨　轶　罗　娜
责任校对	张　彦
责任印制	黄　丽
出版发行	中国工人出版社
地　　址	北京市东城区鼓楼外大街45号　邮编：100120
网　　址	http://www.wp-china.com
电　　话	（010）62005043（总编室）（010）62005039（印制管理中心） （010）62001780（万川文化出版中心）
发行热线	（010）82029051　62383056
经　　销	各地书店
印　　刷	天津中印联印务有限公司
开　　本	880毫米×1230毫米　1/32
印　　张	10.25
字　　数	230千字
版　　次	2025年7月第1版　2025年7月第1次印刷
定　　价	68.00元

本书如有破损、缺页、装订错误，请与本社印制管理中心联系更换
版权所有　侵权必究

中文版序言

香港中文大学人类学系及历史系林永昌副教授，先后受教于北京大学与哈佛大学，长期从事中国早期经济体系的考古研究，并结合冶金考古、动物考古与空间分析等方法。本书为他近年重要成果之一，另一本与姚辉芸（Alice Yao）合著的专著《汉代考古学》亦已出版。此外，林永昌也在东亚与东南亚铁器生产的相关议题上发表多篇学术论文。本书为其2015年在哈佛大学完成的博士论文之拓展成果的中文版，该论文由我亲自指导。原论文题为《中国早期的商品生产与铁器经济：以西汉郿城制铁作坊为个案》。这是一项极具雄心且卓然出众的研究，融合了深厚的理论架构、广阔的比较视野与严谨的实证分析。其后出版的英文专书在此基础上重新构思、深化诠释，进一步提升了这项本已极具学术价值的研究成果的水平。

作为劳特利奇出版社"中国考古系列"（"Routledge Studies in Chinese Archaeology"）的首部专书，林永昌的这部著作以汉代铁器工业为切入点，探讨国家版图扩大与区域联结（connectivity，本书翻译为辐辏网络），可以说是该学术丛书宗旨的典范体现。该系列旨在为英语读者提供一系列以考古遗存为基础、对中国历史提出新颖诠释的学术成果，并在更宏观的理论层面深入讨论当代考古学的多项重要议题。为此，丛书中的每一部著作至少设一章，明确地阐述作者在某一项具有广泛意义的研究主题上，对既有学术文献的贡献与回应。林永昌此书的重要性即体现在其绪论上，他对"帝国"与"联结性"概念的深度探讨，使该书的学术意义远超汉代一隅，更具备与全球帝国研究展开对话的广阔视野。

"联结性"是理解不同规模人类社会的重要概念之一。无论是狩猎采集群体之间的互动及其与地景之间的实践关系，早期农业村落之间的联系，抑或国家形成过程与多族群政体的运行机制，当代考古学对这些主题的研究日益强调一系列既相互重叠又各有所指的概念，如网络（networks）、边界（boundaries）、网状结构（meshworks，参见 Tim Ingold 之用法）、通道（corridors）、交换（exchange）等，以多维方式探讨社会联结的机制与形式。在本书中，林永昌聚焦于"商品交易"这一特殊类型的联结性，将其作为分析视角，揭示汉朝在区域内部与跨区域层面的社会动态。本书的分析框架建立在对商品生产与流通诸环节的严谨观察之上，涵盖了生产的集中度、劳动强度、分工体系以及流通组织与规模等多重维度。

铁器在古代中国成为重要商品，一方面，因其在农业与手工业中之普遍性与必需性；另一方面，亦因其与国家财政的密切关系。商品生产与大规模市场的发展，以及国家主导的分配与交换体系之间的复杂互动，早在汉代以前的一千多年前，已在中国古代社会中深植根基。而在汉代，此一体系更以国家垄断的形式得到全面推行。正如林永昌指出的，这并非一套旨在追求最大生产或最小浪费的纯经济理性制度；相较之下，如何建立一套维系国家稳定的联结与整合网络才是核心。在他对这些问题的讨论中，我们可以看到一个鲜明的案例，说明市场经济如何在历史的脉络中与再分配体系相互嵌合。这正是全球经济史长期争论的关键议题之一。

本书亦指出，尽管铁器在中国的普及相当迅速，但其地理分布却极为不均。尤为关键的是，虽然铁在秦朝及其继承者汉朝中具有举足轻重的地位，但那些铁器生产最发达、规模最大的地区，往往并非国家政治权力的核心所在。此现象亦凸显了跨区域交换及其控制机制在国家治理中扮演的关键角色。基于此观察，我们得以进一步理解社会分工以及"差异化"（social differentiation）与"整合"（social integration）两种社会动力之间的互动关系，如何构成各类社会复杂性的基本机制。而在如汉朝这类幅员辽阔、族群多元的区域型帝国中，这一互动关系更在空间层面上被显著放大与强化，成为理解社会运作的关键视角。

本书的另一个亮点是，作者扎根于遗址提供的具体资料，融合、竭尽多项线索，细致地分析生产组织方式。作者不仅关注与铁器制造直接相关的地方性与区域性考古资料，亦纳入与制铁工匠日常饮食相关的食物获取与处理的相关证据，进行综合考察。透过这样的分析，本书凸显了一个核心观点——所有手工业制造活动都应被置于一个由多重行动交织而成的复杂系统中来理解。

我对本书翻译并以中文出版，深感欣喜。当今全球关于中国古代的学术研究，虽已呈现多国家、多语言的交流格局，但学术对话仍常受限于语言壁垒与学术传统，往往形成各自为政的局面。长期在欧美语境中工作的考古学家、历史学者与相关研究者，虽能阅读中文资料，但多以英语、法语、德语等母语发表成果，致使其学术贡献难以回流，往往未能在中文学术界引发足够关注。反之，主要以中文阅读与写作的学者，即便对外语研究有所涉猎，也未必能充分理解或回应非中文著作中的论点与学术贡献。作为一位拥有在欧美语境中工作经验的中国学者，林永昌的这部著作就是这样一部难得之作。虽以英语读者为对象撰写，却深刻回应了中文学术界的相关讨论。能够使此书于研究古代中国的学术社群中广为流通，意义重大。其内容富于启发性，尤值得广大读者细读参酌。如今，借由本次出版，中文学术界能全面接触这一研究成果，诚为一大幸事。

哈佛大学人类学系约翰·E.哈德森考古学讲座教授

傅罗文（Rowan Flad）

2025年6月，剑桥，麻省

谨以此书纪念刘绪教授（1949—2021）

长怀师恩，铭感教诲

目　录

绪　论 　　　　　　　　　　　　　　　　　　　　　001

　　国家制度与辐辏网络　　　　　　　　　　　　　001
　　汉王朝的转型与都城区的角色　　　　　　　　　009
　　铁工业及其对社会关系的意义　　　　　　　　　016
　　本书的结构　　　　　　　　　　　　　　　　　023

第一章　　铁器的兴起与帝制国家权力　　　　　　　029

CHAPTER ONE
　　作为地位象征的铁器　　　　　　　　　　　　　034
　　大规模生铁铸造的时代　　　　　　　　　　　　040
　　秦国生铁技术初现端倪　　　　　　　　　　　　047

第二章　　汉代都城区的崛起与手工业管理　　　　　059

CHAPTER TWO
　　都城及其腹地　　　　　　　　　　　　　　　　061
　　汉王朝对手工业的管理　　　　　　　　　　　　072
　　都城区的手工业：陶器、青铜与铁器　　　　　　080

第三章	汉王朝内郡核心区的制铁手工业	**089**
CHAPTER THREE	汉代炼铁技术与生产链	092
	中原地区的制铁产业群	102
	汉代都城区的铁工业	115

第四章	制铁作坊的组织与劳动分工	**125**
CHAPTER FOUR	诠释"无声"的考古记录中的工匠组织形态	127
	庶民之制：汉代之前集中式作坊的兴起	139
	关中地区制铁作坊的劳动组织与性质：微观视角	153

第五章	制铁工匠群体的食物与经济依附性	**168**
CHAPTER FIVE	食物供应系统与经济依附性	170
	战国都城区的深度经济依附性	183
	汉代都城区铁器生产的食物供应与经济依附性	193

第六章	市场整合与铁器分配体系	**208**
CHAPTER SIX	古代中国的区域整合与市场交换概念框架	211
	战国时期的中心辐射式分布	224
	汉代都城区"整合市场"的出现	233

结语	铁工业的管理与"食货"体系	**248**
	后记	263
	参考文献	268

绪 论

国家制度与辐辏网络

历史学家劳榦先生（1907—2003）利用简牍资料，撰写过一篇综述汉代社会生活的短文。在文中，劳榦先生以传神的笔触描绘了西北边塞车马喧嚣的壮观场景：

> 在这条通往居延的大道上，车马、牛羊川流不息。这些车马，有的是属于朝廷的，有的是属于私人的。属于朝廷的有传车、传马以及从内地运送物资而来的车辆，而私人的车辆必须带有通关的符信。至于车的种类，有轺车（人乘坐的车）、方厢车（运输车）、牛车（盖有席篷的运输车）、辇车（驾马的货运大车）等。从内地运来的物资，主要有布、帛以及衣物。从附近的郡县运来的粮食（如果附近地区供应不足，也会从内地运来），包括谷（汉代，谷通常是指粟类，而不是稻类）、黍、麦、糜、穄等。这些物资都要被运到居延城里的仓库或障（秦汉边塞上险要处作防御用的城堡）内的仓库以及专用仓库。

这幅沉睡了2000多年的历史图景，幸赖居延汉简的考古发现得以重见天日。作为汉王朝设在今内蒙古额济纳旗的军事要塞，居延肩负着抵御盘踞在欧亚草原的劲敌——匈奴——的重要使命。终汉之世，匈奴之患始终如芒在背。由于居延距都城长安远逾1500里，仅军械、粮秣、布帛及铁器等戍边物资的输送，便需耗时两月有余。① 若从关中以东的郡县起运，则煞费周章。

　　如今，居延连同其周边星罗棋布的烽燧障塞，早已湮没在浩瀚沙海之中。但在当年，在这条绵亘千里的补给线上，时有村落点缀其间，供往来商旅歇脚，获得补给。汉人深知，如此长途陆运不仅靡费甚巨，而且耗费时日。② 河西走廊既是维系都城与西域联系的命脉，又是预警匈奴来犯的咽喉。为确保这一通道畅通无阻，朝廷不得不倾举国之力维持这套边塞体系。纵使民生维艰，亦须竭尽全力将物资输往边关要塞。汉代横亘万里的防御链条，自东北发端，穿大漠，越流沙，终与敦煌及西域诸城遥相呼应。

　　承袭秦制基业，西汉王朝（含新莽时期，公元前206—公元25年）完善了交通系统，通过构筑以都城为中心的驰道网络，将统治触角延伸至四境边陲。依托官方驿传和运输系统，朝廷政令能以日行70里的速度疾驰边塞，③ 羽檄交驰之际，政

---

① 根据劳榦的观点，汉代官方文件记载的正常传递速度约为每天60里（汉朝沿用秦制，1里约合415.8米）。
② 据《史记》记载，粮食运送距离若超过1000里，每石的运费超过30钟（1钟相当于6.4石），这表明陆路运输粮食的成本极高。
③ 相比之下，古罗马时代国家邮政或个别信使的运输速度约为每天67千米。

令朝发夕至。这套精密运转的交通体系，成为维系辽阔疆域的根本保障。除却传递行政文书，汉王朝还在交通道路沿线广设仓储设施，用以周转自关东生产区输往都城及其以西疆域的粮秣、兵械。尤其值得一提的是，朝廷为此倾举国之力征调徒卒。据以往简牍研究成果，居延戍卒多征发自今河南至东部地区，凡丁壮者皆须履戍边之责一载。因此，人员与物资的定向流动，实为汉王朝巩固政权的重要国策。

在汉王朝疆域内，交通网络的不断延伸与郡县制度的不断普及，不仅促进了信息与思想的交融，而且推动了不同生产中心所出物产的跨区域流通。得益于近年出土的大量有关西北边陲与南方县治中心的简牍，特别是官府文书档案，学者得以抽丝剥茧，还原汉代行政体系的运作机理。如今，我们既能洞悉郡县官吏的职司分工，亦能窥见基层行政单位（里）的运作方式。我们不仅清楚地掌握了中央政令的颁布流程，而且了解了县级官府如何呈报户籍、税赋，以及请示疑难案件的操作细节。

针对此类出土文书进行的分析，为理解政治整合提供了关键依据，并且从物质文化角度观察"大一统"[1]的特征，如边城要塞普遍使用的汉式瓦当，更能揭示汉王朝统治面临的各种

---

[1] 尤锐（Yuri Pines）认为，秦汉帝国得以实现统一，实源于战国时期逐渐形成的"大一统"政治范式，而这一思想体系的本质就是当时诸子思想对社会秩序崩解所作的意识形态回应。[详见 Pines 2000；关于中国文献中这一观念的比较研究，参见卜宪群（2018）。]对于"大一统"范式在史前中国考古研究中的批判性综述，详见李新伟（2020）。

挑战。这些挑战既包括山川阻隔造成的地理障碍,又包括各方势力面对汉室时表现出的抗拒或顺应的复杂反应。鉴于汉王朝的整个疆域横跨不同的生态、地理和文化区域,出现这些挑战实在不足为奇。由于汉王朝统筹调配四方资源不均,以及各地供需的变化,朝廷不得不在幅员万里的疆域内采取"因地制宜"的治理方略。然则,朝廷究竟如何运筹帷幄,制定并调适政策,才能有效地治理地方?现存的出土汉代文献的地域分布恰呈跛足之势,也令解释变得窒碍难行。目前的出土材料主要集中于西北边塞(多属西汉中期至东汉早期)与南缘临湘(属两汉时期;临湘,即今长沙)等地。纵使断简残编浩繁,然而关于货源地、运输路线、成本或其他市场交易的记录却支离破碎,难以拼凑出不同地方之间货物跨区域流通的完整图景。[①]加之,交通和通信系统本为官控而非商营,汉代文献很少会详载行程距离及运费,致使针对汉代货物运输进行的量化研究,犹似缘木求鱼。要之,若仅凭出土文书探究汉代制度及其社会影响,恐有管窥蠡测之虞。

为探究汉代版图扩大之实况,除了稽考传世文献,学者也对广布四方、风格趋同的汉式文物深感兴趣。汉代器物,如以黑、红为主色的漆器、带有流畅曲线的连弧纹铜镜、环首刀等典型器物,在边陲要地屡见不鲜。这为汉代实行"大一统"

---

① 最新公布的五一广场简牍揭示了一个珍贵的例子,其中明确记载了各地向长沙郡治临湘(今长沙)调运布帛与粮食的具体情形。

的政策提供了佐证。这些考古学证据不独普遍见于汉域内郡，更在远至今越南北部、河西走廊、朝鲜半岛等地有所发现。这表明这些地域在汉代版图中与内郡高度融合。与此同时，标准化的随葬用陶器，包括鼎、壶、井、仓及灶之属，在汉代整个疆域内的中小型墓葬中俯拾皆是。由此可见，风格相同的文物在汉土的传播，意味着在文化领域内出现了一定程度的一体化，亦代表着汉王朝将礼制从中原地区向外传播，其推行力度不亚于施行大规模徙民实边的国策。

汉式文物流布之广固然毋庸置疑，但是最近有学者认为，当以更精微的视角审视此类"同质化"现象，重新思考其背后日趋紧密的辐辏网络（connectivity）[①]。这一机制之所以重要，因其最终导致的"过程和结果甚至堪比现代全球化"。可惜的是，目前探究其实际运作机理的研究寥若晨星。从国家版图扩大的角度来看，汉王朝的考古资料对理解这一问题的作用尚未被充分挖掘，致使我们对汉朝体制的认识仍存空白。学界对汉王朝实行的"汉化"策略已有初步认识，但这种均一化的汉代社会的具体形成机制有待进一步剖析。考古学本可于此大有作为，在这一过程中提供帮助，无奈，目前出土的汉代材料的

---

① 按字面之意，"connectivity"也可被译作联通性或协作网络等，但"connectivity"在此处除了指网络和连接，还强调汉王朝内部通过流通网络形成的政治关系。"辐辏"一词常见于《汉书》《史记》等文献，本身所指就是四周资源汇聚于都会或都城，就如车辐集中于车毂一样，而这一描述正是本书通过铁器的考古学研究所要描述的社会关系。因此，译者在此使用"辐辏网络"作为翻译，这也比"联通性"表达之意更为精准。——译者注

情况也是不尽相同。王侯宫阙、衙署遗址乃至日用器皿、农耕器具尚可觅得踪迹，而百姓的栖身之所多已荡然无存，致使市井生活难以一窥究竟。因这一局限，所以单凭考古发现实难尽释上述问题，尚需另辟蹊径以补苴罅漏。

比较研究是一种卓有成效的方法，其中汉王朝与罗马帝国的对比研究为学界所重，而这种比较确有可取之处。以罗马帝国为例，其领土扩张和社会转型（所谓的"罗马化"过程），通常都是通过战争和大规模移民实现的，最终促成了思想观念和物质文化［如钱币和赭色陶器（terra sigillata）］的广泛传播。这种现象一般被称为罗马文明的"全球化"。此外，市场体系的整合使得商品能够被合理定价，这也成为罗马辐辏网络发展的重要推动力。虽然远距离贸易在人类历史上古已有之，但能够在广阔疆域内建立完整的交通系统，往往需要借助强大的国家之力来推动。其中，运输基础设施的改善不仅刺激了商贸繁盛，而且优化了资源配置，与国家扩张形成了相辅相成的良性循环。从普通民众生活的角度来看，交通与通信设施的改进，将生产者、供应商与消费者更紧密地联系在一起，最终促进了手工业和农业生产形成地域性分工。

恰如布莱达·迪林（Bleda Düring）对亚述帝国体制研究的最新洞见，所谓帝国，实际上指的是多种政策共同作用的结果，这些政策"以不同的程度成功地克服了地理阻隔与地方抗阻"。尤其当国家幅员辽阔、统治多个族群时，协作方式更显纷繁复杂。事实上，各行政区之间的联系模式往往差异悬殊。内维里·莫利（Neville Morley）也曾精辟地指出，纵使建立了统一的市场体系，罗马人亦无法如当代"全球化"那般"压缩"时空，因此难以建立一个完美的商品、原材料和信息流通网络。另有学者对"市场整合必循同一路径"的单一假设提出疑问，罗马史家彼得·邦（Peter Bang）通过考察贸易网络，揭示了罗马帝国从未真正地整合地中海沿岸多样化的市场体系。值得注意的是，各类地区从广阔的贸易网络中受益的程度并不相同：作为交通枢纽的地区自然能够获得"全球网络"的优势，大片腹地及偏远地区则往往被忽视，发展相对滞后，沦为发展洼地。

要深入解析汉王朝版图扩大与巩固的内在机制，笔者主张聚焦辐辏网络这一关键的考古现象，并进行详细的研究。借助于当代以网络为基础的考古学分析方法，我们可以系统地阐释这一概念。具体而言，辐辏网络指的是遗址周边广大区域的交流互动，以及由政治和经济系统所驱动的各统治区的连接。这一复杂的现象受到多重因素影响，包括市场体系整合、网络扩张、技术革新、产业转型、信仰传播，以及旨在巩固国家体系的行政渗透等。

相较于仅仅识别遗址之间的地理关系，考古研究应重点考察辐辏网络的结构演变，这将有助于揭示社会交流的历时性特征变化。这一视角的转变，让我们得以通过古代统治者精心构建的国家统一现象，把古代帝国重新解读为一个由政治和社会交织而成的网络,从而进一步挖掘传世文献的弦外之音。①因此,笔者认为,辐辏网络为研究提供了富有潜力的分析框架。要充分发挥其理论价值,需要着重考察商品生产、流通与消费的全链条,同时必须警惕对国家版图扩大进程的单一、简单化解读。反之,辐辏网络应该被视为一个重塑和改变社会关系与传统的过程。但是,这一过程同时受到了限制:每个政区都存在原有的社会结构,其中的旧模式在某种程度上会与新发展持续角力。正是在这种碰撞、交融中,国家构建的辐辏网络得以显现,并在不同层面影响着每个个体的日常生活。

尽管汉王朝与罗马帝国的比较研究颇具启发,但必须注意两者之间的本质差异:汉王朝从未奉行扩张主义,也并未追求所谓的"无限帝国"(imperium sine fine)理念。汉武帝时期(公元前141—前87年),朝廷通过实施郡县制,使得疆域拓展达到顶峰,但其施政重心始终在于巩固边疆——修建道路、调配国内资源,而非军事扩张。这种强化交通基础设施的策略虽为古代国家所共有,但实施效果却因地而异,并且取决于当地的政治基础与社会传统。值得庆幸的是,就汉王朝而言,近几十年来积累了丰富的考古发现,配合其他出土文献,这些珍贵的材料能提供重要的政治、军事和经济信息,继而帮

---

① 本书采用马丁利(Mattingly)提出的定义,将帝国界定为一种地缘政治组织形式——其本质特征在于核心区域(通常以都城及其直接控制的领土为基础)对边缘地带实施主权管控的支配性关系。基于此,帝国制度可进一步被定义为"建立与维系这种支配体系的过程及其相应的意识形态"。

助我们窥探辐辏网络实际的运作。从方法论的角度来看，当务之急是确立考古遗存中衡量辐辏网络的合适指标，构建实用分析框架，方能有机地整合各类证据，从而更清楚地描绘这些历史联系的完整图景。

汉王朝的转型与都城区的角色

辐辏网络研究的核心是解析汉王朝的连接机制及其深远影响。近年来，研究古代帝国的学者对边疆地区的关注与日俱增。例如，传统观点通常将"罗马化"简单地理解为罗马政府强制改造被征服地区社会的过程，使得当地居民看起来更像"罗马人"。然而，关于罗马化的最新研究打破了这一认知桎梏，转而强调帝国在边疆地区的扩张（"罗马化"）呈现出多元形态，特别是罗马当局如何与地方精英阶层达成互利合作的关系，共同推动帝国扩张与经济繁荣。帝国扩张绝非总是自上而下推进的单向过程；相反，它需要与少数地方精英的利益休戚与共，"并提供足够的机遇，以便让更广泛的社会群体看到发展的可能性"。

虽然上述"边疆视角"能够为特定的辐辏网络提供必不可少的个案证据，但笔者认为，国家版图扩大的进程应该被视为一个整体，即核心区与边疆的融合才是推动双方互动与转型的关键动因。由此观之，汉王朝核心区相关资料蕴含的研究价值，丝毫不亚于边疆地区，并有助于理解促进辐辏网络发展的因素。完整地重构汉代的区域性辐辏网络的图景，固然需要考察边疆地区，但不可忽视都城区的重要性，尤其是在考察王朝统治的复杂过程带来的社会转变时。

参照考古学界对区域聚落形态所下的通用定义，笔者将"区域"界定为具有独立地形特征的地理单元，包括各种地形区域，其边界可由河谷、山脉等自然地貌划定，且该区域呈现出文献所载的独特文化传统。秦汉都城所在的关中盆地正是这样一个典型区域：西倚汧河和雍水（今宝鸡市凤翔区），东屏黄河与华山，形成了一条长约300千米、被高原与山脉环抱的狭长地带。这种得天独厚的地形使这一地区天然具备抵御自东向西进攻的军事优势。考古发现显示，早在青铜时代早期，该地区就已形成相对统一并且有别于其他地区的文化传统。关中具有的独特地形与地理环境为秦汉两大王朝的运作提供了坚实的基础。正如《史记·刘敬叔孙通列传》所载，汉廷凭借关中"扼天下之亢而拊其背"的战略地位，不仅充分发挥军事优势，而且实施以关中为核心的"关中本位"政策体系——严密地管控进出关中的交通要道，以及持续输送资源至关中都城，从而巩固对关东地区（原来由他国控制的函谷关[①]以东区域）的统治。

[①] 需要注意的是，函谷关最初位于今河南省灵宝市，汉武帝时期为强化对洛阳的管控，其关址迁至今河南省新安县。

汉王朝竭力掌控北方河套地区与西北河西走廊以抵御匈奴及其盟军，关中地区的战略价值自然也是举足轻重的。为维系边防体系与支援戍边将士，各类兵器、粮秣及日用物资需自各地调运至边陲，尤其是调运自都城区以东与以南的区域。无论来自何处，这些物资皆须经关中转运，都城区遂成为边防供给的中枢要地，犹如辐辏网络的核心枢纽。

秦统一六国后，为促进运输和传递文书，始皇帝于公元前221年整合列国原有道路，构建起"驰道"系统，由此形成了以关中为中心的全国道路网。继而于公元前212年，始皇帝又敕令修筑自云阳直抵九原的"直道"，绵延1800余里。虽多数古道已湮没无闻，然现存残段犹可为当时辐辏网络的证明，昭示了当年都城与四方疆域的紧密联系。汉承秦制，不仅沿用了"驰道""直道"体系，而且重修、扩建了通往东部及北部、西北边疆的干道。自此，关中终成为汉王朝交通网络的辐辏中心。而雄踞关中腹地的长安城，凭借其四通八达之利，成为关中盆地中心的贸易城市，更为帝都的绝佳所在。《史记·货殖列传》有云：

> 因以汉都，长安诸陵，四方辐凑并至而会，地小人众，故其民益玩巧而事末也。[1]

---

[1]《史记》卷129，页3261。

长安的崛起，很大程度上得益于其作为关中盆地核心枢纽的地位，四方货物在此集散流通。这座都城不仅会聚了宗室、官吏和儒生学者，还有被迫迁徙到当地的劳动人口和地方豪族，长安终发展成为古代世界人口最为稠密的都市之一。其得天独厚的地理位置，使得汉王朝能够通过东西向的道路和交通网络实行监察并控制人员流动，这成为维护汉朝社会稳定的关键策略。

要深入理解辐辏网络的运作机制，除了考量都城的地理优势，还必须注意考古材料侧重不均的问题。在对都城以外的郡县开展的考古工作中，墓葬材料往往占据主导地位，这与其在一般调查和抢救性发掘中的高发现率有关。此外，多数古代治所或被现代城镇叠压，或已在历史长河中湮没无存，唯北部和西北边陲那些附带城墙的军事要塞，至今仍可通过地表调查清楚地辨识其轮廓。尤为关键的是，现有聚落形态研究表明，县级行政管理的对象，多居住在城郭之外的乡野村落，但相关聚落遗址的发掘或研究案例却屈指可数。相较之下，通过考古调查和发掘所得的长安及其周边地区的丰富考古发现，呈现了汉代社会细致入微的物质文化图景，这是其他地区的材料难以企及的。若汉朝的版图扩大和巩固措施确实促进了地域互动与社会变革，那么这种影响理应呈现出从都城向边疆逐级扩散的特征，即所谓的古代全球化现象。通过系统地分析都城区考古证据显示的辐辏网络，我们既能揭示汉朝的皇权如何自关中向外辐射，进而重构各地社会关系，又可为理解其他区域的历史变迁提供重要参考。

其他古代帝国的发展进程，往往也深刻地改变了其都城的面貌。就这方面而言，古罗马再次提供了一个有效可比的例子。研究表明，在罗马共和国晚期至帝国初期（约公元前2世纪至公元2世纪），罗马周围地区逐渐演变为辐射四方的大都会中心。这一演变体现在多个层面：农村聚落格局的重构、人口密度的变化、农田分布的调整，以及用于交换和分配各个手工业中心产品的集市位置。另外，随着疆域拓展和交通网络的完善，大量外来商品涌入罗马，不仅满足了贵族阶层的需求，而且丰富了普通民众的日常生活。当时的罗马城不仅是政治精英的居所，而且会聚了商人、知识分子以及罗马以强制手段迁徙而来的移民群体。值得注意的是，人口向罗马城集中，也导致农村地区人口锐减，考古证据中的聚落形态清晰地印证了这一点。

考古材料体现的诸种变迁，深刻地反映了社会结构与辐辏网络的转型轨迹。城市化进程重构了城市的空间格局，使城内公共空间的重要性与日俱增；葡萄酒出口的繁荣促进了贸易活动，使烧制陶双耳瓶（amphora）的陶器作坊在罗马城以外的农村地区如雨后春笋般兴起；而对农产品的大量需求，则催生了更多位于主要交通节点处的集市。都城周边各处庄园的农民，则种植多样化的作物，大幅提高了农业产出。由此可见，当一个与周边地区高度连通的辐辏中心出现后，不仅能整合都城区的居民、农民与周边经济体系，而且能产生变革力量，重建整个都城区的地方经济格局。

就汉朝长安而言，现存史料已充分证明其作为一个连通性高度发达的枢纽的地位。但与罗马相关研究的深度相比，针对当时长安周边的城镇和村落的考古调查仍显粗疏。过去几十年的田野考古成果，已经初步揭示了长安的基础设施、与长安毗邻的陵邑群遗址，以及长安城内及其周边的宫殿建筑和官仓存储设施体系。有关长安的考古成果远胜于汉代其他地区，这些发现虽能帮助我们相对完整地复原都城聚落形态，但当分析这些资料的详细程度不足以让我们判断汉王朝在关中和各地实施巩固统治策略时，长安周边的村落和其他次级城镇是否发生了相应的变化。到目前为止，考古发掘大多局限于官署、宫殿以及墓地，与普通百姓日常生活直接相关的遗址则甚少被发现，导致我们对当时基层社会生活的认识仍存在明显的缺环。值得深思的是，在从秦国（地域性国家）转变为汉朝（大一统王朝）的过程中，百姓如何面对生活必需品的不稳定供应？在长安发展为大都会的过程中，当地生活又发生了怎样的蜕变？限于明确纪年实物资料的匮乏，我们难以厘清秦汉物质文化演变的阶段性特征，这也大大制约了对聚落形态研究的深入推进。

考古资料的残缺性固然存在，却丝毫不能低估物质文化作为无声见证的价值。正如古罗马物质文化的最新研究所指出的，通过观察器物的"生命轨迹"，也就是其生产、流通与消费全过程的信息，考古学能阐释社会关系的建构逻辑，也能揭示中央政府建立的新社会结构如何导致日常生活变迁。辐辏网络本质上是一系列复杂社会关系的集合，贯穿于汉王朝各个层面的生产、交换与消费进程。因为辐辏网络的演变总是与手工业制品不同阶段的社会生命史相互交织，所以往往能在考古遗存中觅得这些社会关系的蛛丝马迹。从这个视角来看，即便是日常生活中使用的手工制品，也应被视为一种媒介——汉王朝通过这种媒介，在统治政策调整及其引发的辐辏网络下，重构不同社群在日常实践中的关系网络。而来自边缘地区的日用品的流通与使用，也能将个体生活编织入由国家主导的、超越地域局限的文化圈与经济体系，由此激发了当时人们对国家治理的新认识。

理解辐辏网络固然需要关注边疆地区的变迁，但汉代都城通过货物流通产生的驱动力同样至关重要。辐辏网络的发展可影响多元层面，都城区手工业考古成果显示的转变，尤其值得深入研究。针对经济领域变革的研究，不仅能阐明汉朝统治带来的社会变化，而且能揭示推动国家版图扩大的内在动力。在汉王朝的统治下，尤其是伴随着中央集权化的发展，手工业的逐步演变反映了朝廷整合各地的努力，也显示出生产、消费过程中形成的新社会关系，这些关系反过来强化了整个政治实体。

如上所述，辐辏网络的扩张在古代世界虽非罕见，但更具探究价值的是，汉王朝的形成究竟在何种程度上改造了原有的经济和政治网络？这种改造又如何影响民众日常生活，使其在不同程度上融入被政治、军事与市场制度重塑的新秩序？鉴于汉王朝都城区的变迁可能产生强大的向心力，促使各地进一步融入汉王朝的体系。因此，深入理解都城区手工业模式，能为研究汉王朝其他地区的相关进程提供重要参照。换言之，看似平凡的手工业制品，实则是解读汉王朝中央集权化进程的关键载体，而这却是宏观的聚落形态资料所无法替代的。

铁工业及其对社会关系的意义

本书以社会关系为基础，通过考察汉代都城区的生产、交换和分配，深入理解手工业对辐辏网络的形成和汉王朝统治的巩固作出的贡献。使用考古学理论探讨都城区的经济结构和统治策略的强化所带来的转变，第一步要考虑生活用具的生产机制、生活需求的驱动因素以及货物运输网络。为避免泛论各类手工业制品可能导致的论述失焦，笔者将聚焦铁工业涉及的社会关系演变。希望通过仔细研究铁器生产和运输如何与都城区的转变相互交织，清晰地阐释西汉时期各区域间辐辏网络的运作。

在古代中国，人们使用的生铁技术属于传统的铸铁工艺，即熔化铁后将铁水浇铸而成铁制品，其含碳量通常约为 4%。铁加工源于公元前 8 世纪中期所谓的块炼铁①。公元前 7 世纪至

---

① "块炼铁"是指在小型炉或鼓风炉中以低温将矿石还原为固态铁的冶铁过程。这种炉通常被称为块炼铁炉，最终产品通常是熟铁（碳含量为 0.1%～0.3%）。（Wagner 1993:274；2008:89）

前5世纪，生铁冶炼在中原及其周边地区逐渐确立并取代了块炼铁，并且在秦汉时期达到了空前的规模和水平。战国初期，生铁已成为青铜的替代品，并开始被用于农具和其他日用工具的大规模生产。对于早期的王朝而言，铁农具和工具的铸造可能是手工业中最重要的领域之一。而且考古证据表明，秦汉时期铁制日常器具的生产规模之巨大，在此后很长的历史时期内再也没有达到。

古代的生铁冶炼长期被视为与国家管控密切相关的产业，因其生产过程需要调配大量劳动力与燃料，以满足高温需求。秦汉朝廷均致力于手工业管理，并对铁矿开采与铸铁课税。如此复杂且大规模的官僚管理体系在古代世界实属罕见，这也使得秦汉王朝能够对铁工业实施严密控制。这一背景恰可解释汉武帝于公元前117年作出的颇具争议性的决策——将盐铁产销收归官营，并将其列为朝廷专营产业。此举旨在开发自然资源以充实因边境战事与洪灾而耗竭的国库。未经官方许可私自生产战略物资者，将面临严惩。虽然铜镜、漆器等产品可能同样受到国家管控，但相关证据远不及盐铁专营制度明确。据官方文献记载，盐业作为另一个利润丰厚的产业，其管制之严格也与铁工业不相上下。

尽管大多数铁器价格低廉，寻常百姓皆可购置，但鉴于朝廷对资源管控的执着追求，由铁器生产流通各环节构成的钢铁经济体系成为国家财政的重要支柱。然而，这种僵化的集中生产方式及其导致的资源浪费，很快便遭到当时政论的诟病。成书于约公元前44年的《盐铁论》翔实地记载了公元前81年贤良文学与御史大夫桑弘羊（约公元前152—前80年）针对朝廷的干预行为进行的著名论辩。①这场争论的焦点在于：在垄断专卖政策实施近30年后，面对铁器质量下滑与生产过剩的困局，朝廷是否应该维持专营。更有甚者，汉代铁器价格由政府规定，铁器价格攀升且品质低劣，官营铁业已然对百姓的农业生产造成了实质性损害。

基于此，本书旨在探究社会关系如何伴随都城与主要铁器供应区之间辐辏网络的演变而变化。虽然现有的年代学框架尚不足以精确地评估专卖政策的具体影响，但其他研究角度，如铁工业的技术体系、生产背后的社会环境，以及战国至汉代的工艺演进等，对把握辐辏网络的历史发展脉络仍具重要意义。

为系统考察手工业生产相关各领域及铁器"生命史"中的社会互动，笔者认为，詹姆斯·卡里尔（James Carrier）关于商品经济兴起的人类学论述极具启发意义。该理论框架有助于我们厘清铁工业运营在都城区历史进程中牵涉的复杂社会关系。卡里尔指出，商品经济不仅能阐释大规模生产与市场交换现象，

---

① 关于盐铁争论的主要策划者霍光的政治意图，学界仍存在显著分歧。传统研究多认为霍光可能通过煽动儒生学者攻击桑弘羊来进一步巩固个人权力（晋文，2011）。然而，林聪舜（2018）的最新研究对这一观点提出了合理的质疑，指出，当时霍光已掌控中央朝廷的最高决策权。胡司克（Sterckx，2020）则对相关学术争论进行了迄今为止最为全面的文献梳理。值得注意的是，尽管辩论双方在汉朝是否应当推行更高程度的自给自足式的经济管理政策上存在分歧，但他们在"国家必须管控人员与物资的流动"这一核心理念上保持着高度共识。

而且可以揭示不同层级社会关系的转型机制。因此，对古代铁工业的层层剖析，或将呈现被过往研究忽略的重要洞见。

卡里尔的研究试图系统阐释自马塞尔·莫斯（Marcel Mauss）以来经济人类学传统中的两种基本交换形式——礼物与商品。人类学家基于对交换物品价值本质的不同预设，往往从这两个维度切入，它们体现了交易者之间不同的关系模式。简而言之，商品交换涉及所谓的可让渡物品（alienable objects）的交易，这类物品脱离生产者控制后进入流通环节，最后由不关心生产者身份的消费者购买。由于物品仅被视为抽象价值的载体，所以此类交易"完全无须考虑交易双方既往或将来的任何关系"。超市购物即为商品交换的典型例证。相较之下，礼物交换则以"不可让渡物品"为媒介，其核心目的在于维系相互依存个体之间的既有社会关系。在此过程中，"人们通过与其他个体或群体的特定关系，不断建构和重塑自身的社会身份"。换言之，赠礼行为——无论是宴请友人还是馈赠圣诞礼物——必须根植于深厚的义务、信任与声誉网络；而商品则以交换价值为特征，仅体现买卖双方之间浅层的、客观的市场关系。

然而，当代经济人类学研究提醒我们，不应简单地假定商品交换全然不涉及人际关联（如信任）；同样，在礼物交换中也存在价值计算的理性成分。尽管如此，卡里尔精辟地指出：当交换扩展至陌生人之间时，"商品"生产系统必然根植于与"礼物"交换截然不同的社会环境。卡里尔指出，商品交换在 17 世纪之后随着市场交换的出现以及新型社会关系网络的形成，在英国经济体系中占据了主导地位。此前，棉纺织品等日用品多出自家庭作坊生产，店主学徒或家庭成员能自主地掌控工具与原料，交换多在相互熟悉或有联系的社区成员之间进行。这种包含义务与社会关系的生产模式，在广义上符合"礼物交换"的特征。然而，工业革命的推进使商品化生产彻底改变了工作生态，家庭式经营逐步被集中化、专业化的工厂体制取代。在此环境里，工匠沦为雇佣劳动者，而且通常只专注于生产链中的一个特定步骤。同时，工匠丧失了对产品的控制权，甚至无法支配生产工具，导致生产者、产品与消费者之间出现深刻的"异化"现象。由此，卡里尔将礼物与商品的对立概念拓展至生产场所、工具所有权、工匠身份、组织机构及最终产品的市场等各个社会层面，这些维度共同见证了17—18世纪英国经济领域的深刻变革（见表0.1）。

表0.1　卡里尔关于17世纪英国商品经济要素概念框架总结表

具体方面	17世纪晚期生产方式转变的具体表现
位置	转移到中心位置，工作区与居住区出现区分
工具	工匠不大可能拥有自己的工具
身份	工匠被视为无个人感情的劳动者
机构	劳动分工增多，生产步骤被细分及简化，每一步都是程式化的
交换	市场交易占据主导地位，购买行为具有非个人化特征

汉代，铁工业自武帝时期全面收归官营后，铁器无疑是商品。既有研究充分表明，汉代的人口增长、城市化进程与农

业发展，极大地刺激了制造业扩张，促使铁器生产规模与效率显著提升，正如前述商品化生产转型所示。有鉴于此，卡里尔提出的理论框架，实际上可以推动手工业生产考古研究，并为解读随之而来的社会阶层关系演变提供启示。笔者认为，考察特定区域中铁器生产的特征时，应该从以下几个方面对辐辏网络进行探讨：（1）铁作坊是否集中于特定的核心区域（如集中式作坊）而有别于家庭作坊，以及不同的生产中心如何相互作用；（2）铁器生产强化的具体表现，尤其是工匠是否需购置原本可自制自备的生产物资；（3）是否存在高度的劳动分工以及流水线式的生产流程分解，工匠是否被固定于常规工作岗位（技术是否被标准化，以提高效率）；（4）最终产品的运输和分销是否通过市场体系进行，因为商品化通常会弱化买卖双方之间的人际关系。

运用礼物与商品的二元理论框架时，必须明确其充其量是理想化的交易模式。采用此种分析工具，绝非断言都城区铁器生产必然经历从家庭作坊到工厂式体系的线性转变，而是旨在将此框架用作理论工具，阐释考古证据揭示的大规模生产现象涉及的社会组织。通过系统地考察冶铁作坊布局、工匠生活供给、铁器分销网络及区域生产互动等与铁器生产相关的各种证据，笔者试图解析工匠内部关系、工匠与邻里或顾客的关系、参与生产与分配的个人与国家之间的关系。由于商品生产本质上是为市场交换而存在，所以其必然依赖特定的社会条件与机制来实现规模化、标准化生产，从而使流通环节突破生产者与消费者的直接联系。实质上，这决定了商品必须具有的特定生产环境，以及生产者与资助者或管理者之间的特定关系。上述视角恰好呼应了本书的核心主张，即应重点考察汉王朝历史进程中由新型辐辏网络带来的社会关系重构。

综上所述，商品的内在特点根植于其所适应的生产体系（包括生产组织、技术、人力配置和标准化流程）、消费和流通的若干规律，这些因素共同促成了产品与生产者、消费者之间的去人格化或者异化。社会关系网络的因素一旦发生变化，如需求增减、政权更迭、交通网络和科技发展等，这些变化又会反馈并塑造生产原则和社会关系，从而催生不同类型的分配模式与辐辏网络。基于此，笔者确立了多重分析视角，包括工匠生产现场的组织形态与劳动分工、工匠与当地社区的关系建构以及产品的市场化流通机制，这些都将在后续章节中逐一详细探讨。同时，结合对中原地区宏观变迁的考察，笔者也系统地梳理了导致该区域辐辏网络转型的各种变化因素。

通过卡里尔关于资本主义商品生产如何形成新社会关系的理论视角，笔者认为，通过对都城区铁器生产、运输和分配体系的考察，能够进一步理解社区、生产中心和市场如何通过铁器的"社会生命"而相互交织。考虑到铁器生产依赖的复杂技术和资源，在剖析辐辏网络之前，必须首先认识到铁器广泛分布的背后是一个双向互动的过程。一方面，农业发展和军事需求导致社会需求的加剧、对铁器生产的潜在不稳定因素进行管控，这些因素都以不同方式推动着生产体系的革新，具体表现为生产中心数量的增加、冶铁作坊的集中化与专业化，以及产品的标准化与生产流程的规范化。至于采取何种应对策略，则取决于汉王朝的管理体制、交通技术水平、市场体系完善程度，以及都城区为维持其主导地位而构建的意识形态体系。另一方面，都城区生产体系的转型又可能重组了其他地区原材料和产品的供应格局，从而形成区域间与区域内新型的辐辏网络。笔者试图将上述两个常常被割裂探讨的研究领域有机地结合起来，并探讨汉王朝的演变与铁工业不同领域之间的互动，如何在不同社会层级上产生新的社会关系。为系统地考察都城区的历史变迁，笔者整合了与铁器制造和流通相关的多重证据线索。在后续章节中，笔者将逐一阐释各项证据的处理方法，并通过综合分析，揭示汉代出现的变革轨迹。

本书的结构

本书着重讨论铁器生产与消费所引发的社会关系变迁，系统地阐释汉代都城区铁工业的多重面相，旨在揭示汉王朝的历史进程中，辐辏网络的形成、调适机制与转型方式。同时，从铁器商品在日常生活中的角色切入，展示汉代经济系统如万花筒般的多元形态。通过考察都城区铁工业的各个相关层面，笔者深入剖析了都城区内外经济体系的互动关系，从而理解汉王朝如何借此巩固权力并强化区域辐辏网络。

如前所述，这一整合性分析框架不仅关注远距离地域合作的建立，而且着眼于汉王朝的历史进程如何在经济、象征与仪式等层面产生影响。唯有利用"长时段"的视野，考古研究方能充分展现这种渐进式的转型过程。第一章首先追溯公元前一千纪①铁工业的起源与发展脉络，着重探讨秦国在中国早期铁器技术传播与发展过程中扮演的特殊角色。商周时期，中央王朝通过管控劳动力和工匠群体来主导奢侈品与日常用品的生产，这些工匠多属于工商食官中的世袭百工，技艺代代相传。循此传统，铁工业的初期发展应与中央政府密切相关，而商人主导的私人生产可能同时存在于部分中原国家。尽管秦国早期铁器技术及器物组合与其他东方列国有共通之处，但笔者强调，在向大规模生铁铸造转型的过程中，关中与东方列国之间出现了不容忽视的差异。与主流观点相左，笔者对晋、楚、秦三国铁器遗存的分析（见第一章）表明，战国时期秦国的铁工业发展程度不及其他列国。秦国也未能像同时代其他列国那样充分地利用铁工业制造兵器，部分原因可能是秦国发展相对滞后的市场体系。秦国铁工业的发展也预示了其以后的演进轨迹，其中都城区的铁工业形态与其他区域形成了明显的对比。

自秦统一以来，秦朝与西汉王朝均以关中地区为统治中心，都城的文化与政治景观为西汉王朝的整合及其对日常生活的深远影响奠定了基础。为理解不同规模的社会整合，第二章首先

---

① first millenniam，指公元前 1000 年至公元元年。

详细地勾勒了汉代都城地区的社会背景与地理环境，进而阐述了汉王朝疆域内铁器管理制度的沿革。该部分详尽地解析了行政体系如何变动与调整，以管理铁器生产相关事务。这些基础为理解武帝时期推行的专卖政策提供了制度框架。笔者也将探讨当前学界对该地区各类手工业生产的最新认识，以把握汉朝新兴市场交换与交通系统所带来的整体影响。尽管农业强劲的发展令市场对铁器的需求旺盛，但长安及其腹地的铁器与其他日用品生产规模相对有限。相较之下，战国时期东方列国都城的铁工业规模更为可观，这一状况甚至延续至汉代。虽然关中盆地最终成为官营作坊控制的铸钱与铜容器核心产区，但该地区为数不多的冶铁证据或许暗示，跨区域交通网络才是汉代都城经济发展的关键推动力。

第三章着重探讨铁工业初期的两个具体问题：生产技术体系与原料获取。在系统梳理了汉代铁器生产的基本技术与操作链之后，本章特别关注新近发现的关中以东地区的冶铁作坊遗址。笔者认为，现有铁作坊的分布格局呈现出明显的"组群"特征，也就是说，汉王朝将大规模铁器生产集中于铁矿蕴藏量大的区域，通过国家管控的运输体系向都城及其他地区输送原料与半成品。该部分研究也考察了邰城作坊遗址，该遗址是迄今为止都城区唯一经过系统发掘并公开发表的典型案例。考古研究表明，相较于关东地区的大型铁作坊，邰城这类小规模生产单元高度依赖外来原料与半成品输入，与关中以外城市中心的铁作坊有着显著差异，关中以外城市中心的作坊往往兼具原料冶炼与成品制造的复合功能。此外，邰城周边墓葬出土铁器的成分分析显示，这些制品很可能并非本地小作坊所产。结合第二章的论述，笔者认为，关中县级聚落的小型制铁作坊必须依托于各类物资的系统交换与分配网络，这些网络将汉代经济生活的各个维度紧密地联结起来。

介绍铁工业的历史背景与社会环境后，本书的第二部分转向微观生产层面，考察邰城遗址与都城区铁器的分配体系。在第四章中，笔者试图通过探讨遗址内部遗迹的空间布局，解析其反映的工匠劳动组织结构。该章选取牛村、中行与邰城等3个典型遗址进行历时性比较研究。前两者代表东周时期的大型铁器制造中心，后者则是汉代县级聚落的小型冶铁作坊遗址。考古证据显示，在汉代以前的铁作坊中，已出现劳动分工的趋势，同一作坊的不同生产区专门生产特定产品类型。本章将进一步探讨作坊遗址内部生产区分布所反映的劳动协作情况，进而提出"水平协作"概念，用以解释作坊内部多个劳动单元的合作模式。对邰城遗址进行的微观分析，更清晰地揭示了生产流程中并行环节与连续环节的复杂协作关系。这种协作所需的集中管控能力，印证了汉王朝不仅致力于扩展铁器生产体系，而且在都城区建立大范围的复杂协作系统方面发挥了积极作用，这也是汉王朝应对铁器巨大消耗的补给策略。由于本章与后续两章涉及多重考古证据，所以笔者还将探讨相关文献中的理论框架，以解释如何将考古记录中的各类生产组织与市场整合现象概念化。

第五章从肉食资源获取模式切入，探讨手工业专业化程度问题。在梳理汉代以前相关作坊遗存的基础上，笔者通过分析都城区铁作坊的肉食消费特征，揭示了铁工业对地方社区的依赖程度及其历时性变化。基于"经济依附性"这一理论框架（全职生产单元通过特定的交换网络，借助资助人或其他地区的生产者，获取原材料和食品，并进行市场交易），笔者提出3种依附性类型，用以分析不同铁作坊遗址或金属生产中心的考古材料。通过分析中行与郇城遗址动物遗存的种属构成、骨骼部位与年龄结构，笔者指出，小型制铁作坊也高度依赖城镇肉食供应，呈现出"深度经济依附"的特征。这支持了笔者先前的观点：以郇城为代表的关中小型制铁作坊可能已采用全职生产模式。值得注意的是，汉代制铁作坊利用野生动物资源（如鹿类）的比例较战国时期显著降低，这暗示了工匠群体生产专业化强度的进一步提高。换言之，都城区铁器生产网络的扩展与肉食市场体系的发展相互促进，推动了专业化分工：一些工匠得以专职冶铁，另一些成员则专门为专职工匠供给食物。现存动植物遗存与文献记载都表明，朝廷也可能直接参与建立了制铁中心的食物供应与廪食补给体系。

第六章以区域运输模式为中心，重点考察了市场交换对金属制品流通起到的促进作用。本章不仅强调了市场力量在区域整合中起到的联结社区的作用，而且系统地探讨了古代市场的运作原理、变革动力以及管控物质流动的行政机制。上述内容在既往研究中多被忽视，但对理解秦汉时期市场交换至关重要。通过对秦国至西汉时期都城区墓葬出土日用铁器与铜器的分布模式进行分析，本章揭示了从战国晚期（经秦统一）到西汉时期，市场体系发展与区域整合发生的重大转变过程。该地区虽已逐步形成一体化格局，但仍由长安等行政中心主导。随着跨区域交换网络逐渐成型，小型生产体系在基层聚落得以扩展。显然，汉王朝也深度参与了区域整合的历史进程。

通过对铁工业进行系统分析，本书最后部分解答了都城区辐辏网络的若干关键问题。关中盆地与其他区域辐辏网络的发展如何改写了铁器手工业的格局？这些铁器生产中心的工匠是如何组织生产的？其组织模式是否随着国家财政体系的演变而调整？制铁作坊如何嵌入食物供应系统，其依赖的方式和程度如何随时间变化？市场交换在日益紧密的辐辏网络经济系统中如何体现？笔者认为，次级行政中心的整合与长距离交换网络的连接，是理解汉王朝辐辏网络的关键。这些问题在以往的研究中尚未得到充分重视。铁工业的转型，实质上可被视为汉王朝巩固权力的长期战略的组成部分，甚至在盐铁官营政策实施前已初现端倪。通过研究都城区的铁器制造、供应与流通，笔者试图再现手工业生产是如何组织的，并将社会生活的各个方面编织在一起的。最终，笔者希望对一些涉及层面更广的问题提供新见：都城区如何与汉王朝的其他地区互动；物质文化如何传播到汉王朝的各个角落；最重要的是，对铁工业的区域性研究如何揭示古代中国经济系统的独特价值。

第一章
铁器的兴起与帝制国家权力

有关古代中国铁器技术的起源时间众说纷纭。尽管东周时期的零散文献中已出现若干疑似与铁相关之文字,但这些佶屈聱牙的文字,因其晦涩及模糊的语境,冶铁技术的起始时间与地点仍难以判定。这一困境在《诗经·秦风·驷驖》的"驖"字上表现得尤为典型:

> 驷驖孔阜,六辔在手。
> 公之媚子,从公于狩。
> 奉时辰牡,辰牡孔硕。
> 公曰左之,舍拔则获。
> 游于北园,四马既闲。
> 輶车鸾镳,载猃歇骄。①

诗中描绘秦国驭车将士的雄姿时,使用了一个读作"铁"

---
① 《毛诗正义》卷六,六六三,页411。

（驖）的字，通常被训诂为"铁色"或"黑色"，盖因其音韵与"铁"字相同。部分学者据此推测铁器当时可能已在秦国出现，因而衍生出这个描述"铁色"马匹之字。然而，反对观点的驳论同样切中要害，因"铁"字或许只是从形容深色或某种特定色泽的词源假借而来，后者反映的是铁色给诗人留下的视觉印象与后世对此的认知相似，而"铁"字的声旁或许正是由此产生。

由于文献记载中的"铁"字含义扑朔迷离，研究早期冶铁技术的学者转而求助于考古记录。近年来的研究表明，地中海东部和安纳托利亚地区早在公元前12世纪就开始进行大规模铁器加工，这一时间远早于欧亚大陆其他地区。而根据放射性碳-14年代测定数据，学者普遍认为，中国新疆境内最早的铁器样本可追溯至公元前10至前9世纪。虽然这些结论尚属初步推断，但现有证据支持铁加工技术很可能是由西向东渐次传入中国的观点。这也与冶铜、牛羊畜牧及小麦种植等在新石器时代晚期（约公元前3000年）通过丝绸之路传入中国的技术传播路径相似。在丝绸成为主要的贸易商品之前，铁制品及其制作工艺可能已循此路线东传。由此观之，地处陇东，也就是古代丝绸之路东端的早期秦国工匠，很可能是中国尝试使用冶铁技术的先驱群体之一，这也从侧面解释了为何与"铁"词源相关的汉字最早出现在与秦国相关的文献中。秦国位于东西方交通要道的交会处，地理位置得天独厚，可能为日后铁工业的兴起埋下了伏笔。

在铁器技术初步实现"在地化"后，古代中国的早期冶铁技术迅速发展出生铁冶炼工艺，这一发展路径与西亚等欧亚大陆其他地区截然不同。由于生铁冶炼相较于此前的青铜铸造需要消耗更多的燃料、矿石和人力，所以能够动员大量劳动力修建陵墓、长城等巨型工程的秦国政治体制，很可能正是推动冶铁技术向生铁冶炼转变的动力。此外，秦国的官僚体系也可有效地管理和整合都城区与各地生产中心。为深入理解汉代铁器的社会意义，笔者首先梳理公元前一千纪下半叶秦国铁工业的发展脉络，并细致地考察当时列国冶铁技术的具体状况。

在传统考古学观点中，铁器常常被简单地视为比青铜或其他工具制作材料更"先进"的材料，但这一观点未能全面地反映历史实况，尤其在冶铁技术发展的初始阶段。但铁器制造，特别是生铁生产，需要掌握高温炉（通常要超过1300摄氏度）的操作技术，而且需要存在支撑这种生产技术变革的社会组织条件。要理解铁器如何在汉王朝发展与治理中发挥核心作用，我们必须首先厘清冶铁技术兴起的背景。由于铁器生产的转型与铁工具的传播都发生在公元前一千纪，所以笔者将先探讨这一时期的社会条件。

生铁技术在各个社会领域中的重要性，如促进更高效的农具制造，已有广泛讨论。然而，古代中国冶铁技术的发展历程，特别是其兴起与国家权力演变之间的关系，至今尚未得到充分考察。这导致两个关键问题长期悬而未决：其一，本土铁技术最早于何处出现？其二，以生铁为主的铁器生产及相关制钢技术转型是如何完成的？虽然部分国内学者主张长江中游的楚国地区很可能是最早的冶铁中心，但古代中国冶铁史专家华道安（Donald Wagner）则指出，该技术应起源于长江下游，而非楚地或传统认知的中原地区。目前上述问题仍未有定论，也鲜有学者从长时段视角出发，批判性地考察这些地区所见的技术与日后汉代铁业整体发展的内在关联。

另一个关键问题涉及战国时期列国如何组织铁器生产，以及这项技术在多大程度上对社会发展产生深远影响。学界普遍认为，战国墓葬中普遍出土的铁器，表明当时已存在规模化的冶铁工业。然而，既有研究对各国铁工业生产组织过程的探讨尚不够充分，且往往先入为主地假定列国的冶铁技术发展模式如出一辙。有学者甚至提出，冶铁技术或铁器生产的组织方式可能是促成秦国完成统一大业的重要因素。令人遗憾的是，目前仍缺乏对秦国与其他列国冶铁情况的系统性比较研究。

近几十年来，随着大量战国遗址考古报告的相继问世，重新审视中国古代冶铁技术变革与社会发展的时机已然成熟。笔者将系统地梳理中国古代冶铁技术的发展历程，并提出若干新见解。笔者首先综述公元前一千纪上半叶冶铁技术的最新研究成果。继而重点考察晋（含韩、赵、魏）、楚、秦三大列国的铁器类型与技术特征。与齐、燕等列国相比，这三国的考古资料更为丰富。最后，通过整合多方证据，笔者力图展示一幅全新的早期铁工业发展图景。东周早期，在北方的兵器制造中，铁已被普遍使用，而在南方则并不常见。这一现象暗示冶铁技术可能自中亚或欧亚草原传播而来。虽然秦国工匠可能在早期铁器生产试验中扮演了关键角色，但冶铁技术在初步传播后，似乎在晋、楚两国如雨后春笋般迅速发展，反观秦国的冶铁技术则步履蹒跚。这表明至少在战国前期，秦国的铁工业发展可能稍逊一筹。

尤为值得注意的是，战国时期作为中国历史上最重要的社会转型期之一，其变革之剧烈可谓空前绝后。在这风云变幻的两百多年间，战争规模持续扩大、人口急剧膨胀、秦国（及晋国）推行新的土地分配制度以刺激农业生产等重大变革的出现，共同推动了铁器大规模制造的发展。同时，将铁转化为钢（碳含量为 0.5%～1%）的技术效率显著提升，进一步促进了铁工业的发展。据推测，列国面临相似的农业发展需求，因此学界普遍认为三大列国冶铁技术的发展速度不相上下，但细究考古记录却不难发现，各国的铁器组合实则各具特色。三大列国冶铁技术发展速度的差异不容忽视，而这些差异可能预示着汉代铁工业的发展轨迹。尽管三大列国采用的生铁技术同属生铁传统，但笔者认为，其生产的社会环境与劳动组织大相径庭。因此，要准确地理解战国时期铁工业的发展轨迹，就必须采取区域性的研究视角。

作为地位象征的铁器

在古代中国，冶铁一般采用所谓的生铁技术，即将铁矿石熔化为液态后浇铸成型，其含碳量通常可达 4%。第三章将对此项技术及相关术语做更详尽的阐释。由于冶铁技术在先秦时期的兴起为汉代铁工业的发展创造了条件，所以在此有必要区分生铁与其相对的块炼铁。生铁是指将铁矿石熔化至液态并浇铸成型，这一过程需要高炉温和强还原气氛。而块炼铁则是在相对较低的温度和较弱的还原气氛下将铁矿石还原。因为在块炼铁的制造过程中，炼渣未能完全从金属铁中分离出来，所以其成品是海绵状的金属铁与炼渣的混合物。虽然生铁冶炼中的高温可以有效地去除杂质，但其成品实际上是铁碳合金，极为坚硬且缺乏柔韧性。因此，需要进行退火（热处理）和脱碳，才能使生铁工具变得实用（将生铁转化为钢或使其"软化"）。相比之下，块炼铁质地较软，铁匠需要在锤打和锻造过程中将块炼铁渗碳成钢，使其变硬并锻造成所需的器型。由于块炼法技术门槛较低，所以古代社会早期的冶铁尝试多始于此，中国亦不例外。

这两种铁的制造所依赖的社会条件往往迥然不同。生铁冶炼需巨大投入：不仅需要建造设施（如熔炉、鼓风系统、将生铁转化为钢的精炼系统）、组织充足的劳动力，而且需要大量燃料维持高温和还原环境，以熔化铁并生成流动性良好的炼渣。这些设施、劳动力和原材料的综合成本高昂，因此必须依赖发达的交通网络和完善的市场体系，方能获得经济效益。否则，库存过剩会造成不必要的资源浪费。相比之下，块炼铁炉在每一次冶炼过程中产出的铁数量有限，且所需的热能和燃料较少。在劳动力不足、燃料匮乏或交通路线不发达的地区，块炼铁反而是个更合适的选择。正如一些学者指出的，古代的铁工业，不仅需要投入大量的燃料和原材料，而且需要一个复杂的系统来组织大量的劳动力，这对理解中国古代社会生产状况颇具启示。我们必须把冶铁技术的兴起置于当时的社会背景下加以理解。

为了将冶铁技术置于历史背景中，笔者将梳理中国古代早期冶铁技术的发展情况。迄今为止，考古发现的最早的中国古代铁制品出土于甘肃的磨沟墓地，该墓地与寺洼文化相关。磨沟墓地出土了两件铁器（铁条、铁块），其年代约为公元前14世纪。冶金分析显示，这两件铁器均为块炼铁制品。磨沟出土的这些早期铁器证实了早期冶铁技术（块炼铁）是通过与中亚或西亚的文化交流或互动引入的，而非本土发明。然而，至本书写作时，在新疆等中国西部地区发现的可确定年代为公元前10至前9世纪的早期铁器寥寥可数。冶铁技术是如何从新疆经河西走廊传播到中原（也就是黄河中游和黄土高原东南缘），以及早期冶铁技术的传播如何催生复合金属兵器（使用两种金属制造兵器的不同部件），如河北省台西遗址和北京市刘家河遗址出土的铁刃铜钺，这些问题仍悬而未决。值得注意的是，这两件钺皆由陨铁制成，而非人工炼铁。

冶铁技术应用于手工业生产的发展趋势在公元前8世纪至前7世纪，也就是周室东迁的两周过渡时期更加明显。块炼铁和陨铁在这一时期被大量用于制作高级兵器，如作为贵族身份象征的随葬戈和短剑（见图1.1）。通常铁被用于制作这些铁器的刃部。在这一时期的许多贵族墓葬中都发现了使用铁的证据，[①]包括甘肃省的景家庄和大堡子山，陕西省的边家庄、益门村和梁带村，河南省的上村岭，北京市的军都山，以及山东

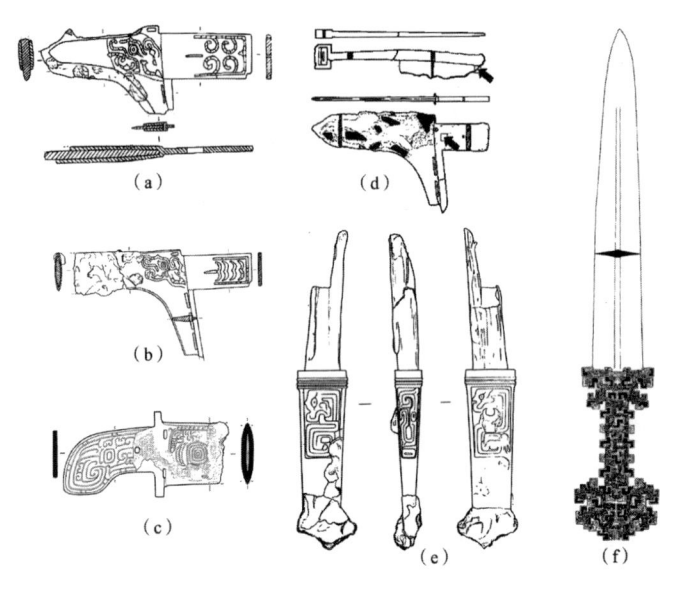

图1.1 春秋时期的复合金属武器、工具示意图（a-d为戈，e、f为短剑。a-b：改自河南与三门峡1999图105.3。c：张天宇等2020图3。d：改自陈建立等2009图3。e：改自韩汝玢1998图1.4。f：改自田仁孝与雷兴山图7.1）。

---

① 这些物品皆由块炼铁或陨铁制成，大多数被锻接到青铜刀柄之上。

省长清仙人台。这些地点大多数位于秦国领地和中原地区。与这些发现相关的墓主多为贵族,大体可分为两类:大堡子山、上村岭、梁带村和仙人台属于与周朝分封体系有关的列国墓地,这些墓地中已发现确认国君级的墓葬;景家庄、边家庄、益门村和军都山的墓主可能与戎族或其他边疆部落有关。服务于秦国贵族阶层的工匠群体,在早期冶铁技术的传播中应发挥了重要作用。

铁器为何在兵器制造领域突然盛行,至今仍是未解之谜。虽然部分学者主张冶铁技术可能源于本土青铜工匠的自主发明,但随着越来越多的早期铁器在与早期丝路相关的不同地点出土,学者越发认为冶铁技术是沿着早期丝绸之路东传而来。因此学者将这些早期铁器视为技术传播的"考古标识",推测其可能是随着早期游牧民族迁徙而传入中原。考虑到中原地区出土的铁器数量有限,并且确凿的冶铁证据直到公元前一千纪下半叶才出现,因此这些早期铁器更有可能是通过贸易交换获得,而非本地生产。即便新疆地区的早期块炼铁技术确实受到外来影响,但这种技术传播似乎并未立即促使丝绸之路沿线工匠普遍采用新技术,至少目前尚未发现明确的考古证据支持这一新技术的采用过程。

在中国南方(如长江流域),复合金属兵器的考古发现可谓屈指可数。迄今为止有关早期冶铁技术的最有力的考古发现,当属河南省下寺10号墓出土的一件玉柄铁匕首,该墓葬与楚国蒍氏贵族家族密切相关。不过这座墓地位于中原文化圈边缘地带，与其他早期铁兵器出土地点相距并不算遥远。鉴于该墓葬年代被普遍认定为春秋晚期，这件器物可能暗示复合金属技术在中原南部贵族兵器制造中的应用相对较晚。早期铁器集中分布于中原西部至河西走廊一线，这一显著的地域分布特征似乎为"早期铁技术受西亚外来影响"的假说提供了有力的佐证。

这些早期铁器主人的身份也呈现出不同寻常的分布规律。除了军都山墓葬主人被确认为非华夏族群平民，其余铁器拥有者均为周文化体系内的贵族阶层，其墓葬中随葬有大量青铜器、玉器等珍贵物品。经过冶金学分析，这些早期铁器多采用块炼铁或陨铁制作，但有趣的是，人工炼铁与陨铁的使用与器物形制之间并未呈现明显的对应关系。虽然这些铁器的确切来源仍有待考证，但其广泛的分布范围清楚地表明，在秦国等大多数东周列国，铁器已被统治贵族视为凸显身份、地位的重要象征。春秋早中期很可能是中国古代冶铁技术探索与实验的阶段。这一历史现象生动地印证了科学史学家西里尔·S.史密斯（Cyril S. Smith，1903–1992）的经典论断："人类历史上新材料的应用往往并非源于实用需求，而是出于对艺术的兴趣追求。"由此观之，冶铁技术的出现与发展，或许正是古代贵族阶层资助手工业所产生的意外成果之一。

公元前7世纪至前5世纪，生铁技术在中原地区和长江流域逐步确立地位；与此同时，块炼铁也在贵重的礼仪性兵器生产中被广泛应用。目前已知最早的生铁证据来自山西省侯马市天马—曲村遗址。该遗址的春秋早期居住层出土了两块生铁碎片。然而，这些残件的形状很不规则，冶金考古学家将这些残件视为块炼铁冶炼过程中偶然产生的副产品。另外，在河南省若干处墓地和居址中也出土了一批公元前5世纪以前的生铁工具，这些发现通常被视为中原地区生铁器具规模化生产初现端倪的重要标志。值得注意的是，原秦国境内也出现了两件春秋晚期的生铁制品。一件是出土于马家庄2号宗庙庭院中祭祀坑的铁锸，另一件是出土于秦公一号大墓（秦景公墓）的数件锸。这两处遗址都位于公元前7世纪至前4世纪的秦都雍城。由于这些工具通常都是生铁铸造，所以一些学者认为，这些铁器的发现说明了秦国早期生铁制造的发展。根据现有发掘报告，尚不清楚这些工具是否来自原始埋藏环境。考虑到秦国居住遗址中发现的生铁制品数量有限，这一匮乏的状况甚至延续至战国时期，笔者认为这些早期发现的生铁制品可能是后世混入的遗存。

总结来看，以块炼铁为基础的中国古代早期铁工业，主要服务于贵族礼仪性兵器制作，这与公元前5世纪之后的发展情况大不相同。在技术应用的初始阶段，诸多重要发现（如景家庄、大堡子山、益门村和边家庄）都集中在秦国境内或与秦国关系密切的族群遗址中。然而，由于生铁工业的发展具有明显的区域性特征，特别是中国南方铁业的发展脉络长期未被充分重视，所以不宜简单地将这种早期冶铁技术与后期的生铁工业视为直接的线性演进关系。

大规模生铁铸造的时代

随着生铁技术在公元前 7 世纪至前 5 世纪逐渐在中原地区出现，铁器迅速取代了部分列国用以制造工具的其他主要材料。这一技术的普及为后来铁器在汉王朝经济体系中的商品化奠定了基础。中国南方的生铁工业发展进程较中原地区可能略为超前，特别是在农具制造领域，因此下文将首先探讨生铁技术在南方的发展状况。

考古发现表明，早期生铁工具包括农具及未能辨认的残块，广泛出土于长江中游和汉江流域的多个遗址，包括湖北省上磨垴、柳林溪、大家园、响铃岗和杨营等地。这些遗址的年代大多可上溯至春秋中晚期。其中，仅杨营遗址出土的样品经过系统的冶金学分析，被确认为生铁制品。更引人注目的发现来自更靠近南方的长沙地区，一座春秋晚期的小型楚墓中出土了一把铸铁脱碳钢制成的铁剑和一件生铁鼎，但该墓葬未随葬任何青铜礼器。这类制品在同期遗址中尚属孤例。结合各处居住遗址中出土的铁器情况来看，生铁制品很可能已在春秋晚期楚国境内得到相当程度的普及应用。

长江下游地区同样出土了若干件早期生铁制品。在江苏省六会程桥遗址的两座春秋晚期墓葬中，分别出土了铁块与铁条各一件。经冶金分析证实，其中一件为生铁制品，另一件则为块炼铁制品。综合分析此类铁制品的分布特征，并且参照晋国的情况——青铜在农具制造中同样被普遍应用，部分学者推测生铁技术可能萌芽于中国铜矿资源匮乏的地区，用以弥补金属生产的巨大缺口。然而，该地区的原始瓷器作坊遗址与墓葬中几乎不见生铁制品，使得这一假说仍然存疑。无论何地率先发明生铁技术，考古证据明确显示，至迟在春秋晚期，甚至可能早于公元前5世纪中叶，生铁技术已在长江流域周边地区得到一定程度的应用。

农具的规模化生产很可能与退火技术的早期应用密不可分，而这项技术恰在楚国较早地崭露头角。退火工艺通过在相对低温下长时间加热铁器以降低碳含量，从而显著改善生铁工具的物理性能。这项关键技术使得原本质脆的生铁得以转变为实用材料，适用于制造各类兵器和工具。至秦统一六国时期，铁器使用量激增，促使列国竞相发展出多样化的加工技术，笔者将在后文详述。除杨营遗址外，中原地区的两处地点——郑国唐户墓地与东周王室控制的洛阳地区的一处墓地，均发现了早期退火技术应用的证据。而长沙杨家山楚墓出土的铁剑经鉴定为铸铁脱碳钢所制，这可能是生铁用于兵器制造的最早实例之一。这些器物共同构成了目前可确认的早期退火技术的证据。生铁制品在多个地点集中出土，因此这项新技术很可能在中原与长江流域的多个中心区域同步发展；而长江流域的考古发现似乎更为密集，表明该地区的技术发展更具活力。战国时期，诸多铁制农具与兵器均经过退火处理，表明这项技术的应用在公元前一千纪下半叶已蔚然成风。

根据现有考古资料，生铁技术自公元前7世纪初开始出现，至公元前4世纪实现规模化生产，这一技术转型在不足400年内便告完成。来自中原与长江流域的可靠证据显示，脱碳与退火技术至迟在春秋晚期已然出现。这些技术与既有的块范法铸造体系及规模化劳动力管理相结合，为铁器技术的广泛传播奠定了基础，并推动了战国时期列国铁器的大规模生产。生铁制造业的兴起及繁荣，很可能是由对青铜农具的巨大需求引发的，最初铁器作为补充资源而存在，主要满足平民的日常所需，并推动了包括挖土工具与农具在内的大宗日用铁器的商品化生产。

但学界传统观点认为，列国铁、钢技术的发展轨迹大体相似。普遍的看法是，在生铁技术发明并推广后，列国几乎同时采用了该项技术，并且在制造先进钢制农具方面差异不大。根据考古材料，笔者认为，列国之间的区域发展存在差异，下文将就此展开比较研究。在理解了铁技术的基本发展脉络后，笔者将探讨晋国和楚国的区域发展特征及差异，并将其与前述的秦国进行比较。得益于过去数十年间大量东周墓葬考古报告的发表，如今的研究者拥有更丰富的数据库进行比较研究。这些不断扩充的考古资料不仅为区域比较提供了更可靠的基础，而且有助于在新材料的支持下重新审视现有文献记载。①

---

① 在文献记载中，楚国与韩国（战国三晋之一）常被描述为先进的铁器制造中心，特别是在兵器生产方面。相关文献包括《荀子·议兵》与《史记·范雎蔡泽列传》。

晋国

正如多位学者所指出的，晋国（后分为韩、赵、魏）是生铁技术及其产业发展研究最为充分的地区之一。目前，韩汝玢和段红梅（2009）的研究提供了最具参考价值的统计数据。在两人对晋国铁器技术的系统研究中，统计了1000余座平民墓葬出土的751件铁器。值得注意的是，其中的兵器类铁器数量较少（约50件），绝大多数为带钩（占比超过60%）及农具（包括斧、铲、镰、镢等）。金相分析结果显示，60件检测样品中90%使用的是生铁技术，其中22件为经过退火处理的白口铁。这表明晋国的铁制工具主要采用铸造工艺生产。此外，铁制工具在作坊遗址中也屡有发现。例如，第四章详述的侯马牛村铸铜遗址，在战国早期甚至更早的地层中出土了两件疑似铁刀的器物。在战国中晚期韩国都城的一处陶器作坊中，考古工作曾发现铁镰1件、铁刀9件，这些铁器与日用陶器及建筑陶器的生产废料共存。正如韩汝玢和段红梅的冶金学研究所示，高质量、规模化的生产模式很可能对战国时期铁制工具在日常生活中的普及应用起到了关键性的推动作用。

长治分水岭墓地的考古资料为研究韩国铁工业的规模提供了重要佐证。在该墓地的165座主要属于战国早中期的墓葬中，共出土29件铁器，包括5件铁带钩、16件铁斧和4件铁铲，另外4件鉴定结果不明；部分铁器可能是修挖墓坑时遗留的实用器具，而非刻意留下的随葬品。此外，郑州二里岗墓地的发现也为考察战国时期铁器在丧葬习俗中的使用情况提供了重要资料。该遗址的212座墓葬（多数属战国晚期）出土了52件铁带钩、2件铁刀、3件铁锄、2件锄形铲及7件铁镢。虽然其器物组合与分水岭颇为相似，但二里岗墓地铁器的出现频率显著提高（约24%的墓葬出土随葬铁器），这一现象很可能反映了战国晚期铁工业的进一步发展。

除了作坊遗址中的铁制工具，晋国境内还发现了多处专门生产农具的大型制铁作坊，这些作坊大多数分布于有城墙环绕的都城和城镇内，如郑韩故城（郑国与韩国的都城，今新郑）、阳城和禹王城等。其中，郑韩故城中行铁器作坊堪称典型代表，其具体的铁器组合、制造工艺及生产组织方式将在后续章节详述。这些大型制铁作坊出土的大量陶范和生产废料充分证明了该地区曾进行过规模化铁器生产。值得关注的是，居住遗址与墓葬出土的铁器组合存在显著差异：墓葬随葬品中铁带钩占绝大多数，而实用铁工具则相对少见；在晋国考古发现中，铁兵器更是少之又少。即便在分水岭墓地这样包含25座随葬各类青铜器的高级贵族墓葬群中，铁兵器也几乎未见踪影。迄今为止，在已发现的最高等级墓葬中，铁器主要与农业生产工具相关。与此形成鲜明对比的是，青铜兵器仍频繁出现于这一时期的贵族男性墓葬中，仅分水岭墓地就出土了至少15把青铜短剑。这一现象或许表明三晋地区的铁制兵器制造业并不发达。

楚国

长沙地区（楚国南部领土）出土的早期钢制品曾引发学界广泛讨论，但令人诧异的是，在楚国核心区域（今荆州市一带）的墓葬中，铁制品却极为罕见。华道安和白云翔一针见血地指出，在整片雨台山墓地，仅发现了1件铁斧和1件铁铲。该墓地作为迄今为止发掘规模最大的楚墓群之一，包含500余座墓葬，年代从春秋中期延续至战国中期。同样，位于楚国都城纪南城附近的另一处大型平民墓地——九店墓地，铁器出土数量也相当有限。在已发掘的590余座墓葬中，仅从7座墓葬中出土了7件铁器，包括1件铸铁脱碳钢剑[①]、1件斧、1件刀及4件用途不明的器物。即便在贵族墓葬如天星观1号墓、2号墓、包山2号墓、左冢1号墓中，也仅见少量简陋的铁制工具。与晋国形成鲜明对比的是，楚墓中的铁器组合明显单一，缺乏晋国常见的铁制装身具，如带钩等。发人深思的是，迄今尚未在纪南城内发现春秋晚期至战国中期的大型制铁作坊。[②]这似乎表明，楚国核心区的铁工业组织程度远不及晋国。然而，吊诡的是，在纪南城内及其周边居住区（如城门、房址等），铁制工具（包括铲、镰、凿、斧等）却时有发现。虽未发现明确的作坊遗址，但这些发现表明当地的铁器生产应具有一定规模。

[①] 这件铁剑最初被标记为"铸钢剑"，其金相结构显示出大颗粒铁素体与魏氏组织。但根据其金相结构，笔者认为此剑应为"脱碳钢剑"而非"铸钢剑"。
[②] 关于纪南城最早的修筑年代，传统观点认为始于春秋中期。但近年来对这座都城与其他战国城邑的研究指出纪南城始建较晚，详见尹弘兵（2019）。

与核心区域的铁器分布呈现明显反差的是，铁器在楚国南部领土墓葬中的存在相对普遍。如前所述，长沙地区出土了中国古代最早的钢铁兵器之一。①此外，该地区平民墓葬中也频繁出土铁兵器。就整个长沙地区而言，已发掘的2048座战国墓葬中，共发现135件铁工具和39件铁兵器。不过青铜兵器仍占主导地位：长沙地区战国墓地共出土960件青铜兵器或其部件。

在长沙以西的沅水流域益阳地区，战国早中期墓葬同样普遍出土铁器。考古报告显示，89座墓葬中出土126件铁器，包括23把剑及各类工具。值得注意的是，其中还发现了数件铁带钩。经金相检测，其中的两把铁剑被确认为生铁制品。②虽然出土的铁兵器数量不及青铜兵器（99把青铜剑出土于650余座墓葬），但该地区的铁兵器出土量已明显超过楚国核心区及同期的其他列国领地（见图1.2）。

形成这些区域差异的原因目前尚未完全明确，但湖南北部地区丰富的铁器发现，加之原楚国境内（如杨营遗址）出土的早期生铁制品，有力地质疑了关于楚国铁工业不发达或规模较小的观点。从考古发现来看，生铁和铸铁脱碳等新技术在楚国的出现时间似乎相对较早，至少不晚于其他列国。更值得注意的是，楚国南部领地在战国时期确实形成了规模可观的铁兵器

---

① 根据其金相结构描述，笔者怀疑此剑可能为由铸铁脱碳而成的钢制品，因为铸铁本身的脆性，使其并不适合作为战斗兵器。
② 发掘报告指出这些器物为生铁制品，但笔者怀疑它们可能是未完全脱碳的钢。

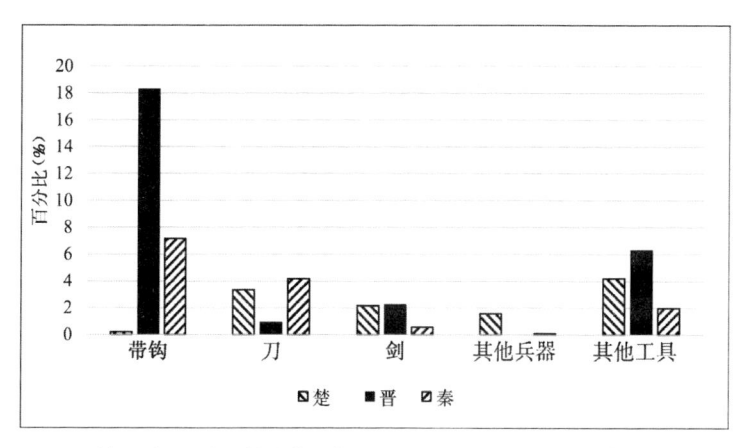

图1.2 战国时期三个区域墓葬随葬主要类别铁器的比例柱状图（楚地的材料仅来自长沙与益阳一带，不包括江陵地区）。

生产体系，当地平民阶层也能获取铁兵器，这种情况在其他地区极为罕见，甚至从未被发现。尤其考虑到纪南城可能建于战国早期之后，都城区墓葬中铁器稀少的现象或许更多地反映了当地的文化偏好或政治限制，并非完全归咎于铁器供应不足。楚国的铁器生产明显地侧重于兵器制造，这表明该国铁器的普及应用可能受到多重因素的共同推动，不同于晋国主要服务于农业生产的发展模式。

秦国生铁技术初现端倪

与中原和楚国发现的铁器相比，战国时期秦国的铁器在种类和数量上皆呈现出明显的差异。这反映出秦国的铁工业发展可能另辟蹊径，遵循着独特的发展轨迹。为了深入解释这些规律，笔者首先勾勒战国时期及秦统一期间，秦国都城和手工业中心的布局。

秦国自公元前677年从陇东地区迁都至渭河流域后，雍城作为都城绵延三百余年，直到公元前383年迁都栎阳。雍城为研究战国早期的秦国提供了弥足珍贵的资料。这座都城不仅是政治中心，而且成为举行国家"郊祀"或"時祭"仪式的场所，2016年在雍城附近血池遗址发现的大量祭祀坑即为证明。即使在都城先后迁至栎阳和咸阳后，雍城仍承担宗教功能，直至西汉时期仍为重要的祭祀场所。

通过多年的考古田野工作和聚落调查，雍城的整体布局已渐趋明晰。这座由多条河流支流环绕的都城呈独特的梯形，城垣内面积约10平方千米（见图1.3）。如果将城南的墓地和陵墓区包括在内，整个遗址群的总面积超过30平方千米。城内分为4个区域，包括已确认的3处宫殿或宗庙区，以及1处专门进行手工业生产的区域。其中一件存在争议的生铁工具发现于雍城核心宫殿区马家庄1号宫殿祭祀坑中。在这座被城墙环绕的都城的西北部设有一处作坊区，这一布局模式在同期都城中很常见。该作坊区至少包括制陶和青铜铸造作坊各一处，但目前考古工作人员只对位于豆腐村的制陶作坊进行了系统发掘报告。

豆腐村制陶作坊的运作时间长达3个世纪（公元前650年—前350年），恰好处于列国生铁制造的关键转型期。然而，

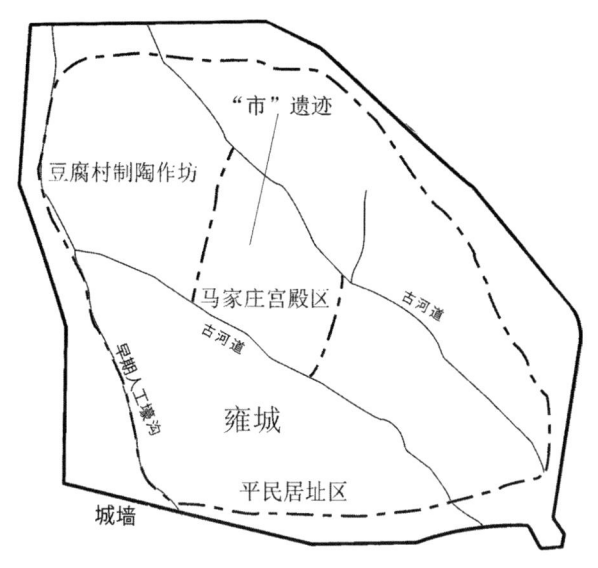

图1.3 秦都雍城平面图（改自田亚歧2018图1）。

与晋国陶器中心的铁器证据俯拾即是形成鲜明对比的是，在豆腐村几乎未发现任何铁器转型的确凿证据。豆腐村遗址出土了大量日用陶器、陶建筑构件（饰有动物纹样的瓦当及板瓦）的生产废料及相关工具，以及若干件青铜工具（如刀具），但在春秋战国地层中未见铁制工具。作坊内的窑炉、储藏坑及贯穿遗址的输水系统等设施布局有序，显示其作为秦国长期的手工业基地，经过了精心规划。然而，在这座持续运营3个世纪的作坊遗址中，竟未发现任何铁制工具，背后的原因需要进一步探究。或可推测，至少在公元前4世纪前，秦国的生铁工具制造业远未达到晋国的发达程度，其铁器的普及应用状况可能比学界的现有认知更为滞后。若此说成立，则基于马家庄铁器制品的发现所提出的"秦国早期铁工业"假说,恐需重新审视。

面对日益加剧的魏国西进军事压力,秦献公(公元前384—前362年在位)于公元前383年毅然将都城迁至两国交战前线的栎阳。公元前350年,秦孝公(公元前361—前338年在位)又迁都咸阳,此举正是看重其地处关中东西交通咽喉的战略地位。目前根据考古资料重建的咸阳城布局图显示(见图1.4),其与同期关东地区(函谷关以东)的都城形制迥异。其一,迄今未发现城墙遗迹;其二,渭河穿城而过,将城址一分为二。宫殿区位于今聂家沟一带的北岸,该区域是否存在宫城城墙仍待考证。然而,宫城制度在同期都城中几为常制,这一问题亟待通过进一步的田野工作解决。

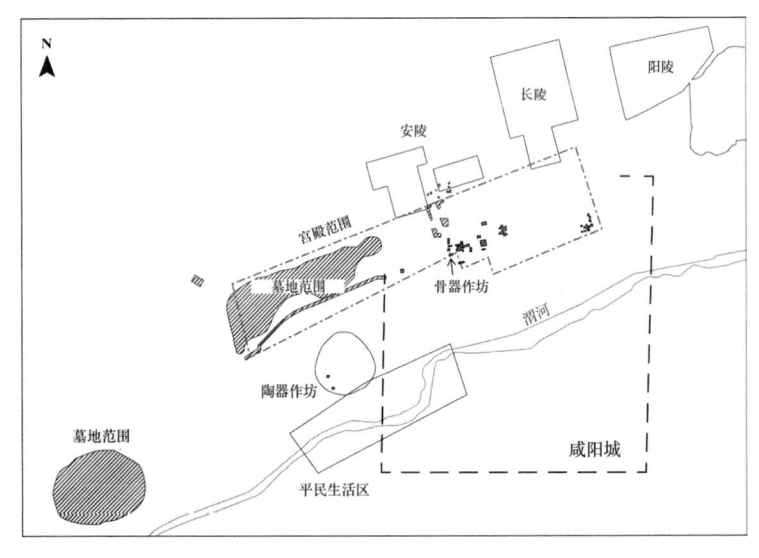

图1.4 秦都咸阳平面图(改自许卫红与苏庆元2016图1、许卫红2021图1、中国社会2010图1-1)。

在咸阳遗址的多处地点均发现手工业遗迹。宫殿遗址西北部出土的铁渣和生产废料，说明此处可能存在隶属官署的铁器作坊。但其规模想必有限，因既往调查未发现农具陶范或大量生产废料。最新的考古成果确认了宫殿群附近设有甲胄仓储设施和骨器作坊各1处。这些位于宫禁区域的手工业作坊，十之八九皆直属朝廷，产品专供皇室所需。渭河北岸的毛家滩则发现了一处大型陶器作坊，作坊区域内的水井与排水系统井然有序。除陶器生产工具与废料外，一处窖藏中还出土了待回炉重熔的青铜碎片。陶器及建筑构件上大量钤印工匠姓名与里名，表明有上百名工匠在此集中劳作。该区域或许还存在青铜铸造作坊，但迄今未见铁制工具的相关报道。尽管考古发现存在偶然性，但在此类经过系统发掘的遗址中未见大批铁器，或可说明当时的生产工具仍以非铁制为主。

作为公元前一千纪下半叶的大都会，咸阳城及其周边聚居着大量人口。据学者估算，六国统一前的咸阳地区人口为25万至32万，这还未计入秦始皇后来迁入的齐楚12万户（约60万人）。咸阳西部与渭河南岸分布的大片平民墓地，皆可印证其人口规模之巨，尽管其中的部分地区后来已被汉长安城叠压。过去数十年，战国晚期至秦统一时期的大量墓葬报告相继发表，这些考古发现不仅丰富了我们对秦国丧葬习俗和仪礼的认知，而且揭示了铁器在随葬品中的使用状况。为与晋、楚两国进行对比研究，笔者系统整理了逾1700座墓葬的已发表数据，借此分析铁器在随葬品组合中的角色变化，并探讨其反映的社会变迁轨迹。这些铁器主要包含带钩、刀具与挖土工具，其类型与晋国墓葬出土器物记录颇为相似（见图1.5）。秦晋两地墓葬出土的生铁器物（如带钩与挖土工具）类型相近，反映了秦国铁器作坊可能采用了与晋国类似的工艺。然而，就总量而言，秦国墓葬出土的铁器数量远逊于三晋地区的记录。

经过仔细分析可看出，秦国墓葬出土铁器的种类与出现频率呈现若干显著特征。与晋国和楚国墓葬相比较，秦国墓葬中铁刀的出现频率较高，而其他铁器的出现频率明显偏低（见图1.2）。此外，铁兵器在墓葬中实属罕见。虽然目前已在不同地点发现13件铁剑，[①]但与已确认的墓葬总数相比，这一数量仍是微不足道的。这一情况与楚国墓葬中铁兵器的普遍存在形成强烈反差。在大多数平民墓葬中，铁器不仅数量稀少，而且随葬种类也较为单一。偶有发现的农具以铁铲为主，且多出土于填土，很可能是营建墓葬时遗留的实用工具，而非刻意随葬之物。在秦国墓葬中，专门随葬铁制挖掘工具或木制工具的情况似乎罕见。

为了进一步与晋国的分水岭、二里岗墓地进行比较研究，笔者选取塔儿坡墓地为案例。该墓地作为咸阳地区发表资料较为完备的平民墓地之一，正如第六章所详述，其特殊意义在于揭示了都城周边地区墓葬中铁器出土频率明显高于偏远地区的特点。这座墓地包含391座墓葬，应能代表战国晚期秦国丧葬

---

① 这些墓葬分布于今凤翔区高庄、咸阳市塔儿坡、西安市尤家庄、西安市北郊、临潼区新丰、大荔县朝邑、杨凌西北农业科技大学。

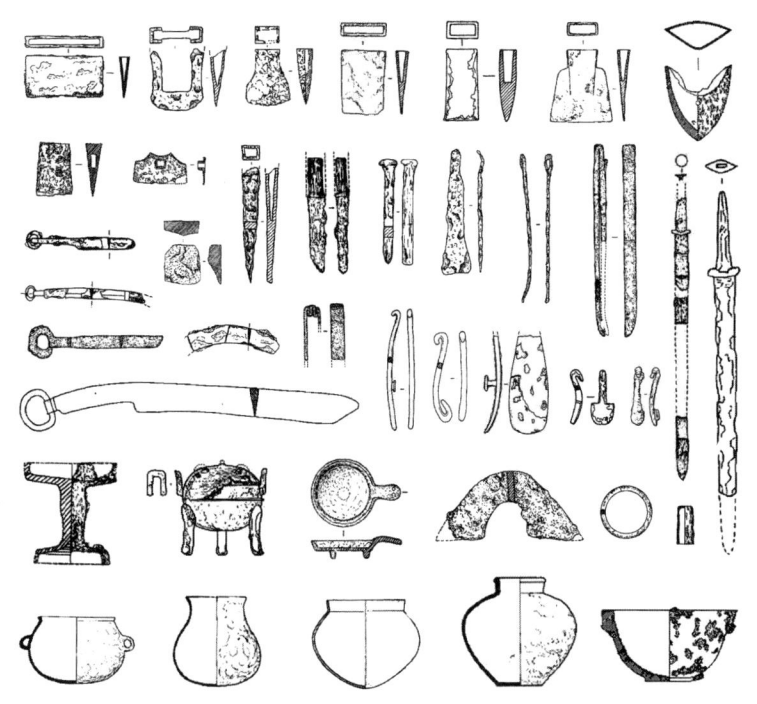

图1.5 战国时期秦国墓葬出土的代表性铁器示意图（改自林永昌等2017a图4.6）。

习俗中的铁器组合特征。在塔儿坡所有墓葬中，共出土67件铁带钩、40件铁刀具等其他10余类工具。在随葬铁器的墓葬中，通常每座仅见1件铁刀或1件铁带钩。尽管铁刀在该遗址中保存状况良好且较为常见，但铁带钩的出现比例（17%）仍低于同期二里岗墓地（24%）的水平。

虽然从表面数据来看，秦国墓葬铁器总量及其出现频率与晋、楚两国差距不大，但对居住遗址的考古发现，进一步凸显了秦国的特殊性。秦国宫殿区内铁器作坊的规模仍不明确。

与关东三晋都城遗址中常见的大量生产废料（包括铁渣、陶范、鼓风管及炼炉碎片）形成对比的是，秦国陶器作坊区域的生活垃圾坑中铁制品几近罕见，这一情况与雍城豆腐村作坊相同。唯一的例外是，近期在宫殿区发现的骨器作坊，出土了数量较多的铁凿、铁刀和铁刮刀。地层证据显示，这些铁器组合的年代可能晚至秦统一时期或秦末。类似的情况亦见于秦始皇陵陪葬的石铠甲作坊，该遗址同样报告出土了大量铁工具，年代应为秦统一时期前后。尽管咸阳都城存在规模可观的陶器和骨器生产，但晋国等列国都城中常见的铁器作坊，在咸阳城的规模可能有限。更关键的是，居址的发现并未显示秦国在统一前的生产活动中普遍使用铁器，这一特点与列国考古记录中常见的铁器状况大相径庭。

除了日常用品（如农具）的生产规模不明，铁兵器制造的规模也出乎意料得小。墓葬考古资料显示，秦国墓葬中的铁兵器极为罕见。已确认的铁兵器数量与已发表的墓葬总数不成正比。最具说服力的是秦始皇陵兵马俑坑的发现。尽管出土了数以万计的青铜剑、戈、弩机、箭镞等兵器，却未见铁兵器的踪影。反观楚国，大规模的铁兵器生产于战国中期甚至更早便已出现，而秦国相应的考古证据却毫无迹象。需要特别指出的是，从性能角度而言，经过精密合金配比的青铜兵器未必逊色于铁制兵器，而铁器的推广可能更多的是出于资源利用的考量，铁器被作为大规模生产的替代资源。军事战争不一定导致铁兵器的最终普及。无论战国时期推动铁兵器生产发展的因素为何,与秦国相关的大规模生产证据始终寥寥可数。

考古数据难免会受到保存状况与发掘条件造成的偏差的影响,这种影响在运用出土资料进行技术演变的定量分析时更为显著。① 然而,通过对铁器技术进行区域性分析,我们得以揭示秦国生铁工业发展与生产组织的若干关键问题。考古证据呈现的区域差异,也有力地挑战了关于公元前一千纪下半叶铁器技术呈线性发展的简单假设。因此,研究东周动荡时期生铁工业与各国政治、经济结构的差异,将为理解汉代手工业的发展提供重要背景。

正如以往研究所示,生铁技术很可能受到了块炼铁技术的启发。然而对于中原列国和秦国而言,生铁技术的社会经济价值主要体现在实用工具与农具制造领域,而非兵器生产。迄今为止,中原地区尚未发现使用该技术生产兵器的确凿证据。唯一的例外是严格意义上不属于中原的燕国,其境内发现了数量不少的铁兵器。秦国很可能遵循了这一发展模式。虽然生铁技术一经出现便在各列国迅速传播,但铁工业的区域差异不仅体现在生产规模上,而且反映在不同地区生产的铁器类型上。多方面证据表明,至少在公元前221年秦国统一之前,秦国的铁工业发展明显滞后于列国。不过,若据此断言这种差异对经济或军事实力产生决定性影响,则未免失之偏颇。这种

---

① 在此必须考虑保存状况对考古材料的影响。例如,与青铜器相比,铁器在墓葬环境中的保存状况通常较差,这必然会影响统计结果。

第一章 铁器的兴起与帝制国家权力

相对滞后的发展状况很可能是长期历史进程塑造的结果，即便在统一时期，通过强制迁徙工匠等重大政策调整，也难以在短期内实现彻底的转变。这种差异甚至可能延续至汉代，影响了这一时期地区劳动分工的发展模式。

秦国铁工业发展滞后的原因何在？资源相对匮乏及青铜技术曾占据主导地位可能是重要因素。除技术人才短缺外，秦国相对滞后的商业发展也可能阻碍了新技术的推广。虽然战国时期贸易网络的发展常被视为这一时期的重要经济特征，但这一判断不宜简单地套用于秦国。根据江村治树的研究，战国时期区域之间的发展存在相当大的差异，他将这种模式比作"马赛克"。他指出，秦国边缘化的地理位置是其市场与商业发展整体滞后的主因。更关键的是，秦国正式的市场体系与货币体系直到公元前378年和前336年才由秦献公和秦惠文王相继建立，比三晋地区晚了至少一个世纪。此外，商鞅变法虽推动了秦国农业发展，为统一奠定了基础，但也在一定程度上抑制了商业活动的繁荣。

传世文献为诠释考古发现中的铁工业演变提供了重要线索。秦统一后，为消弭新征服区的地方不满，巩固对这些地区的统治，将大量人口强制迁徙至都城地区。作为一个高度集权的政权，秦王朝展现出前所未有的劳动力动员能力，这在秦始皇陵建设工程中体现得再清楚不过。除征调原列国劳力修筑陵寝外，秦王朝还强制征召工匠制作与兵士等身的陶俑与精美青铜器，以期这些陪葬品能伴随秦始皇在彼岸世界永世长存。陶文显示，鱼池与丽邑的陶器生产多由关中各地征调的陶匠完成。由此可推知，在战国晚期秦国发展过程中，擅长金属加工、玉器雕琢等高端工艺的匠人，很可能被征调迁往关中地区。考虑到秦始皇陵工程的庞大规模、随葬器物的需求之巨，掌握冶铁技术的工匠理应也在被征调之列。随着这些来自被征服地区的熟练铁匠迁入，原本发展滞后的秦国铁工业可能因此获得新的发展动力。这些工匠不仅带来了新技术与知识，而且引入了其他地区的生产工具，促使咸阳城的铁器制造业得以迅速发展。

尽管区域差异是客观存在的，但秦国与新征服地区之间的技术交流与转移很可能是同步进行的，这一动态过程未必能完全反映在考古遗存的年代框架中。若如本书所论证，楚国的铁工业已相当发达，那么秦国在公元前 278 年攻占楚国都城郢（位于今荆州市）时，便获得了一个绝佳的契机，使其能在公元前 223 年最终吞并楚国前，先行吸收楚国的冶铁技术与资源。正如本书后续章节所探讨的，出土于睡虎地（位于今孝感市云梦县）与里耶（位于今湘西土家族苗族自治州龙山县）的秦代简牍表明，秦国在新征服地区建立行政体系后，地方郡县已开始负责管理铁矿开采与冶炼。换言之，秦国在统一后不久便认识到铁工业在南方边陲的战略价值。若新领地本就具备成熟的铁器生产体系，将其纳入秦国行政架构自然是水到渠成之举。此外，征服这些地区也为秦国提供了将当地铁匠迁往都城、提高本国冶铁能力的良机。尽管秦国本土的铁工业发展可能相对滞后，但通过整合与重组既有的生产体系等方式，秦国仍能有效地提升自身的铁工业实力，以解决发展滞后的问题。与三晋普遍在都城区设立大规模制铁作坊的做法不同，秦国在国家建设中采取了不同的策略，其中部分做法延续至汉代。

考古资料显示，公元前一千纪下半叶，生铁技术在秦国及其他列国逐渐确立。然而多项证据也表明，秦地的铁工业发展可能相对迟缓。秦国地处边陲，加之商业经济发展较晚，这些因素相互交织，共同制约了其铁器生产的规模化发展，使其难以与列国齐头并进。随着兼并战争的推进，秦国逐步将铁器生产较发达的地区纳入版图，并善用这些地区的资源，弥补自身产业短板。除将铁工业管理权集中至中央政府与地方郡县外，秦国可能通过调配铁器产品与迁徙铁匠，满足因人口增长而激增的铁器需求。此外，如本书第二章、三章所述，汉代关中地区与铁矿富集区域之间的跨区域辐辏网络，其雏形或许正是秦王朝的生产模式，这展现了秦汉时期铁工业发展的历史延续性。

第二章
汉代都城区的崛起与手工业管理

汉王朝肇始于陕西渭河流域的关中盆地。据史料记载,京畿之地被称作"三辅",由京兆尹、左冯翊、右扶风所辖之地组成,统辖七十二县。① 凭借四方辐辏的财富、人口与军事力量,雄踞关中腹地的长安不仅是国家政治中心,而且在两百多年内,始终是汉王朝对外交流的重要枢纽。长安城占地达36平方千米,堪称中国历史上规模最宏大的都城之一(见图2.1)。其周边环绕着多座人口稠密的卫星城邑,与长安共同构成了当时中国绝无仅有的高等级城市群。该区域的优势还体现在农业生产方面。关中平原沃野千里,长期被视为汉代的粮仓,更是代田法等新型农耕技术的发源地。正是凭借得天独厚的山河之固与衣食之源,都城区得以奠定汉王朝长治久安的统治根基。

探究都城区的社会环境,是深入理解手工业发展之关键。这一社会环境体系既包含山川河流与台地等自然条件,又涵

---

① 根据周振鹤等(2016)对"县"的考证结果,本数字亦包含与有争议的太常郡相关的县。

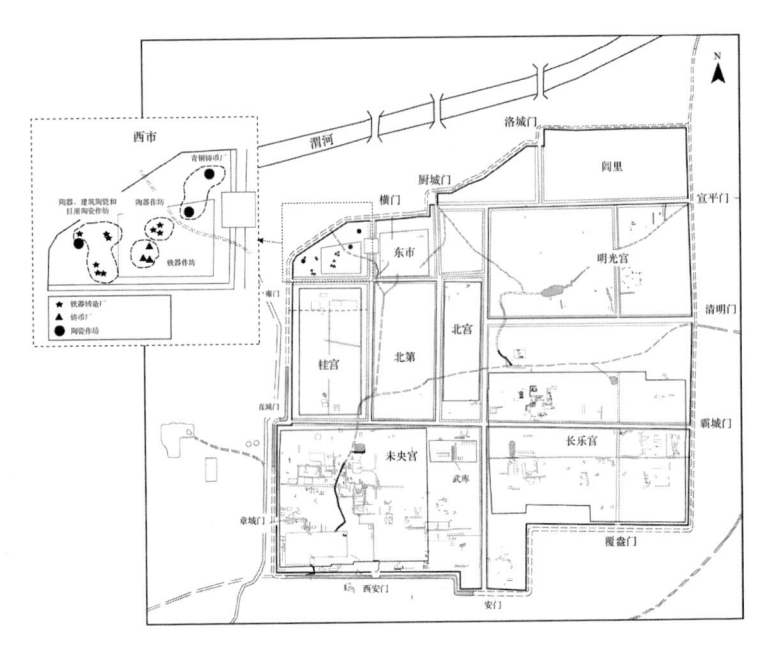

图 2.1 长安城布局及城内手工业生产遗存分布情况图（改自白云翔 2011 图 2、张建锋 2016 图 58）。

盖城镇、道路、仓储与运河等人工设施，这些要素共同保障了秦汉两朝对生产与物资分配的高效组织。本章将重点探讨两大问题：其一，汉王朝如何规划建设其都城；其二，手工业（特别是铁器生产）如何随都城发展而革故鼎新。为此，笔者将博采众长，系统阐释都城嬗变之轨迹。

本章第一部分将梳理雍城、咸阳、长安等都城的地理格局，着重分析汉朝对关中这一"膏腴之地"的自然环境利用与人工设施营建。第二部分则归纳传统文献记载的手工业层级管理体系。由于史家笔墨一般甚少聚焦基层劳动者，所以日常生产活动的细节往往湮没难考。尽管如此，现存的零星记录仍为理解手工业生产的行政管理提供了珍贵依据。在第三部分中，笔者将目光投向都城区内各类手工业的考古发现。随着秦汉王朝都城扩张，对日常用品与奇巧靡货的市场需求激增。但如第一章所述，秦都城附近制铁作坊遗址屈指可数，那么新兴的汉王朝如何应对这一困局？笔者认为，通过细致考察多种手工业证据，可对"都城越盛，必致百工越为专精"这一传统看法提出不同见解。通过出土文物与传世文献的互证，我们得以更深入地理解汉代都城区重大转型中，朝廷对手工业实施的调控策略。

都城及其腹地

关中在秦国崛起的过程中发挥了举足轻重的作用。秦亡后，刘邦与项羽逐鹿中原，汉军初以栎阳为都，旋即于公元前202年定都长安，此举正是出于战略优势的考虑。此前，朝堂上曾就新王朝应定都关中还是迁往洛阳展开激烈辩论。洛阳自西周以来便享有崇高的政治地位，自然成为迁都的重要选项。①然而，《史记·刘敬叔孙通列传》记载，刘敬向刘邦力陈定都关中之利。他指出，相较于洛阳，这片旧秦故土具有几项关键的

---

① 关于自西周以来，洛阳作为意识形态中宇宙枢纽的讨论，参见冯时（2015）。

战略优势。他言道:

> 且夫秦地被山带河,四塞以为固,卒然有急,百万之众可具也。因秦之故,资甚美膏腴之地,此所谓天府者也。陛下入关而都之,山东虽乱,秦之故地可全而有也。夫与人斗,不扼其亢,拊其背,未能全其胜也。今陛下入关而都,案秦之故地,此亦扼天下之亢而拊其背也。

关中盆地最重要的战略价值,在于其得天独厚的形胜之地。渭河蜿蜒穿行于狭长的渭河谷地,南倚秦岭,北靠陕北高原。① 顾名思义,"关中"之名,即取"关隘之中"之意,四周由四大关口拱卫:东有函谷关,南峙武关,北扼萧关,西据大散关。这些险要关隘环伺平原,仅留数条狭窄孔道,辅以防御设施,与关外相通。这些关隘扼险要地势,配合南北天然屏障,使关中在历史上屡次免遭外敌入侵,成为秦国崛起、秦朝一统乃至西汉稳定关东局势的重要战略基地。②

西汉时期,关中的地理优势更成为维系王朝稳定的命脉。在公元前154年爆发的"七国之乱"中,这一优势展现得淋漓尽致。这场由吴、楚等七国发动的叛乱,堪称汉初最严重的统

---

① 《史记》卷129,页3261。关于"关中"概念的讨论,参见邢义田(2009)、辛德勇(2008)。
② 除了控制交通,汉朝亦将一些列国迁出河东地区,以加强对东部领土的控制,尤其在武帝"广关"(将函谷关东移)之后。参见马孟龙(2012)。

治危机。汉初实行郡国并行制：在关中盆地、河南西部、山西南部、湖北西部与成都平原等核心区域设郡县直辖；而在东部与南部广袤地区则分封王国或侯国，授予功臣与宗室。然而这些地方王国长期游离于中央管控之外，直至景帝时期（公元前157—前141年），地方王国仍自置官吏、截留赋税。景帝厉行削藩政策以加强集权，最终引发七国之乱。幸赖关中四塞之固，这场叛乱始终被遏制于东方，未能威胁长安。汉军成功扼守荥阳要冲（进入关中的东大门），更被视为平定叛乱的决定性转折。此外，关中还是通往河西走廊的战略通道，成为汉朝经营西北、抗击匈奴的战略后方。随着资源不断汇集，关中盆地逐渐发展为汉王朝的交通枢纽，更是汉王朝长期对抗北方游牧民族的军事保障，支撑起绵延千里的边防体系。

关中盆地作为汉王朝重要的粮食生产基地，不仅为王朝的发展提供了重要的物质保障，而且进一步巩固了都城区的核心地位。渭河及其支流泾河、洛河裹挟着来自北方高原的肥沃黄土沉积，在河谷地带与河网之间形成了宽广无垠的冲积平原。河流经年冲刷，塑造出众多河流阶地与小型平原，这种独特的地貌特征在关中盆地西部尤为显著，为秦汉时期的集约化农业生产创造了得天独厚的自然条件。与此同时，南倚的秦岭山脉孕育出无数溪流，环绕今西安地区的南、西、东三面，不仅构成了天然的防御屏障，而且为都城居民提供了充沛的水源，并形成了连接长安城内各处园林、宫殿的完整供水体系。

在长安以东地区，渭河及其支流携带的冲积土减缓了水流速度，形成了以冲积平原为主的地貌。然而，该区域同时分布着大量沼泽、湖泊，导致部分土壤盐碱化，当今仍可见此景观。自公元前350年起，秦国不断向东发展，于公元前246年开始兴建规模庞大的水利工程——郑国渠，将泾河与洛河连通。此后，以这条主干渠为基础，又延伸出众多灌溉支渠，使两岸贫瘠的土地重获生机。关中盆地西部得天独厚的自然条件与王朝在东部精心修筑的水利系统，共同塑造了"沃野千里"的农业盛景，使该地区在西汉时期成为名副其实的天下粮仓。

西汉时期，"代田法"[①]这一创新性的耕作技术在关中地区兴起、推广，其技术发源地很可能正在此处。秦至西汉时期农业技术的重大突破，得益于多重因素的共同作用，其中包括气候这一天时优势。古气候研究表明，公元前一千纪下半叶，关中地区经历了一段相对温暖的气候期，均温与现今相当，维持在6摄氏度至13摄氏度。直到汉武帝时期，气候逐渐转为干冷。诸多文献记载显示，西汉早期的关中盆地植被丰茂，甚至可见竹林遍野，其肥沃程度远超其他历史时期。这一优越的自然环境很可能进一步加速了关中农业的发展，成为早期王朝崛起的重要根基。

大量人口的持续涌入无疑是推动都城周边地区农业发展的

---

① 代田法，一般被称为"垄沟轮作"，即通过每年轮换种植作物的垄与沟的位置，以最大化地利用空间并促进作物生长。整齐的垄沟排列有助于改善通风与光照条件，进而提高农作物产量。详细解释参见Hsu（1980：112-114）、刘兴林（2017）。

重要因素。秦代，关中地区便已吸纳了大量来自关东的移民。西汉时期，汉王朝更是有计划地将诸多豪强大族，特别是富商巨贾迁至长安周边的陵邑聚居。若计入仆役、商贩、官吏、贵族及皇室成员，西汉初期关中人口恐已达50万之众。而在西汉末年，都城区域人口更飙升至250万。正如早期中国人口研究所指出的，西汉末年关中盆地整体人口密度，尤其在宜居的河谷平原地带，已达每平方千米千人左右，关中盆地成为汉王朝人口最稠密的地区。

长安的繁荣既源于其作为政治中心的地位，又得益于其作为王朝交通枢纽的战略要冲。秦始皇统一六国后修建的"直道"与"驰道"，使咸阳成为全国交通网络的中枢。长安坐落于渭河南岸，毗邻咸阳，自然承袭了咸阳的交通优势。首先，长安是东西向交通干线的枢纽，掌控着渭北道、函谷道与蒲关道。其中，渭北道沿渭河谷地通往河西走廊，函谷道与蒲关道则分别连接黄河中下游与太行山区。其次，长安是武关道与子午道的起点，这两条要道将长安与南阳盆地、汉中盆地相连。来自长江流域与成都平原的物资可经此直抵长安。最后，汉朝沿用秦始皇时期所建直道系统，将兵员、物资输送至北方河套前线。借助这一全国性的交通网络，各地资源得以汇聚都城，①再转输至其他地区。正因长安处于王朝主要通道的交会点，中

---

① 武帝时期，每年从东部领土转输至关中的粮食总量达600万石，以供应关中居民及河西走廊边防驻军所需。昭帝时期，该数字略有下降，但仍约为400万石。

央政府得以有效地掌控人员流动与邮驿传递。

凭借得天独厚的优势，汉王朝得以将长安营建为旷古未有的大都会。长安城占地约 36 平方千米，远超此前任何都城。城内以道路网格划分为 11 个规整区块。所有区块与宫殿建筑群均通过排水系统相连，最终汇入环绕长安的水池与支流，使整座长安城形成一个有机整体。[①]核心区未央宫建筑群占地面积 5 平方千米，相当于全城面积的七分之一，包含帝居宫殿、中央官署、武库及作为贵族居住区的东第。未央宫东侧为皇后居所长乐宫。城内还设有商贾、官吏居住区，按"里坊制"规划为封闭的方正小块。值得注意的是，长安城三分之二的土地用于宗庙、皇家仓廪及宫殿建筑，这一格局与中国早期城市乃至秦都不尽相同。长安城外则分布着建章宫等离宫及绵延 300 余里（折合约 124 千米）的皇家苑囿上林苑。从某种意义上说，长安更像是一座集行政与宫廷功能于一体的巨型建筑群，其主要功能在于服务皇室与中央政权运作，其角色类似于后世紫禁城，然前者规模更为恢宏，且具有更鲜明的国家管理特征。

长安城的空间布局也体现了森严的社会等级秩序。考古复原显示，一条横贯东西的干道[②]连接东墙霸城门与西墙直城门，这条长达 2900 米、最宽处达 62 米的通衢大道，将整座都城划

---

① 关于长安城内排水系统的综合介绍，参见 张建锋（2016）。
② 在渭河北岸的一些陵墓，如阳陵，亦可见东西向的长轴设计。关于阳陵的整体布局与结构，参见咸阳市文物（2010）。关于西汉时期陵墓整体朝向轴线的讨论，亦可参见朱露晨与赵钧陶（2018）。

分为南北两个截然不同的部分。传统观点认为,长安城遵循南北中轴线布局,但最新研究揭示,这种格局可能迟至西汉末年王莽推行礼制改革,在南郊营建明堂、辟雍等礼制建筑时才最终形成。在此之前,长安的城市规划更注重东西向的空间区隔,并以此彰显身份等级:南部为长乐、未央二宫组成的皇家禁苑,专供帝后起居;北部则分布着桂宫、北宫与明光宫,作为妃嫔、宫女与侍从的居所;最北部设有东、西两市等手工业区,以及供高级官员居住的闾里。这种布局清晰地反映了当时的社会等级制度,北部区域的所有成员在地位上都处于至高无上的汉帝之下。

东北隅的闾里区是城内唯一允许普通民众与官员混居的区域,其东侧毗邻东、西二市。这里不仅是商贸中心,而且是重要的手工业基地。据文献记载,长安城内外共有九市,其中包括西市与东市。然而,与庞大的宫室区域相比,这两个市场的总面积却显得微不足道。加之东北闾里区空间有限,显然难以容纳众多人口。由此可以推断,大多数在籍的长安平民,包括商贩、低秩官吏、能工巧匠及太学学生等,实际栖身于城墙之外,很可能聚居在西市或东市周边。遗憾的是,关于城郊民居的考古报告至今仍付之阙如,唯过往的考古工作曾在东南郊发现了大量墓葬群。

长安的辐射范围还延伸至都城南北的帝陵区。承袭战国传统,每位汉帝都与皇后同茔异穴,合葬于独立陵园,以此彰显皇权的至高无上。汉代,获得陪葬皇陵的资格被视为无上荣光，唯有地位显赫的权贵或功勋卓著的官员才享有这一皇恩。在西汉11座帝陵中，9座沿渭河北岸分布，另外2座则坐落于长安城南的终南山麓。虽然这种分布格局的成因尚待考证，但渭北陵群与河道平行的轴线排列方式，或隐含着"渭水长流，汉祚永续"的永恒愿景。

近十多年来的考古发现揭示，每座陵园都包含帝后合葬墓，外围以围墙环绕，帝陵周边设有外藏椁、陪葬墓，陵园外则建有附属陵邑。①外藏椁中常埋藏大量粮食和动物牺牲，更不乏来自异域的珍贵贡品。每年甚至每月，在每座皇陵专门的寝殿、陵庙中都要举行祭祀仪式。为维持规模浩大的祭祀活动，朝廷强制迁徙大量人口至陵邑定居。其中，《汉书·地理志》记载公元2年茂陵的人口竟高达277277人。若此记载属实，其规模甚至超过长安城。广义地说，这些陵邑的人口也应被视为大长安地区总体人口的一部分。

陵邑制度的创设，旨在安置从关东迁徙而来的豪强大族，这些家族往往携带着大量佃农与奴仆举族迁移。然而与长安城相比，这些陵邑的规模要小得多，其中最大的阳陵邑，面积仅约5.5平方千米。根据测绘与考古调查结果，这些陵邑均筑有城墙，部分道路系统与建筑群也已得到确认。但令人意外的是，

---

① 陵邑制度最终于西汉末年被废除，究其原因，乃是将豪强大族强制迁往陵邑的策略，不仅未能达成社会稳定的预期的目的，反而导致了诸多社会矛盾与舆论非议。因此，最后四座帝陵——义陵、渭陵、康陵和延陵——均未设立陵邑，且其陵园规模较前代明显缩减。

在这些陵邑内发现的窑炉与陶器生产设施极为有限,多数窑址仅用于烧制砖瓦等建筑材料。此外,大多数考古简报中几乎未提及铁器或青铜器制作的相关遗存。目前的证据难以佐证这些城市中进行过大规模手工业生产。相较于生产,这些新兴聚落似专事消费。它们与长安共同构成了一个密集的卫星城网络,拥有汉家天下最高的人口密度,对各类物资的需求极为旺盛,以满足从祭祀、宴飨到日常生活等各种需要。

由于都城区(含陵邑)的庞大居民群体中的大多数人不一定从事农耕,所以汉廷大兴灌溉与运输系统,以实现高效农业生产,保障稳定的粮食供应。在较为开阔的关中东部,汉武帝时期开凿了白渠、六辅渠与龙首渠三大主干灌溉工程。这些水利工程旨在将关中东部进一步打造为王朝粮仓。该地区以低洼冲积地为主,地下水位较高,人工水渠系统则连缀各河流支流,不仅改善了周边的灌溉条件,而且有助于缓解土壤盐碱化。在关中西部,汉武帝时期还在渭河北岸修建了规模较小的成国渠,以促农事。这些水利设施与灌溉网络的建设推动了农业发展,使关中成为汉王朝的主要产粮区。考虑到庞大的人口对粮食的需求,铁制(或钢制)农具在汉代农业生产中扮演着举足轻重的角色,关乎农民的"生死存亡"。集约化农业生产需要大量铁制农具,无论这些工具是本地生产还是从外部输入,都反映出铁工业与农业发展的紧密联系。

尽管灌溉系统的进步促进了农业发展,但如先前研究所示,关中地区的粮食产量恐难支撑长安及其周边地区庞大人口的需求；加之边境驻军对粮食供应系统造成的额外压力，从各地向都城输送粮食与其他必需品，成为维持长安繁荣与边境稳固之要务。然而，渭河先天不适合大规模航运，其水量的季节性变化明显，全年不稳定，特别是在冬季，这使得从下游向长安运输粮食与日用品并非易事。此外，渭河下游河道蜿蜒曲折，大大增加了水运的耗时、靡费。为改善东部地区至都城的粮食运输状况，汉武帝下诏修建漕渠，连接长安与华县（今渭南市华州区），将渭河支流与黄河衔接起来。① 这条运河同时连通了多座与都城相关的官仓（如太仓），使粮食得以集中存储，保障城市日常供应。

除运河外，粮仓在王朝运输体系中亦功不可没。除前述官仓外，渭河沿岸还建有多座大型仓储设施，如位于渭河与黄河交汇处华县的京师仓。这座仓库利用其地利之便，在渭河水位过低、不适合水运粮食至长安时，集中存储来自关中东部的粮秣。此外，在长安以西，汉政府设立了细柳仓，负责收集关中西部成国渠灌溉区所产粮食。宝鸡一带的仓储遗址表明，河运网络可能由长安向西延伸。在汧河附近的孙家南头，已发掘出码头及相关仓储设施遗址，疑为转饷河西戍卒而设。显然，这些分布在渭河上下游的大型仓储设施，旨在促进粮食运输，既供应都城区庞大人口，又为北部与西北边境的军队提供补给。辅以道路网络，这些运河系统与粮仓确保了来自汉王朝各地的

---

① 《史记》卷29，页1409—1410。

粮食能够顺利输往关中或转输边地。

除了粮食供应，大量其他生活物资与原材料也要输入关中。虽然当地农业发达，但矿产资源相对贫乏。现代地质调查显示，关中铁矿多为中小型矿藏。渭河流域内的大型铁矿尤为稀少。尽管秦岭南部与关中盆地边缘（今韩城市一带）蕴藏部分铁矿，但矿石品位普遍较低，规模有限，即便以现代技术开采也难以获得经济效益。此外，虽然秦岭边缘地区蕴藏铜矿，但其产量恐难以满足当时关中地区铸钱需求，特别是在铸钱权收归中央后。因此，矿石必须先在产地冶炼成金属锭，再输送至国家核心区，以满足生产与消费所需。再者，汉廷通过官营作坊垄断各种奇巧靡货的生产，而这些作坊多集中于长安周边，致使丝绸、美玉、金银等贵重原材料必须从外地输入。同时，来自东部地区的大批粮食也需经由水路源源不断地运往都城，以保证王朝核心区的日常运转。

正因如此，关中盆地成为汉王朝的交通命脉。鉴于长安在商品交易中的核心地位，当时的文献不仅视其为政治首都，而且将其定位为汉代交通体系的"心脏"。《史记·货殖列传》有载：

> 因以汉都，长安诸陵，四方辐凑并至而会，地小人众，故其民益玩巧而事末也。

太史公司马迁以其史家慧眼，在此精准地捕捉了都城的经济功能与社会特质。诚如文献所示，长安作为王朝都城的崛起，吸引了四方人口会聚于此。随着粮食与原材料需求的与日俱增，每年都有大量物资通过渭河、漕渠及陆路，从东部各地源源不断地输往都城，这一状况一直持续至西汉末年。长安及其周边陵邑的繁荣，实有赖于发达的交通网络将其与各区域中心紧密相连。与此同时，作为王朝粮仓的关中地区，其大规模农业生产必然催生对铁制农具及其他生产工具的旺盛需求。然而，铁器业与其他手工业如何与这一新兴的王朝网络并行发展？汉代，无论是直接管控还是间接调控，官府对手工业的干预似乎构成了产业结构的重要特征。尽管这类管理制度留下的考古证据往往残缺不全，但文献记载却能提供关键背景。因此，在探讨都城区铁器制造等产业的考古实证之前，笔者首先检视相关文献记载，以阐明汉王朝是如何管控并组织手工业生产体系的。

汉王朝对手工业的管理

考察汉王朝中央政府的组织结构，不难发现其对各类手工业的深度干预。关于汉代行政体系的基本架构，学界已有深入研究。汉承秦制，中央政府统管各项要务，举凡宫廷禁卫、司法行政、国家祀典、仓储调拨，乃至郡县户口统计，皆在其管辖之列。在这一体系中，"九卿"分管各行政领域，由"三公"总领（见图2.2）。其中，"少府"专司皇室所需物品

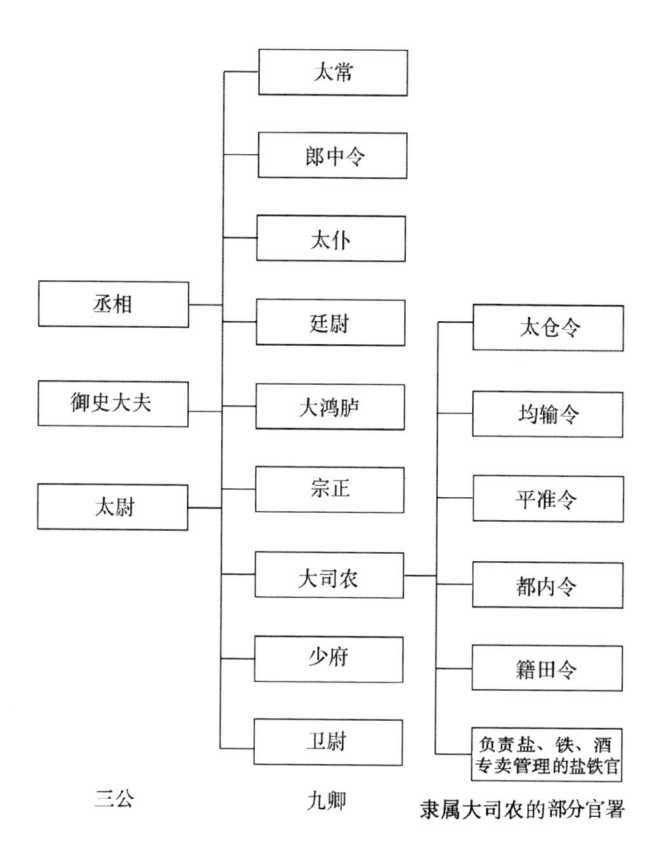

```
                        ┌─── 太常
                        │
                        ├─── 郎中令
                        │
                        ├─── 太仆
                        │
 丞相 ───┐              ├─── 廷尉          ┌─── 太仓令
         │              │                  │
 御史大夫─┼──────────────┼─── 大鸿胪         ├─── 均输令
         │              │                  │
 太尉 ───┘              ├─── 宗正           ├─── 平准令
                        │                  │
                        ├─── 大司农 ────────┼─── 都内令
                        │                  │
                        ├─── 少府           ├─── 籍田令
                        │                  │
                        └─── 卫尉           └─── 负责盐、铁、酒
                                                 专卖管理的盐铁官

   三公                   九卿              隶属大司农的部分官署
```

图 2.2 汉代中央机构简图（资料据 Loewe 2006）。

第二章 汉代都城区的崛起与手工业管理　073

的生产，涵盖丝织品、青铜容器、兵器、玉器、漆器、贵族墓葬陶俑，乃至宫殿营造等。这些物品部分产自都城区，但多数由蜀郡、广汉郡、河南郡、南阳郡和颍川郡等地的官营作坊制造。此外，少府还掌管山林（矿产）、海泽（渔业）、河川等资源的税收，以其税收支撑皇室奢靡用度。

除服务皇室并控制自然资源外，中央政府还直接管理日常用品的生产，如金属器物与漆器，尤以铁器为要。文献记载，早在汉朝建立之前，铁业管理就已成为官僚体系的一部分。太史公司马迁的高祖司马昌，在秦统一时期就担任"铁官"，专管铁务。汉武帝时期，类似的官职则在郡级层面负责铁业专卖。今咸阳附近出土的一枚封泥，上钤"铁官丞印"，也证明秦代可能已设有名为"铁官"的机构，专职管理铁器产业。值得注意的是，这种对日用品制造的官方管控并非秦国所独有，其他铁工业发达的列国可能亦有类似机构。例如，齐国的考古发现中就有"铁官"印章。《史记·货殖列传》明确记载，赵国商人卓氏与郭纵因经营铁矿（可能包括铸造）而富甲一方，[①]后被秦迁至成都等地。据此推测，赵国也设有专门机构，以管理日益发达的铁器产业，与秦国的"铁官"体制相似。

关东六国之中，楚国可能同样设有监管铁器生产的中央官署，但目前尚无直接证据。如前所述，在秦国南境水陆要冲

---

① 事实上，这些"铁业巨贾"皆非来自秦国本土，这支持了笔者在第一章中提出的秦国内部区域差异的论点。

的睡虎地出土的秦简牍（公元前217年）提及"左采铁""右采铁"官职，专司铁矿开采。此外，湖南省湘西土家族苗族自治州出土的里耶秦简（秦统一时期）中也出现隶属洞庭郡的"铁官"一职，负责管理铁器生产。有学者认为，"铁官"一词的出现标志着秦国已建立了系统的铁业管理体系。然而，关于秦国是否首创铁业行政系统的说法仍需审慎看待。若如前所述，楚国的铁器产业在战国时期已相当发达，则不排除楚国地方政府已有原始的铁业管理机构，并在秦灭楚后得以沿用，即秦简所见的诸种相关官职。

西汉王朝的日用品生产管理体制基本沿袭自秦朝。然而，这一管理体制在汉武帝时期经历了重大变革：铁工业管理划归大司农管辖，从少府体系中独立出来。与其他监督机构不同，大司农的职能与公共行政及民生事务联系更为紧密。虽然"大司农"这一职官名义上是"农业监督"，其实际的职责范围都远超于此，涵盖了从征税到物资运输等诸多事务。铁工业被纳入大司农管理体系后，其行政职能可能包括协调各郡铁器生产与资源调配，并通过地方办事机构"都官"具体执行。此外，对铁矿开采与铁器成品的征税制度也延续至汉代。这一官僚体系为不同铁官机构或同一铁官下属作坊之间的协调运作提供了制度保障。

在秦汉行政体制下，地方官员直接参与多种铁工业生产的管理，负责日常用品的供应。根据对《睡虎地秦简》中《厩苑律》《金布律》的研究，在县级行政机构中，县令负责管理大量铁制（或青铜制）农具与工具，这些器具可供农民租借使用。所有工具都刻有标识，若出现锈蚀，县令须在每年七月统一变卖，以回收资金，并可能需要购置新器具替换。由此可以推断，县令既是特定手工业产品（农具与容器等）的主要采购方，也可能是销售者。这类农具租赁制度，特别是针对铧等较昂贵的大型工具的租赁，延续至汉代。销售与采购铁器制品，成为地方官员行政管理的重要环节，并在汉武帝实施铁器专卖制度后更加规范化，完全由铁官掌控。

除手工业管理外，铁器的运输管制与征税也是秦至西汉初期地方行政的重要组成部分。湖北张家山247号墓出土吕后二年（公元前186年）的《二年律令》记载了相关条文：

> 制诏御史："其令诸关，禁毋出私金器、铁。其以金器入者，关谨籍书。出复以阅，出之。籍器、饰及所服者不用此令。"[①]

换言之，私自进行跨区域铁器贩运在严禁之列，唯持官府特许凭证者除外。将铁器及兵器售予外邦人士，更属重罪。此项禁令初为防范东部诸侯而颁布，然而，即便在专卖制度实施后，对铁器跨区域流通的管控很可能并未完全解除。同时，根据《张家山汉简》的记载，地方官员需向铁矿

---

① 《二年律令·关津律》，引自张家山（2001：493）。

开采者征收五分之一的产出作为税收,若从事铸造,则再征收五分之一的收入作为税收。[①]在那些允许私营矿产与铁工业存在的地区,地方官员的重要职责之一就是向矿工与铸造者征税,以此充实地方财政。在实际操作中,地方官员需要建立登记簿,记录矿工与铁器制造者的身份信息,并定期核查开采量与制成品数量,以确保税收征缴的准确性。

虽然铁器专卖制度肇端于汉,但资源集中管理的理念实则源远流长,根植于中国古代统治思想。在这种理念下,天下所有自然资源(包括铁矿)皆被视为皇帝的"私产"。因此,在秦朝及西汉早期,手工业与自然资源的税收尽归少府,专供皇帝及皇室开支,而非用于行政或军事开支。汉武帝时期,由于连年征战耗资巨大,汉廷才开始将部分自然资源税收转作军费。对匈奴的长期战争导致国库空虚,商人囤积居奇、操控物价的行为更使国库亏空雪上加霜。为填补财政亏空,公元前117年,汉廷推行盐铁专卖制度,此政策由原本经营盐铁贸易的富商东郭咸阳与孔仅所倡,后二人被擢为大司农。

专卖制度主要涵盖铁、盐、铸币等关键领域,兼及酒类专卖及均输制度。专卖制度推行之初,政府先禁止私人生产铁器、盐及货币。在元狩六年(公元前117年)之前,这些行业尚允许民间经营,部分铁匠与冶铁商人因开采、冶炼而积累巨额财富。典型如赵国富商卓氏,夫妇二人曾被秦国流放至蜀地

---

① 《二年律令·钱律》,引自张家山(2001:192)。

为奴，后通过向官员乞求和行贿，被遣往铁矿丰富的临邛，最终凭借铁器生产致富，拥有奴仆逾千。孔仅家族亦复如是。其先祖原居魏国，被秦迁至南阳后，以冶铁积资巨万。然而，专卖制度实施后，铁器生产管理权完全集中于"铁官"之手，此职设于郡级，隶属郡守，既督生产，亦管运输。"铁官"与"盐官"多在资源丰富的县设立，专管生产，扩展了县级官员对自然资源的监管职能。资源匮乏的县则设"小铁官"，负责回收、销售废铁。同时，专卖政策也将铸钱管理权收归"水衡都尉"，其铸币作坊多设于京师。尽管铁、盐等资源在专卖前已是财政支柱，但政府主要通过课税和间接管控。专卖制度的推行，彻底削弱了私营力量，使国家对经济资源与生产活动的控制达到极致，最终形成高度集权的经济体系，确保重要资源尽归中央掌控。

简言之，这项新政通过禁绝私商并取而代之，将铁、盐与铸币等重要产业的收益收归国有，实现利润最大化。其他产业——如漆器制造——也很可能被纳入这一集权管理体系。由于大司农孔仅曾与中央政府合作，将其私营产业转为官营，故实施专卖后，部分私营铁坊或能以官营名义存续。同时，专卖政策也可能促使某些铁矿蕴藏量丰富但未被开发的地区建立新的铁器作坊。

文献记载，专卖政策为国家带来了可观的收益。但过度集中的经济体制也给经济运行造成了弊端。铁器产业面临的一大问题就是库存积压，由此造成诸多弊端。如《盐铁论》所言：

县官笼而一之，则铁器失其宜，而农民失其便。器用不便，则农夫罢于野而草莱不辟。①

由于官营制铁作坊所产常与地方需求脱节，大量成品积压浪费。某些官员为完成指标，甚至刻意生产劣质铁器强售予农民。加之官营生产完全依照行政命令进行，受专卖制度束缚的铁业，在质量与资源利用等方面均受影响。尽管存在诸多弊端，但因聚敛巨利，此政策延续至西汉晚期。东汉时期，专卖制度是否重启尚有争议。章帝章和二年（公元88年），中央政府明令废止专卖，允许私营铁器生产。但通过"铁官"向矿工与铸造者征税，乃至在某些地区维持集中生产的制度，很可能贯穿了整个东汉时期。

总结汉代政治体制对手工业的干预，可以清晰地看到，西汉政府通过直接管控或间接管理的方式，主导了大部分手工业产品的生产与流通，无论是奢侈品还是日常用品。在研究作坊运作与商品流通时，必须充分考量汉朝政府扮演的角色。专卖制度的实施固然体现了国家对手工业的强力掌控，但在专卖政策推行之前，中央与地方政府对日用品生产（特别是铁工业）的既有影响力同样不容小觑。同时，自汉初以来，对手工业征税已是地方行政的重要组成部分。因此，专卖政策的推行并非凭空创设全新产业管理模式，而是将国家对铁、盐等产业的既

---

① 《盐铁论校注》卷5，页68，"禁耕"。

有控制政策推向极致。①这一现象进一步佐证了笔者的观点：早在战国时期的秦国及其他列国，手工业中心往往与都城联系紧密，成为城市发展的有机组成部分。

通过整合各类文献证据，可以大致归纳汉代行政体系在手工业管理中发挥的核心作用，无论这些产品是供权贵阶层消费，还是满足平民日常需求。鉴于管理铁工业是官府的重要行政职能之一，合理的推测是，汉朝政府很可能调动了大量资源来完善供应体系。例如，建立大规模的制铁作坊，以确保都城区的物资供应，并着手解决前代已浮现的各区域之间产业发展不平衡的问题。然而，考古证据却呈现出不同的图景。在本章最后部分，笔者将聚焦西汉都城区内与手工业相关的考古发现，为下一章深入探讨铁器产业的社会经济背景，并进一步解析铁工业在区域经济体系中的整体运作模式。

都城区的手工业：陶器、青铜与铁器

延续战国时期的农业和商品经济发展趋势，手工业生产中心在秦国时期的雍城与咸阳均占据重要地位。然而，与前期都

---

① 一些学者认为，在实施铁器专卖政策之前，铁器产业由汉政府、地方诸侯王和私营商人共同经营。笔者同意影山刚（1984：274—278）的观点，即秦朝至西汉初期已设有铁官机构，但这些早期铁官的主要职能很可能是制造铁制、钢制兵器，而非生产农业工具。

城相比,西汉时期长安城内的手工业布局呈现出显著变化——生产区大幅缩减,仅集中于都城西北一隅。在这个不足15万平方米的区域内,至少同时存在铁器、制陶和铸钱等3种手工业作坊,①且各生产设施的分布犬牙交错,并未见明确的分区。相较之下,咸阳的制陶生产区面积高达170万平方米,凸显了长安城内手工业区的局促。

不仅规模不同,而且长安城内手工业作坊的产品组合与战国都城所见传统渐行渐远。长安西北隅的作坊主要服务于皇室与高级贵胄,专产陶俑、宗庙或宫殿砖瓦、铁制车马器等。在城内也见与铸钱相关的遗存,专卖制度实施后,铸钱生产则尽归官营。考古发现显示,与陶器生产相关的窑炉多呈行列式分布,说明生产方式存在一定程度的单元协作。然而,与日常生活用陶器(釜、罐)相关的窑址在此区域极为罕见。多数窑址产品为皇家建筑所需的砖瓦。这种陶器组合与咸阳手工业作坊区形成明显对比,后者在生产建筑用陶的同时仍大量制造日用陶器。

在长安城手工业区内已确认至少存在一座制铁作坊,其遗存表明生产规模有限。仅发现两座炼炉,与其邻近的三座窑炉单位,可能是用于烧制陶范的陶窑。出土铸范显示,该作坊专门生产车马器,如轴承与马衔,并采用叠铸法以提高效率,这

---

① 部分学者(如长孙樱子等,2017)认为,长安附近可能存在一个专门制作铜镜的生产中心,尽管至今尚未在整个关中地区发现支持这一假设的实证。

与当时其他铁器作坊使用的技术相似。然而，遗址中未见农具或日常工具的制造废料，显示该作坊的服务对象可能仅限于居住在都城的皇室成员与高级官员。

尽管长安城内的手工业生产规模相对有限，但汉王朝仍在京师周边设立了大规模铸钱作坊，并委派官员专职管理钱币铸造。这些作坊主要集中在上林苑这一皇家禁苑内。作为皇室专属园林，上林苑内宫殿林立，亭台楼阁错落，更设有广阔的皇家狩猎场地，其范围广达三百里，涵盖咸阳、户县（今西安市鄠邑区）、周至、蓝田及长安城郊等广大区域。在建章宫遗址范围内，考古发掘揭示了部分宫殿基址及配套的排水系统遗址。汉武帝时期，朝廷将铸钱权收归水衡都尉统一掌管，由其负责上林苑内的铸钱事务。将铸钱作坊设于皇家禁苑之内，既体现了汉王朝对经济资源的绝对掌控，又标志着自武帝以来，中央政府对地方铸钱权的褫夺。

通过实地踏查与地磁仪探测，今西安市鄠邑区兆伦村被确认为三处官方铸币机构之一，即上林钟官所在地。这座铸钱作坊占地约256万平方米，是目前中国考古发现的规模最大的古代手工业作坊之一。据《汉书》记载，王莽时期曾有10万名因私自铸钱获罪的刑徒被发配至此服劳役，这或许解释了为何该作坊规模如此惊人。遗址出土了大量钱范、炼渣、铜锭等铸造遗存。值得注意的是，虽然文献记载上林钟官也负责皇室奢侈品的制作，但现有考古证据表明该遗址仅用于铸钱，青铜容器、铜镜等奢侈品的生产可能另设他处。

除长安城及其陵邑外，经过以往数十年的全国文物普查工作，在关中盆地确认了若干处汉代城址，但至今这些遗址尚未得到充分发掘与研究。根据对三辅地区城址聚落形态的研究，这些城址面积大多不足50万平方米。下文将简要介绍尧上、栎阳与南古城遗址的考古发现，① 以管窥关中盆地内县治级中心手工业的生产组织状况。

　　考虑到三辅地区庞大的人口规模，我们或可推测各种生活用品主要依靠当地生产。然而，与这些关中地方中心相关的窑址及其他生产设施的考古报告仍较为零散。目前研究较为清晰的是位于今眉县的尧上遗址。这处陶器作坊占地面积超过7万平方米，② 可能是一处中型陶器生产基地。已发掘区域面积约2000平方米，主要遗迹包括废弃坑、8口水井、4条壕沟、6座瓮棺葬和2座成人墓葬。出土遗物有日用陶器、建筑用瓦、制陶工具（如陶拍）、陶俑、瓦当模具等。此外，还发现了铧范、青铜带钩以及与车马器铸造相关的铸范。但铁器与青铜制品的生产废料明显少于制陶遗存，说明当地工匠可能只是兼职制作金属制品，而作坊并非专门化的金属加工作坊。考古调查还发现，遗址北部与西南部存在夯土墙遗迹，表明该作坊可能位

---

① 尽管历史文献确实记载了其他若干处重要的手工业生产遗址，如陕西省韩城市的铁器作坊（陕西华仓1983），但由于相关的考古资料尚未系统公布，所以笔者将聚焦于3个最具典型性的案例，进而揭示汉代手工业生产体系可能存在的组织模式与运作特征。
② 这只是估算，实际的陶器作坊的核心区域面积可能更小。

于汉代眉县城的核心区域。

相较于数量有限的陶器手工业遗存，铁器生产相关的遗迹数量较多，但规模同样有限。在关中盆地第二大城址栎阳（约4.5平方千米），以往考古工作发现了3处秦汉时期的铁器制造地点。然而，各处遗址规模均不大，其中Ⅴ号地点根据炼渣与烧土层分布推测，面积约为200米×150米。该地点出土了至少10件铧范及部分车马器范，同时还发现了制陶工具（如陶拍）与未完成的陶器半成品，表明此地存在跨种类的手工业生产活动。值得注意的是，栎阳曾在秦汉之际短暂作为都城，多处宫殿基址已被确认。《张家山汉简》记载，栎阳为"千石之县"，县令俸禄较高（1000石[①]），但考古发现并未显示当地铁器生产达到特别大的规模。

在数处规模较小的遗址中，铁器制造遗迹也被发现。20世纪50年代的调查显示，南古城（位于今宝鸡市凤翔区，可能与汉代雍城县治有关）存在一处铸铁遗址。正如前文所述，雍城一直是秦汉时期举行皇家祭祀的"圣地"。据调查发现，在该城东南角不足3万平方米的区域内，出土了用于铸造农具（如铧与锄）的陶范与石范。[②]然而，在该地点尚未发现与河南、山东等地大型铁器作坊遗址类似的大规模废弃堆积。有学者认为，该遗址可能与武帝时期设立的某铁官有关，但具体

[①] 汉代1石约合今30千克。
[②] 笔者在2011年进行了一次小规模的调查，并在该铁器作坊发现了犁铧模具，这一发现证实了近半个世纪前发表的记录。

年代尚待确认。总体而言,迄今为止,尚无证据显示该遗址存在大规模生产设施,而该作坊似乎仅专门生产少数类型的产品。

考察上述3处手工业遗址后,我们将目光转向位于今咸阳市杨陵区的邰城制铁作坊(西安以西约70千米)。如稍后所谈,该遗址的运作模式可能与南古城等地的小型铁器作坊相似。2011年的考古发掘提供了完整资料,使我们能够深入探讨这类小型铁器作坊的组织结构与日常运作。邰城作坊遗址总面积不足1万平方米(见图2.3),规模明显小于都城以外地区的大型铁器生产中心。陶器类型学与出土铜钱表明,其年代为西汉早中期,运营时间可能集中在铁专卖政策实施之前(约公元前202—前140年)。通过勘探,陕西省考古研究院工作人员先在遗物密集区选择了近500平方米进行发掘。出土的垃圾坑与废弃堆积,反映了工匠在此从事的生产活动。此外,在作坊北侧同一遗址范围内,发现了一处与作坊同时期的大型墓地,至本书写作时,共发掘294座墓葬,为了解邰城制铁作坊相关社群提供了重要线索,但尚未发现与之相关的居住区。

最后,在2011年发掘的近600平方米范围内,共发现39处遗迹,主要为废弃坑或垃圾坑,未发现与冶炼或加工相关的遗迹。除制造废料外,还出土了大量瓦片残片,但未发现房屋基址。虽然陶范制作需要储泥坑等配套设施,但目前尚未发现与陶器或陶范生产明确相关的遗迹。

根据遗物组成,某些遗迹(如垃圾坑H3)可能专门用于弃置制造废料。出土遗物可分为3类:制造废料(炼渣、鼓风管、

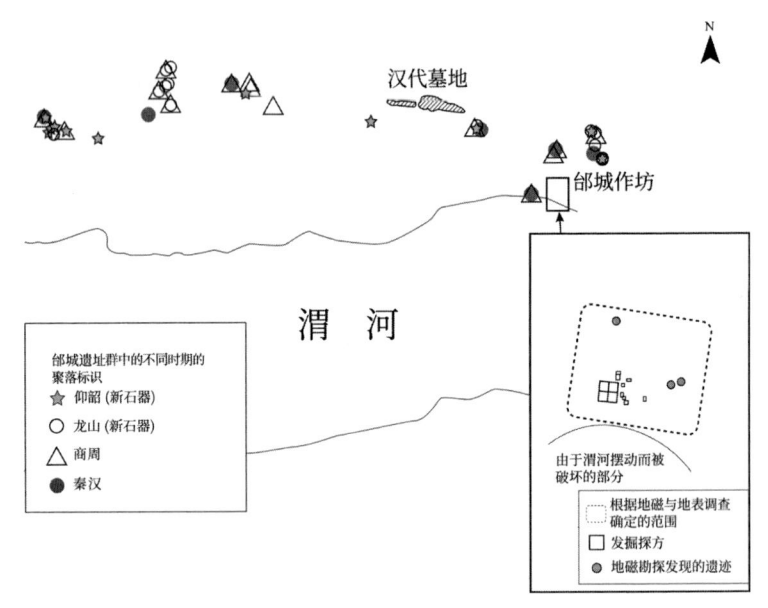

图 2.3　邰城遗址群汉代墓地、制铁作坊与经地表调查确定的各时期聚落分布图（改自陕西研究院 2018a 图 3。地表调查并未发现与制铁作坊同时代的大型汉代聚落）。

炉壁残块和铸范，但未见铁矿石或冶炼炉遗迹）、动物遗骸和陶器碎片。陶范证据表明，该作坊主要生产锄与铧等农具。有趣的是，这些陶范的形制和铁器组合与关中其他作坊所出的极为相似，反映了邰城的功能与地区内其他作坊类同。下文将结合制造废料所反映的技术与原材料特征，进一步探讨邰城与其他生产中心的关联性。

除上述 4 处遗址外，关中盆地内尚零星分布着若干处手工业遗迹。这些遗迹虽年代难考，但若将所有与手工业相关的资料整合起来，仍可勾勒出关中地区手工业组织的大致轮廓。不过，长安及其周边地区发现的手工业遗迹或地点，几乎都与民用日常制品的生产无关。无论是上林苑内的铸钱作坊，还是长安西北隅的铁器与陶器作坊，似乎都是由国家管控，专事权贵之用或严格管控物资的生产。这一现象印证了本章开篇的观点：汉代都城主要承担贸易、交换与消费功能，日常用品生产可能仅是其次要功能。与战国时期的晋国都城相比，汉代都城的经济模式呈现出显著的差异性，即日用品生产在都城整体经济中所占比例明显降低。

考察三辅地区的地方生产中心，如南古城、郿城、栎阳（可能还包括尧上）等地的铁器生产，似乎都未形成大规模的组织管理。相较之下，陶器产业呈现出不同的发展趋势。在都城之外的三辅地区，尧上作坊是目前发现的最大的陶器生产中心，其产品可能供应周边县城乃至长安居民。该作坊面积仅7万平方米，规模远不及汉代以前咸阳都城内手工业区（至少60万平方米）。关中盆地手工业的这一分布特征表明，地方手工业据点相对稀疏，这也与我们之前对汉王朝都城区手工业变化的预期形成反差。由此观之，汉代都城区内的铁器作坊未必尽如推论般蓬勃发展，甚至长安与三辅地区的部分陶器作坊规模也是相对有限的。这种格局反映了汉代手工业管理策略的重大转变——在日用品生产方面，汉王朝似乎有意摒弃战国时期"都城内聚集生产"的传统模式，转而将生产据点分散至都城以外，甚至都城区以外的腹地。

要深入理解铁器及其他手工业如何构建汉代社会不同区域

间的联系，必须精审现有资料，推演其实际的管理与运作模式。就铁工业而言，尤其需要探究地方生产中心与长安城以外其他作坊之间的互动关系。鉴于汉代已建立起区域性乃至跨区域的交通运输网络，进一步的研究应着重探讨铁器在维系社会各阶层联系、满足都城生产需求方面所发挥的作用。笔者将在后续章节中循此思路，分析关中盆地制铁作坊的技术特征与产品组合，并将其与关东地区的金属生产中心进行对比，进一步阐释国家政治与经济网络建立与社会关系变革所引发的生产体系转型。

第三章
汉王朝内郡核心区的制铁手工业[①]

自公元前 7 世纪以降，生铁冶炼技术逐渐在中原腹地及周边列国确立并蓬勃发展。由于生铁冶炼过程需要维持炉内高温环境，这一技术要求促使铁工业不得不形成规模化生产格局。与此同时，铁器生产还依赖稳定高效的物资流通体系，用以保障矿石、燃料及成品的大规模运输畅通无阻。因此，铁器生产的每个环节都需要征调大量劳动力，无形中，汉王朝疆域内的不同区域也得以联结起来。本章首先考察冶铁技术的具体内容，涵盖从矿石冶炼到精炼加工的全过程，并着重探讨将生铁脱碳为钢这一至关重要的技术，从而为读者理解铁器的生产与消费提供所需的技术背景。通过对各个生产阶段所采用的技术进行基本分析（这一研究方法在既往的学术讨论中通常被称为"操作链"），笔者将介绍不同规模的铁工业的运作机制，这一点将在本章第二部分进行深入探讨。

[①] 本章对邺城铁作坊的铁器分析结果，系基于此前发表的部分研究成果修订与补充（Lam et al. 2018）。

解析铁器制造技术，有助于追本溯源地辨识器物产地，而器物产地是探讨古代流通系统的重点所在。要重建铁器供应网络，首要之务是以考古学方法厘清其原料来源与成品生产地点。然而，这两大问题在中国古代生铁制品研究中仍未有定论。细究现有文献，有关汉王朝都城区铁器的冶金学分析为数不多。综观已发表的铁矿遗址数据与研究成果，目前仍无确凿证据能证明关中地区铁器所用矿源的具体位置。更深层的技术限制是，过去对该区域出土铁器的冶金研究证实，生铁冶铸与铸铁脱碳钢是当时最普遍的技术。由于铸铁在高温熔炼过程中会移除并分离大部分铁渣夹杂物，而这些夹杂物恰是进行产地溯源分析的"指纹"，这使得针对生铁制品进行的地球化学产地推断几乎难以进行。尽管如此，冶金分析仍能通过对比技术特征，间接地判断来自不同产地与消费地的铁器所用铸铁工艺的相似性。特别是在整合各类考古证据（如生产废料、可能遭废弃的原材料以及同一聚落使用的成品）的基础上，若能对其制造技术展开系统的比较研究，仍有望为复原生产体系以及厘清原材料、半成品与成品在区域内的流通状况提供重要突破口。由此可见，对制铁技术的全面回顾，实为探讨铁器流通问题不可或缺的研究基础。

本章先提纲挈领地梳理中国古代铁器生产的各个工艺环节。当前学界对这些技术环节的认识，主要得益于近数十年来对中原地区（今河南、山西、河北、山东和江苏一带）制铁作坊遗址进行的考古研究，这些区域均位于关中盆地之外。基于此，本章第二部分将对这些铁器作坊进行深入剖析，以期更全面地阐释汉代冶铁体系的基本轮廓。通过整合这些零散的制铁作坊考古资料，笔者拼凑出一幅相对完整的图景：当时的铁工业主要集中于黄河中下游的若干区域性生产中心。此外，在这些区域之间及其内部，存在着某种程度的专业化分工。尽管笔者在本章中提出的作坊分组方式，难免见仁见智，但不妨将其看作探究不同作坊之间可能存在的协作关系或分工模式的新视角。对中原地区铁器作坊进行的宏观考察，也为理解关中盆地邰城制铁作坊的技术特征提供了参考。通过综合分析邰城遗址出土的各类冶铸遗物，笔者在本章结尾尝试重建关中地区铁器生产体系的基本面貌。

诚如第二章所述，关中地区的制铁作坊在规模上较其他区域更小。笔者通过对比不同区域的生产体系，进一步突显了关中盆地内外制铁作坊的差异。邰城遗址反映的制造技术特征，也有助于理解关中地区内部与外部（关东地区）铁器作坊在原料及半成品供应方面的关联性。鉴于铁器生产对农业发展与社会稳定至关重要，对关中与关东地区冶铁作坊的对比研究，能促使我们深入思考：类似于邰城这样的小型作坊，究竟如何在关中盆地的社会经济结构中发挥作用，并在不同社会领域间产生整合效应。

汉代炼铁技术与生产链

正如笔者在第一章中简要提及的，古代世界的冶铁技术大体可分为两大体系（相关术语详见表3.1）。几乎在所有文明区域，铁器技术的起源都与块炼铁工艺相关，该技术通过在小型冶炼炉中进行固态还原反应来冶炼铁矿石，最终产物通常被称为"块炼铁"，其中混杂着大量炼渣与金属铁。因此，冶炼完成后，还需要经过锻造与精炼工序，去除杂质，并在反复锻打过程中实现渗碳，从而将低碳铁（熟铁）转变为钢材。生铁冶炼与块炼铁技术形成对比，前者对温度与燃料的要求更为严苛。此外，在制造生铁器物时，冶铁工匠往往需要与其他专业匠人（如陶工）密切配合，共同制作能够耐受高温、高压，并且具备优良导热性能的陶质铸范。铸造完成后，部分铁制品还需经过退火、淬火等热处理工序，以显著提升其物理性能与使用价值。

为深入地剖析铁器生产在经济体系中扮演的角色，有必要系统阐释铁器生产的几个核心环节：采矿、冶炼铸造及退火处理。铁器生产的首要环节当属铁矿开采与矿石加工。笔者稍后将讨论的河南制铁中心内部，已发现多处疑为汉代的采矿遗址，部分调查报告曾提及发掘时还可见矿井遗迹。然而，最新考古调查仍未能确证这些采矿遗址的具体地点甚至年代，致使我们对汉代采矿技术及矿工组织结构的认知仍是支离破碎的。造成这一困境的原因是，开采于汉代的多数大中型铁矿，在后世乃至近代仍持续开采利用。即便部分矿区在早期调查报告中有所记载，但后期的开采活动很可能已将汉代遗存破坏殆尽，使研究者难以获取汉代矿业运作的第一手材料。

表 3.1 冶炼技术基本术语定义表

术语	定义
生铁	熔炼后浇铸成型的铁，通常含碳量约 0.4%
熟铁	含碳量为 0.1%～0.3% 的铁
块炼铁	通过还原铁矿石，在低温下将其转化为固态铁，冶炼过程通常在块炼铁炉（即小型碗式炉或竖炉）中进行
铸铁脱碳钢	将生铁在氧化气氛中退火，使其脱碳成为钢或熟铁制品（含碳量在 0.5%～1% 的铁），供锻造使用
韧性铸铁	铸件先浇铸成型，然后在高温下进行数日的退火，以降低或石墨化其内部结构中的碳含量
炒钢	通过搅拌等工艺，将铸铁转变为熟铁或中碳钢的过程，通常在炼炉或开放式炼炉中进行，并辅以木炭燃料与鼓风

鉴于采矿遗址的考古证据捉襟见肘，笔者不得不借助历史文献来还原铁矿工匠的生存状况。后世文献显示，铁矿及其他矿产的矿工多为贫苦农民或流离失所的难民。由于这些矿工多聚集在官府管控薄弱的偏远山区，矿区往往成为反抗活动的温床。《汉书》明确记载，汉朝政府曾大规模征调刑徒（徒）和力役劳工（卒）开采铜、铁矿，并由官吏严格监督。[1]现有多

---

[1]《汉书》卷 72 页 3075 提到，汉廷在各地的铁官中役使了卒、徒以及官吏来开采铜铁。此外，该段记录还指出，当时至少有 1 万名力役劳工被征用于与铜铁相关的生产活动。

数文献对铁矿工匠的记载虽语焉不详，但无论是哪种类型的劳动者，文献记载的内容大多涉及他们在矿区内的组织管理问题，这些将在下一章关于劳动分工的讨论中深入展开。值得注意的是，西汉末年（公元前14年）至少爆发过两起矿工参与的大规模反抗活动。首起为苏令之乱，其首领苏令原系山阳郡（今山东省西南部）铁官辖下的刑徒。他杀害一名官吏，重伤一名官吏，之后释放大批在押刑徒，劫掠武库，聚众数百人起事。《汉书·五行志上》记载这股反抗力量"经历郡国四十余，皆逾年乃伏诛"，其影响之巨可见一斑。随后的颍川之乱与前次如出一辙，由颍川郡（今河南省中部）铁官征调的刑徒发起，迅速波及九郡之地。由此可见，汉朝政府对矿工实行了极其严密的管控措施，尤其严防劳工逃离矿区或冶炼场。然而，刑徒矿工遭受残酷剥削，加之自然灾害或吏治腐败导致的管理松懈，使矿工起义如决堤之水难以遏制，这一现象在西汉晚期尤为突出。

　　铁矿开采之后，生铁冶炼工序同样需要投入大量劳动力。由于冶铁所需的高温必须通过大型竖炉来实现，所以生铁生产不仅需要持续稳定的燃料供应（汉代主要使用木炭作为燃料），而且需要大量工匠协同操作风箱设备。在古代生铁冶炼体系中，成本最高的环节往往不是铁矿开采，而是燃料获取，盖因铁矿产资源在自然界中相对丰富，即便缺乏深层采矿技术，矿石短缺的情况也较为罕见。这一成本结构解释了为何部分制铁作坊（如巩义市铁生沟遗址）会选择建在偏远山区——很可能是为了就近获取燃料资源，再将这些资源转运至其他生产中心。

与此同时，汉代也有部分制铁作坊选址建在平原地区城市周边，如郑州市古荥镇遗址。虽然将矿石与燃料运输至这些作坊的成本较高，但这些生产中心的规模通常远远超过山区作坊，考古发现也证实这些生产中心多建有大型竖炉。以河南省鲁山县望城岗遗址为例，这里发现了汉代规模最大的一批竖炉之一，其炉底呈椭圆形，南北长达4米，东西宽2.8米。这类选址决定不仅基于对铁矿与燃料可获得性的考量，更重要的原因可能是便于官府对集中劳动的工匠进行监管。相比于深山中的矿场，临近县城、郡治的冶炼作坊更有利于地方官员监督工匠的劳动状况与维持管理秩序。

关于铁器生产的劳动组织与生产规模，除零散的考古材料外，近代湖南的民族志资料也提供了重要参照，如20世纪初湖南当地铁器生产的实地调查。据史料记载，一座高7米、底部边长4.5米的竖炉（规模与望城岗遗址所见相近），在现代生产条件下至少需要6名工匠同时操作，工匠分别负责鼓风送气、装料和清除炉渣等工作。高炉一旦点火就必须昼夜不停地连续运转数月，若中途停炉，炉内熔融的铁水会凝固，导致整个炉体报废。因此，每座高炉需要安排4班人员轮换，每班6人，以确保冶炼不辍。在近代湖南的铁业生产中，一座高炉可连续运作约9个月。由此可见，生铁生产所需的劳动力规模不仅与炉体尺寸相关，更与生产周期的长短密不可分。此外，在停炉期间，还需要额外的工匠检修与维护设备。据民国时期的记录，湖南地区操作得当的竖炉每炉次消耗3000斤铁砂和1万斤木炭（当时 1 斤约合 600 克）[①]，最终产出 136 斤铁锭。然而，汉代冶炼使用的是碎矿石而非铁砂，因此即使竖炉规模相当，单次冶炼所需的矿石与燃料消耗量必然更为惊人。由于生铁生产涉及大规模的劳动力调配，如何有效地组织和管理工匠队伍就成为中央政府面临的重大考验。这一问题在铁官管控力度不足的地区尤为突出。

冶炼完成后，熔融的铁液会被浇铸至范中，用以铸造各类成品器具，或制成铁锭（半成品）供应给不具备冶炼能力的制铁作坊使用。生铁重熔需使用熔铁炉，这类炉的规模较之冶铁竖炉更小。济南市章丘区东平陵城制铁作坊遗址的复原研究显示，熔铁炉的直径通常在 1 米~1.5 米，因此每次操作所需工匠及原料都相对较少。为完成铸造工序，各铁器作坊需自行生产铸范，或向其他生产中心采购。汉代，虽逐渐使用铁质铸范，但陶质铸范仍占据主导地位。研究表明，陶质铸范的主要成分是砂粒，其颗粒度大小及与陶土的配比，会因不同铸造需求而精心调配。陶范成分的差异表明，当时的制范工匠已深谙材料特性之道，并能根据实际需求调整砂、土比例。例如，在制作大型铸范时，工匠特意选用粗颗粒砂料以增强其结构稳定性。

除操作竖炉（如使用风箱鼓风）外，铁器生产还需大量人力负责矿石与燃料的运输，以及原料的加工处理（如矿石

[①] 铸铁冶炼过程还需加入助熔剂（通常为石灰石），以促进熔渣的形成。然而，民国时期的报告并未记录助熔剂的使用。

破碎）。由于生铁冶炼与重熔一旦启动就必须持续运作，整个生产过程必须依靠稳定的物资供应方能持续运转。这或许可以解释，为何古荥镇等已知的冶铁作坊会选址于平原地区的交通枢纽。邻近大型城市也许会增加燃料运输成本，但在物资供应与安全管控方面具有明显优势。再者，像古荥镇这样配备大型竖炉的作坊，单次生产就能产出数量可观的铁器，为避免产品积压，必须配合发达的运输系统进行分销。因此，相较于偏远山区，城市周边的作坊选址更具优势。正如第一章所述，战国时期的铁器作坊多设于人口稠密的都城之内。这些作坊的兴起，与原料运输管控、人力资源获取以及集中管理大批劳动力的需求密不可分。这些因素不仅推动了生铁技术日臻完善，而且深刻地影响了战国至汉代铁器作坊的选址策略。

自战国时期起，生铁冶炼虽已蔚为主流，但是块炼铁技术仍与之长期并存。在燃料与人力相对匮乏的偏远地区，块炼铁无疑是更务实的技术选择。考古发现证实，战国至汉代，中原地区的边缘地带仍可见块炼铁制品的零星存在。例如，陕西省黄陵县寨头河墓地出土的一件块炼铁环（疑似手镯），就与多件生铁器物同出。根据随葬品特征判断，墓主可能是被秦国征服的戎族后裔。此外，燕国故地（今河北北部）的考古发现也证实，块炼铁曾被用于制作铁甲与铁剑。汉代遗址中同样不乏块炼铁的蛛丝马迹，如徐州市楚王陵出土铁器及汉代都城区部分墓葬出土铁器的分析报告。虽然目前尚难断定块炼铁的确切来源，但它其实为汉代冶铁技术体系中不可忽视的一环。

尽管生铁具量产之利，但其高含碳量导致的延展性不足和脆性缺陷，使其难以满足兵器或农具的制作需求。为此，必须通过使用退火或脱碳等工艺，才能将其化刚为柔，转化为延展性更佳的钢材。若无法有效地降低含碳量，生铁对于部分铁匠而言几近鸡肋，这也解释了为何其他地区迟迟未采用生铁技术。早在战国时期，工匠已娴熟地掌握多种退火技术。其中，"韧性铸铁"工艺尤为重要，即将生铁制品（如斧、铲等）置于炉中长时间加热，使其逐步脱碳。经过这番处理，生铁的含碳量显著降低，最终产物通常包括熟铁、灰口铸铁或麻口铸铁。现有考古证据表明，韧性生铁技术在战国时期已大行其道于中原地区及汉江流域以南。

然而，要使整件铁器在炉内均匀退火绝非易事，尤其是同时处理多件铁器时，脱碳程度参差不齐的情况在所难免。或许正是为了突破韧性铸铁过程中存在的脱碳不均的工艺瓶颈，并进一步提升材料品质，另一种退火工艺——铸铁脱碳钢技术——于春秋晚期应运而生。这项技术的物证已在战国时期三晋地区的制铁作坊及楚国九店墓地等遗址中屡见不鲜。铸铁脱碳钢的工艺原理是在偏氧化气氛的脱碳窑炉中加热生铁原料，使其转化为熟铁或钢材，以供后续锻造。此工艺虽与韧性铸铁制法类似，但关键区别在于：韧性铸铁通常直接铸造成型，而铸铁脱碳钢则主要生产半成品坯料。考古发现的大量铸铁条材陶范，正是这一技术的重要物证。

即便铸铁脱碳钢技术取得突破，但在铁器均匀脱碳方面仍面临重大挑战：虽然对小型铁条或铁锭进行热处理可提高脱碳成功率，但小件钢材却无法直接用于制作如长剑等大件铁器。为解决这一难题，古代铁匠可能采用了"锻接技术"，即通过将多块铁材或钢材重叠锻打在一起，锻出较大的坯料，制造较大的器物。①然而，这一工艺对锻造技艺要求极高，必须精准掌控加热时间，稍有不慎，就会在接合处产生氧化层和微裂纹，严重影响成品质量。正是在这样的技术背景下，"炒钢"工艺应运而生，为解决铸铁脱碳钢的局限性提供了新途径。炒钢工艺是将生铁置于高温炉内，通过持续鼓风、搅拌使铁液充分氧化，最终转化为熟铁或中碳钢。此项技术又被称为"间接炼钢"法，以区别于在块炼炉直接还原铁矿石的"直接炼钢"法。以长剑为代表的高品质铁器，多使用炒钢工艺，并辅以"百炼钢"工艺，通过反复加热、折叠锻打坯件来提升强度与韧性。部分铁器精品还会施以淬火硬化处理，从而进一步提高其物理性能。

鉴于炒钢技术在冶铁早期进程中占有举足轻重的地位，其起源时间与地域始终是学术界争论的焦点。最新研究揭示，秦国可能率先掌握了这项关键技术。对陕西省西安市临潼区新丰镇秦墓出土铁器的分析显示，其中两柄铁剑、一件铁凿及一把铁勺，均为炒钢制品。该墓地同时出土了铸铁脱碳钢和韧性铸

---

① 锻接通常是指将两块铁在锻炉中加热至极高温（通常在1300摄氏度～1400摄氏度），然后锻打接合。参见华道安（1993：274）。

铁器物，而这两种技术的组合很可能反映了汉代之前各列国普遍采用的冶铁工艺。对秦始皇陵石甲作坊出土铁器更早的研究也发现，部分铁器呈现出典型的炒钢特征。上述考古发现表明，秦国地区出现的炒钢技术绝非偶然或孤立现象。

与同时期铁工业较为发达的列国相比，炒钢技术最早出现在秦国这一事实，似乎质疑了前文所述"秦国铁工业相对落后"的观点。尽管针对齐国与楚国的铁器已有不少冶金学分析的案例，但迄今尚未发现任何炒钢制品。同样值得关注的是，在已分析的超过60件三晋地区铁器样本中，也未见炒钢器物的踪迹。一种可能的解释是，秦国炒钢技术的发展或许得益于其他国家工匠及技术知识的流入，这在一定程度上缩小了秦国与其他国家在技术基础上的差距。如前所述，秦国在统一战争期间能够有效地调配境内各类资源，包括人力资源、技术知识及生产原料。以发现早期炒钢制品的新丰墓地为例，其地理位置距离秦始皇陵仅约6千米。根据陶器类型学的年代学研究，该墓地的500余座墓葬中，至少半数属于战国晚期第二阶段（约公元前250年之后）及秦统一时期（公元前221—前206年）。这些考古证据表明，该地区在此期间经历了显著的人口增长，部分墓主很可能是被秦始皇迁徙至陵区的移民，①他们主要负责

---

① 该墓地头骨的体质人类学测量结果显示，这些居民的骨骼统计特征与山西周代墓葬的样本较为接近，而与陕西地区的对比样本相差较大。依据这些测量结果，或可推测出，墓葬中的部分居民可能与秦国领土以外的社群有更紧密的血缘关系，部分个体甚至可能是秦国东向发展过程中迁徙至关中的移民。当然，这一推测仍需进一步的古脱氧核糖核酸（DNA）研究加以证实。

支援各项建设工程。无论这些炒钢制品是本地生产还是由迁入工匠带来，战争引发的大规模人口迁徙很可能是推动铁工业技术进步的重要因素。

基于对冶铁技术系统的调查、最新考古发现以及冶金分析结果的综合研究，可以将古代中国铁器制作的完整工艺流程整理如图3.1所示。已有研究证实，在秦统一至西汉时期，冶炼熟铁（含碳量约0.1%~0.3%）与钢（含碳量约0.5%~1%）主要存在3种工艺路径：块炼铁的直接还原法、精炼法（即炒钢工艺）以及铸铁脱碳技术。这一技术框架虽为概略分类，却为理解汉代冶铁技术体系提供了基本的依据。为了深入分析这一技术体系的运作机制，并探讨生铁技术的优势与局限性如何影响汉代铁工业的组织模式，笔者将在下文考察关中以外地区的制铁作坊考古发现。通过系统分析中原地区多个铁器生产中心的分布格局与运作特点，笔者希望能够更全面地呈现汉代铁工业的整体结构，从而对第二章关于汉代产业管理的讨论进行补充和完善。

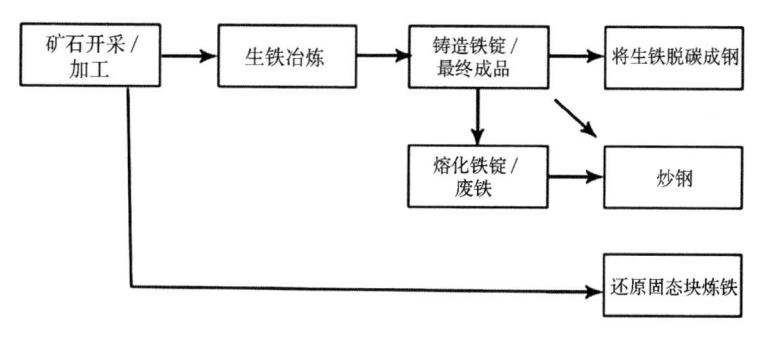

图3.1 古代中国铁器生产操作链及工艺流程图。

中原地区的制铁产业群

自公元前117年汉王朝实施盐铁专卖政策开始，铁矿开采与冶炼生产逐步纳入汉王朝的直接管控体系。在此制度下，汉王朝采取了多管齐下的策略重组铁工业的格局。除了将原有的制铁作坊"官营化"，朝廷还在各郡铁官的直接监督下新建了一批制铁作坊。这一系列举措促使铁器生产在全国范围内形成了更广泛且规模化的分布格局。

尽管历史文献为研究汉代铁工业提供了重要的背景资料，但考古发现与文献记载之间仍存在诸多出入。通过对《汉书·地理志》（卷二十八）及《后汉书·郡国志》（卷一百零九至一百一十三）所载铁官位置的系统梳理，前人研究已经注意到，以现今行政区划而论，山东地区的铁官设置最为密集，共有12处，其次是河南（7处）及江苏（6处），而陕西地区则设有5处铁官。然而，考古记录显示的分布模式却与文献记载大相径庭。考古记录显示，河南地区的生产遗址数量远超山东。实际上，当前已确认的铁器生产作坊地点，大多位于河南地区。更重要的是，使用最大型竖炉的两处汉代制铁作坊，即古荥镇与望城岗，均位于今河南省。

造成这种差异的原因可能是多方面的。首先，文献记载的铁官位置仅能反映该郡是否设有铁官管理机构，并不能说明实际的生产规模与作坊空间分布。其次，汉代各地铁官（特别是今河南地区）往往同时统辖多座铁作坊，仅凭文献记录难以准确评估其真实产能。最后，由"小铁官"管理的制铁作坊通常仅从事小规模熔炼与铸造，难以在田野调查中辨认这类小型生产场所，导致某些地区的考古材料可能存在系统性遗漏。尽管现有考古材料尚不能完整地呈现汉代铁工业全貌，但已发现的制铁作坊分布格局明确显示，河南地区很可能是当时全国最重要的铁器生产基地，其生产规模冠绝各地。

基于这些铁作坊的地理邻近性、陶范及工具上的铁官铭文，以及采用的生产技术，笔者初步将这些生产遗址划分为至少4个产业群：泰山产业群、嵩山北麓产业群、南阳盆地产业群、西平—舞钢产业群。需要说明的是，这种产业群划分并不意味着群内生产作坊都受同一郡铁官的统一管辖，也不表示各产业群完全独立运作。例如，以泰山为中心的山东产业群（泰山产业群），笔者将隶属3个铁官的铁作坊归为同一组别，如此归类的原因是这些作坊在铭文和生产环节上表现出可能的关联性。

河南地区最具代表性的产业群当属嵩山北麓产业群。该产业群包含古荥镇、铁生沟等重要遗址，与河南郡（今郑州、巩义一带）辖区内的多处生产遗址密切相关。根据20世纪60年代至70年代的大规模考古发掘报告，在这些遗址中出土了大量铸范及铸有"河一""河三"铭文的铁器。学界普遍认为，"河"字应为河南郡的简称，这两处铁作坊应同属河南郡铁官管理，通过数字序号（如"一""三"）来区分不同作坊的产品。

这两座制铁作坊的地理位置差异，也说明其生产功能各具特色，正如笔者先前所述。古荥镇制铁作坊坐落于今郑州一处汉代城址旁的冲积平原上，占地面积超过12万平方米。除高炉外，该作坊还配套有水井、窑炉、建筑基址，以及专门的矿石破碎加工区。相比之下，铁生沟制铁作坊占地面积仅约2万平方米，位于嵩山北麓的山区，较之平原地区更便于获取燃料与矿石资源。据考古报告记载，铁生沟附近曾发现矿坑遗迹，推测该遗迹与铁生沟生产遗址直接相关。通过对遗址内的生产设施与出土遗物进行综合分析，学者认为，铁生沟具备从冶炼、铸造到退火处理的完整生产链，显示了其承担了铁制品生产的全流程。值得注意的是，古荥镇遗址出土了一座应属汉代之最的冶铁竖炉，甚至跻身前工业时代全球范围内规模最大的竖炉之列。该高炉呈独特的椭圆形，长轴达4米。根据复原研究结果，炉膛内部容积至少为50立方米。此外，遗址内还发现了另一座并列而置的竖炉，[①]表明至少有两个生产单位在铁官监督下同时运作，其日产量恐不少于1吨之数（见图3.2）。而在铁生沟的发掘区域内，考古工作共发现了8座冶炼竖炉、1座锻造炉、1座退火炉及1座炒钢炉。但与古荥镇相比，铁生沟的竖炉规模普遍较小，迄今尚未发现同类大型竖炉遗迹。

除了地理位置迥异，铁生沟与古荥镇的产品组合也呈现出明显的区别。古荥镇出土的铸范主要用于铸造铁铧和铁条材，后者很可能是作为半成品使用，用以锻打不同器类。从该遗址的生产规模和产品类型来看，古荥镇制铁作坊可能还生产其他

[①] 关于铁工业组织的进一步讨论见第四章。

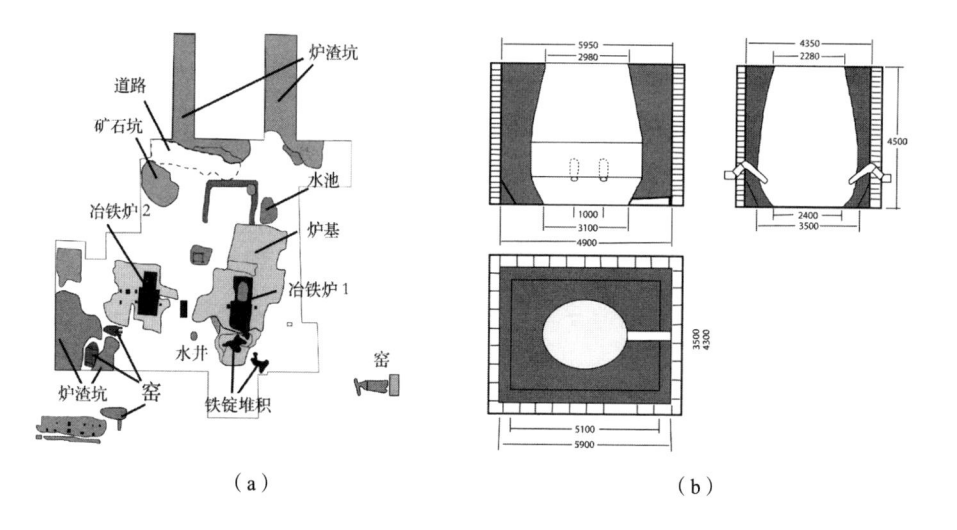

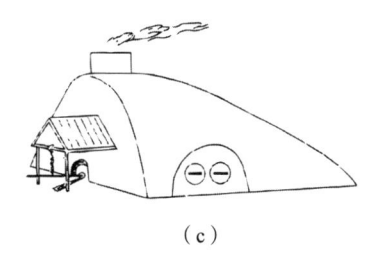

图 3.2 古荥镇制铁作坊布局图及其中一座竖炉复原图（a：古荥镇制铁作坊布局图，出自郑州 1978 年图 2。b：古荥镇的 1 号竖炉复原剖面图，改自华道安 2001 年图 11。c：复原的工作场景，改自华道安 2001 年图 12）。

第三章　汉王朝内郡核心区的制铁手工业

类型的铁农具，如铁铲和铁斧等。相比之下，在铁生沟作坊遗址仅发现少量铸范，其较小的竖炉规模也表明该作坊的铸造产能，尤其是成品产量，可能远低于古荥镇。铁生沟作坊很可能主要承担运输和初步加工的功能，负责将铁矿石或半成品转运至同一铁官辖下的其他作坊；而古荥镇则专注于冶炼和铸造种类更丰富的成品。若此推论成立，这些作坊之间可能形成了某种形式的劳动分工体系，以充分发挥各自的地理优势。

嵩山北麓产业群以南的南阳盆地产业群，其中的遗址更是数不胜数，涵盖盆地及其周边山区的众多铁作坊遗址。从布局来看，所有这些作坊似乎都以宛城（今南阳市）瓦房庄的大型生产作坊为中心。宛城是汉代著名的"都会"之一，商贾云集，繁荣一时。瓦房庄铁作坊占地面积超过12万平方米，运营时间从西汉中期延续至东汉时期，很可能是在盐铁专卖制度实施后建立的。该作坊附近还设有铸钱作坊和制陶作坊，这些作坊可以共用燃料和部分原材料，为宛城发展成为举足轻重的制造业和商业中心打下了牢固的根基。遗址出土的主要遗物包括铁制坩埚、锻铁炉、烘范窑，以及可能用于炒钢的窑炉。此外，考古工作人员还发现了大量用于铸造铧及其他工具（如锤、镰刀和车马器构件）的模或范。遗址出土的铁农具和兵器组合与汉代其他地区大同小异。值得注意的是，部分出土模是铁铧的"母模"，这类模具可用于铸造能重复使用的永久性铁范，这是汉代实现规模化生产的重要技术突破。由于瓦房庄遗址未发现铁矿石遗存，所以该作坊可能主要承担熔炼、铸造和炒钢工序，依赖产业群内其他冶炼中心提供的半成品或废料作为原料。

在南阳以东的今泌阳县下河湾地区，考古工作人员也确认了另一处规模可观的冶铁中心。该作坊占地面积超过12万平方米，规模与瓦房庄相当。汉代，泌阳属南阳郡管辖，因此该作坊应受南阳郡同一铁官管理。调查显示，遗址出土了大量铁矿石，表明下河湾应与古荥镇类似，为大型冶炼中心。此外，在南阳盆地东南部的桐柏山区，考古调查发现了至少4处矿冶遗址。虽然这些小规模遗址仍待进一步调查，但已有研究认为，它们可能位于产业链上游，专门为盆地内的大型铁作坊（如下河湾和瓦房庄）提供铁矿石和半成品铁锭。

在南阳盆地北缘的今南召县，以往的考古调查也发现了若干处采矿与铁器生产遗址。此外，在位置处于更北方的伏牛山脉东北地区，即今鲁山县望城岗遗址，考古发掘发现了一座竖炉，其是已知汉代大型高炉之一。该遗址占地面积估计达36万平方米，极有可能是目前已知汉代规模首屈一指的制铁作坊。虽然从地理上看，该遗址位于南阳盆地之外，但由于汉代鲁山与南召同属南阳郡行政辖区，所以这些北部生产遗址理应归南阳郡铁官统一调配。除大型竖炉外，望城岗遗址出土的铁矿石证实，此处曾进行过大规模冶炼活动。考古调查还发现了用于铸造农具的陶范及炒钢设备，这表明望城岗不仅从事冶炼，而且兼营成品生产，其功能与古荥镇颇为相似。由此可以推断，望城岗很可能为南阳盆地内的重熔与铸造中心提供半成品，这再次印证了笔者之前所述——当时已形成了相当专业化的劳动分工体系。凭借山区冶炼作坊与山麓大型制铁作坊（如望城岗）的支撑，汉王朝得以充分利用宛城这类都会级城市的人力资源，将其打造为铁器产业中心。

第三个重要的产业群位于南阳盆地以东，即今西平—舞钢地区。由于该产业群与南阳盆地产业群毗邻，目前尚难以确定其是否作为向邻近制铁作坊（如瓦房庄）提供原料的附属产业群。先前的考古调查与冶金分析已在该区域确认至少 10 处与采矿、冶炼及精炼相关的遗址。由于在过往的调查中始终未见铸范，该产业群可能仅专注于铁矿石初级冶炼，以生产半成品。值得一提的是，其中至少一处遗址发现了与炒钢工艺相关的炼渣，表明该产业群可能通过使用炒钢技术锻造部分铁制工具。《战国策》曾载西平—舞钢地区是战国时期韩国赫赫有名的兵器制造重镇。汉代，朝廷很可能沿用了韩国的矿冶生产体系，并将其整合入汉王朝的生产网络。反观南阳盆地内的多数铁作坊，多为汉代新建。

当笔者向东考察山东地区时，制铁作坊的空间分布格局较河南地区更为错综复杂。目前已发现的制铁作坊主要分布于泰山周边地区，自然形成了一个相对集中的产业群。其中两处制铁作坊已进行了系统发掘，简报已发表，这两处遗址在规模与产品类型上呈现出显著的差异。

第一处遗址为今济南市章丘区东平陵城遗址内的制铁作坊，该地乃汉代济南郡的郡治所在。这处制铁作坊占地面积超过 2

万平方米，其运营时间从西汉中期延续至东汉时期。考古工作人员发现了 11 座熔炼竖炉、炒钢设施及大量废弃堆积坑。根据出土的陶范判断，该作坊主要生产锄等农具，同时还出土了丰富的铁制工具和兵器。尤为重要的是，遗址中至少发现了 2 处铁锭贮藏坑，其中一处竟藏有 3600 余枚铁锭，总重约 550 千克。由于未发现铁矿石遗存，所以该遗址很可能是一个专门从事重熔铸造的中心，利用外来原料大规模生产农具及其他铁制工具。与河南地区相仿，济南郡可能管理着多个制铁作坊。在今济南市内曾发现的一处制铁作坊，据推测同样隶属济南郡铁官。初步发掘报告显示，该作坊主要铸造锄、铲和各类容器，但尚未发现明确的冶炼证据。上述研究表明，这两处作坊都专注于重熔铸造，可能利用其他作坊提供的废铁或铁锭进行生产。

东平陵城遗址还提供了弥足珍贵的实物证据，揭示了史料未载的复杂的物资供应系统。遗址中发现了一件刻有"太一"铭文的范，该铭文或指向泰山郡铁官下属的第一座作坊。若此说成立，则表明该作坊的部分铸范可能来自今泰安市境内的泰山郡铁官。泰安及其邻近的莱芜地区自古就以铁矿资源丰富著称。以往的考古调查也发现泰山山脉南麓的泰莱盆地内分布着多处铁矿与冶铁遗址，其中一些规模相当可观。泰山郡的生产中心可能通过专门的运输系统，不仅向北部作坊供应半成品，而且提供大型铸范。由此可见，济南郡内这两处铁作坊的运作，实际上依赖跨郡铁官之间的协作网络。

位于东平陵城以东的临淄，作为战国至汉代的重要都会中心，也是这一产业群中另一个举足轻重的生产中心，其铁工业组织展现出不同于东平陵城的生产模式。在春秋时期所建的临淄齐故城遗址内，已发现至少6处与制铁相关地点，其中2处面积超过40万平方米（见图3.3）。近期对阚家寨村的发掘表明，该地点至少包含3个生产区，同时进行生铁和铜镜生产。这一发现首次揭示了临淄城内复杂的手工业组织形态。

临淄城内阚家寨的田野工作表明，该作坊区可能存在某种形式的生产分工。在3个发掘地点中，BI地点应为西汉中期至东汉时期运营的制铁作坊，考古工作在此发现了排列整齐的锻造炉或窑炉，可能是用于生铁脱碳处理，这表明存在多个同时运作的生产单元。BⅢ地点则兼营冶铁与铸铁，同时铸钱，其生产活动可追溯至西汉早期，略早于BI地点的设施。而BⅡ地点是专门生产铜镜的大型铸铜作坊，也是目前经考古确认的唯一的铜镜制造中心。根据出土铸范判断，该铜镜作坊的生产至少可追溯至西汉早中期。这些发现共同表明，阚家寨是一个规模宏大、分工明确的多重手工业生产中心。

尽管在阚家寨及临淄其他遗址中尚未发现竖炉遗迹，但对出土的制铁废弃物的研究显示，这些制铁作坊不仅进行矿石冶炼与铸造，而且承担炒钢工序。换言之，临淄的生产活动基本囊括了图3.1所列的所有工艺流程，这与东平陵城或瓦房庄作坊的生产系统不同。以往的研究也显示，临淄以南的泰山山麓中，至少分布着两处大规模铁矿。这使得临淄城内的多处铁作坊与南部铁矿区似乎构成了一个自给自足的生产体系。然而，由于

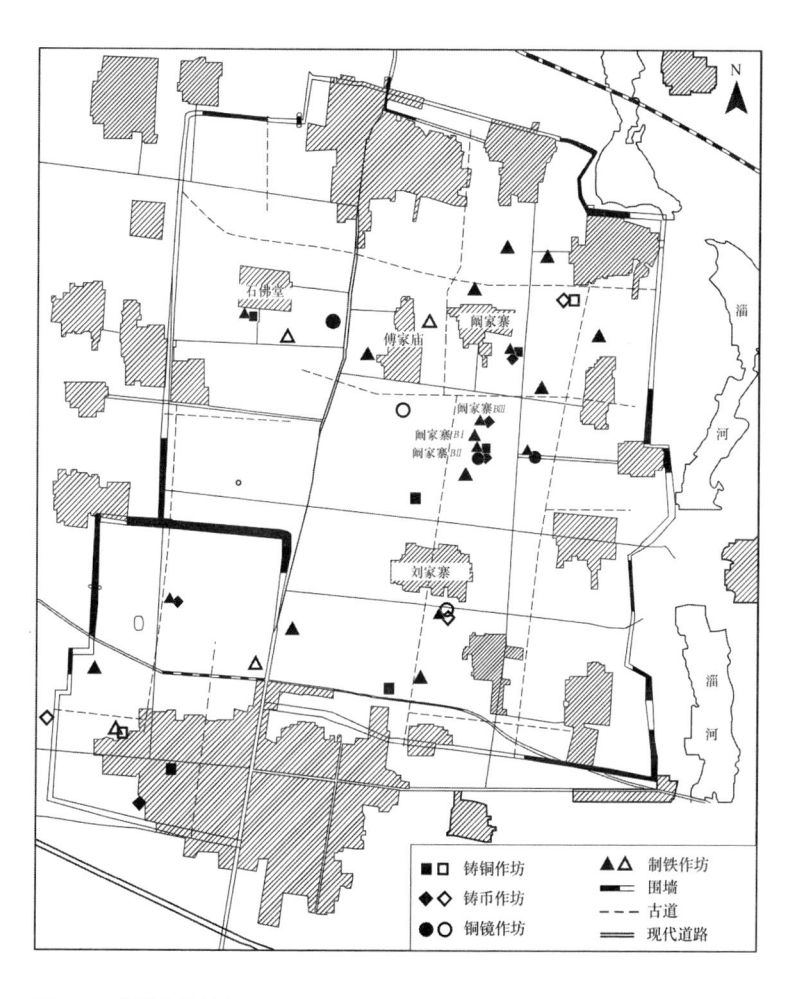

图 3.3 临淄齐故城布局及各类手工业作坊位置图（改自中国社会等 2020 图 4-1。黑色标记代表汉代作坊，空白标记代表战国时期作坊）。

以往的研究对临淄矿区生产与分配系统的认识尚不充分，为便于考察，暂将临淄归入泰山产业群范畴。

如先前所述，这四大产业群的划分，充其量只是理解汉代制铁作坊空间分布的概念性框架。由于很多遗址的背景资料有限，或者遗址周边作坊情况不明，所以笔者只是将现有资料中的部分典型遗址，按空间归类为不同的产业群。部分铁作坊（如今山东省滕州市滕国故城制铁作坊），在此则不作赘述。实际上，汉代制铁作坊产业群数量很可能远不止4个。以弘农郡（今河南西部）为例，该地区发现的多处制铁作坊地处关中盆地东部门户，很可能肩负着为都城及洛阳等重要的政治中心供应铁器的重任。此外，今山西省夏县禹王城遗址发现的制铁作坊，出土了车马器、容器与农具的铸范。《汉书》记载，禹王城所在的河东郡以盐铁资源丰富著称，其周边很可能存在更密集的冶铁作坊网络。[①]另外，同样是汉代重要都会中心的今河北省邯郸市，市内也发现了铁器生产遗迹。[②]大型都会中心往往有利于劳动力调配和产品分销，这些因素或许解释了临淄城与瓦房庄这类铁作坊的繁荣景象。由此可以合理推测，邯郸城内可能也存在规模相当的大型铁器生产中心。

上述产业群模式也只是简单地描绘关中盆地以东的铁工业的基本格局，各产业群在规模、组织和产品方面各具

[①]《汉书》卷25，页1648。
[②] 由于目前尚未对居民区与作坊区域进行大规模发掘，所以这些铁器制造遗存的确切年代仍不明确。

特点。然而，每个产业群中至少包含一个大型铸造中心，且均以农具生产为主业。制铁作坊中多见农具铸范，这显然与汉代牛耕技术普及与重视农耕的时代背景密切相关。由于炒钢技术在西汉时期已臻成熟，这些遗址的成品可能还包括各类锻造工具，只是这类工艺留下的遗迹往往难以在考古发现中完整保存。其他类型的铁制品，如铁权、铲、镰、锤、车马器及戈等的铸模或范，仅在瓦房庄等少数铁作坊中被发现。根据现存铸范或模的类型及成品来看，似乎并非所有铁作坊都具备生产多样化器具的能力。综合分析各地出土的器物，笔者推测，不同铁作坊在生产品类上存在专业分工，这种分工可能取决于地理位置、资源禀赋以及官府管理程度等因素。

为充分发展铁工业，汉王朝建立了一套完善的行政体系，统筹管理各地制铁作坊并协调生产活动。每个铁官需监督多个制铁作坊，而这些作坊参与不同的生产环节，形成了完整的生产链条，如古荥镇与铁生沟的例子所示。为提高生产效率，这些制铁作坊必须协调原材料供应量及运输时序。以东平陵城作坊使用的铁锭为例，原料很可能来自泰山或齐郡的其他产地，这一现象就是上述管理原则应用之典型例证。考古证据表明，这些制铁作坊构成了基于专业化分工的协作网络，其协作范围甚至跨越郡县界线。此外，不同产业群的制铁作坊大多专注于生产特定类型的农具，仅少数中心同时生产多种农具、容器和车马器等多样化产品。这种生产模式不仅要求同一铁官下属各作坊之间保持密切配合，协调原料与成品的运输，而且需要不同郡县的铁官机构开展跨区域协作。鉴于某些大型铁作坊的产品种类与数量远超其他作坊,且依赖其他中心供应原料,所以建立一个覆盖多个地区的统筹原料、成品及生产工具流通的复杂体系势在必行。这样的系统无疑构成了汉代铁工业的时代印记。

随着汉代市场体系的日益发展,铁制品的流通网络已突破中原腹地,远播四方。类型学与科技分析的双重证据表明,汉代铁器确实实现了跨区域的长途贩运。以汉王朝南缘的岭南地区为例,当地汉墓出土的铁器包括剑、刀、灯具、釜及各类工具,其形制特征与都城区出土的器物十分相似。冶金分析进一步证实,这些铁器的主要原料为生铁。然而,耐人寻味的是,迄今未在岭南地区发现任何确凿的汉代制铁作坊遗迹。事实上,在整个中国南部与东南部地区,也仅有寥寥3处经考古确定或见于文献所载的制铁作坊。这一现象意味着,这些偏远地区的铁器供应主要依赖外部输入,其源头很可能是中原地区规模庞大的产业群。这种跨区域的铁器供应的物流需求,或许正是促使中原地区产业群内的制铁作坊不断扩大规模的深层动因。

生铁技术的特殊性、产业群的成型以及远距离分配的证据,都表明生铁制品这类工具,不仅是"农夫之死士也"(《盐铁论·禁耕》),而且是汉王朝将不同区域的社群整合入更辽阔的政治与经济网络的途径。若要深入剖析铁器流通如何影响社会各阶层,并在广袤疆域内形成辐辏网络,还需对地区层面的生产与运输进行更精细的分析。遗憾的是,目前尚未有针对此问题的系统性专题研究。因此，下文关于都城区的案例研究，将为上述宏观制铁工业结构补充关键信息。在接下来的部分，笔者将聚焦邰城制铁作坊的制造技术及其附近墓葬出土的铁器，进一步讨论这些问题。

汉代都城区的铁工业

在本节中，笔者将研究的焦点由汉王朝东部地区转向都城区，即文献中提及的京师与畿内。尽管以长安为中心的都城区无疑是西汉政治与经济的核心腹地，但其铁工业长期以来未获学界足够重视。在邰城遗址发现之前，仅有零星出土的铁器经过科技分析，且这些标本多出自墓葬随葬品。虽然考古工作曾在长安城内及其他城市中心遗址发现过制铁作坊，但对其生产遗存的系统性研究至今仍属空白。同时，关中地区虽以农业发达和精耕细作技术闻名遐迩，却并非铁矿资源富集之地。因此，位于汉代邰县辖区的邰城制铁作坊及其邻近墓葬出土的铁制随葬品，为该地区的铁工业研究提供了弥足珍贵的考古线索。

制铁作坊虽能反映生产体系的某些特征，却只能反映当时日常所用铁器的冰山一角，而邰城墓地的随葬品恰好填补了这一认知空白。该墓地位于制铁作坊西北方向，是目前考古发现的关中地区长安城范围以外规模最大的墓地之一。在已发掘的

294座中低等级墓葬中，三分之二以上可追溯至西汉早期，与铁作坊的存续年代相当。与此地区其他墓地的铁器组合相仿，邰城墓地共出土77件铁器，其中近半数为铁制容器（包括23件釜和16件盘形灯）。邰城制铁作坊的发现与其邻近墓地的出土器物，为分析生产遗迹与居民区铁器制作技术提供了重要资料。这两方面证据的相互印证，使我们能够更全面地重建汉代邰县聚落的生产与供应体系全貌。

该制铁作坊出土的铸范是确定遗址产品类型的最直接证据。根据遗址报告中对范的系统分析，仅发现锄、铧和钁等3种类型的铸范（见图3.4），其中锄范和铧范占比高达9成。目前没有证据表明该遗址曾铸造铁制容器、车马器或其他类型产品（如锻造所需的铁条材）。此外，虽然镰刀和锤等在其他制铁作坊（如瓦房庄）中常见，但邰城遗址并未发现这类工具之范。出土遗物显示，遗址至少包含170套锄范和160套铧范，这表明邰城作坊的产品种类和生产规模相当有限，与东平陵城等熔铸中心的情况类似。同时，值得注意的是，邰城作坊生产的工具类型与其他都城区铁作坊的产品高度吻合，如铧和钁等器物也见于南古城铁作坊等已知遗址。

虽然调查和发掘中尚未发现窑炉遗迹，但该作坊很可能具备自主生产部分铸范的能力。在多个垃圾废弃堆积中，出土了因过度烘烧而报废的残次铸范，以及未开设浇注口（即铁水倒入模具的通道）的半成品铸范。反过来说，若邰城作坊不具备生产铸范的能力，此类生产废料理应出现在专门的铸范生产

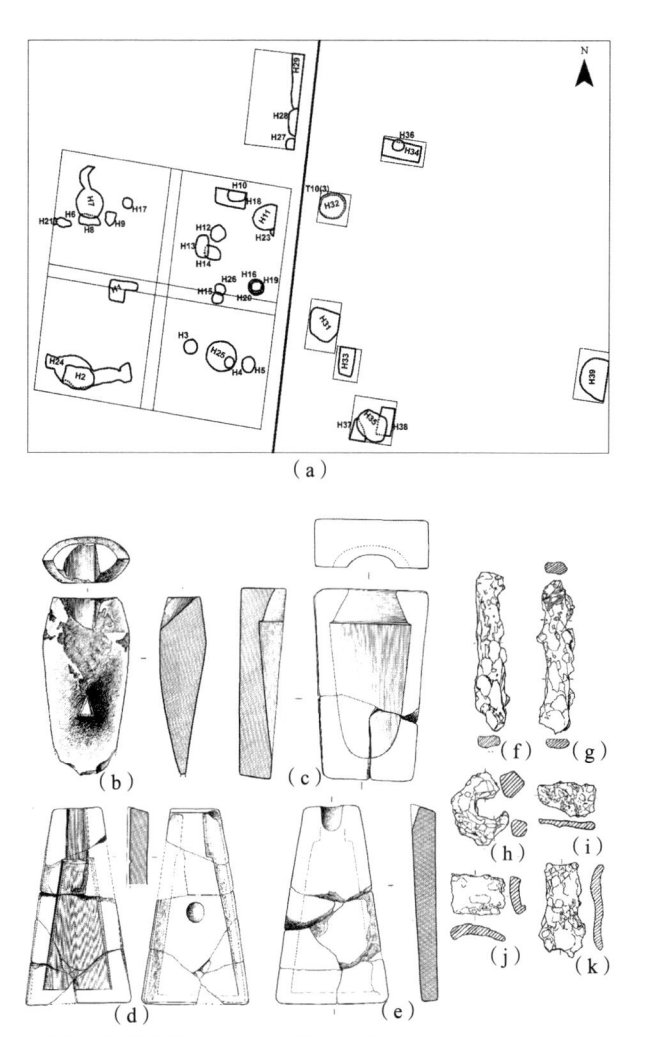

图 3.4 邰城发掘单位的平面图及制铁作坊出土的冶铸遗留物示意图（a：改自陕西研究院 2018 年 a 图 5。b：铧芯，改自陕西研究院 2018 年 a 图 12-2。c：铧范，改自陕西研究院 2018 年 a 图 79-2。d：锄范，改自陕西研究院 2018 年 a 图 42-2。e：锄范，改自陕西研究院 2018 年 a 图 76-4。f-k：铁块，改自陕西研究院 2018 年 a 图 33。因缺少完整的实物，故本图中未出现镬）。

第三章 汉王朝内郡核心区的制铁手工业

遗址，而非此处。因此，这些实物证据确凿地证明了该作坊拥有较完整的铸范生产能力。虽然目前考古尚未发现窑炉，但作坊内可能设有陶土筛选设备、沙质材料处理设施以及铸范制备等配套生产设施。

除铸范外，遗址还出土了丰富的冶铁遗物，包括炉壁残片、鼓风管残件、铁器碎片以及锻造过程中产生的氧化铁屑，其他主要废弃物为大量的铁渣。微观金相结构与化学成分分析为该作坊使用的技术提供了关键证据。最新冶金研究表明，大部分炉渣样本属于熔炼过程产物，其中两件样本更反映出与炒钢工艺相关的特征。换言之，邰城作坊不仅从事铁器生产，而且可能进行小规模的炒钢作业。然而，遗址中既未发现铁矿石碎片，也未见冶炼过程特有的炼渣。由此引发两个亟待解决的关键问题：一，由于运输大件及沉重的铁锭成本高昂且困难，该作坊是否完全依赖回收废铁作为原料？二，能否确认当地居民使用的大部分铁器产自邻近的作坊？要解答这些问题，必须对遗址出土的铁器残块、破损农具（如环首刀与铁斧）以及不规则的残铁块进行更系统的冶金学分析。

冶金分析结果显示，这些铁器样本采用了多种制造工艺，其原料来源可能呈现多元化。为深入探讨作坊的供应体系，有必要详细地阐释这些研究发现。在107件铁器样本中，占比最大的57件样本（见图3.4：f-k）经鉴定为白口铸铁、灰口铸铁和麻口铸铁，这意味着绝大多数样本属于生铁制品。这些生铁样本可能是用于重熔的原料，若其形制不规则，则可能是铸造过程中产生的废料（如炉内积铁）。特别值得注意的是，在全部样本中，有 4 件被确认为炒钢制品，另有 1 件可能为块炼铁。[①]从其形制判断，这 4 件炒钢样本很可能是工具残片，而非生铁制造的半成品废料。此外，在 7 件铸铁脱碳钢样本中，2 件特殊的长方条状铁器极可能是半成品（见图 3.4：f、g）。类似的铁条铸范虽在其他大型铸铁作坊曾有发现，但在郐城遗址却未见踪影。这些分析结果表明，郐城作坊的原料来源具有多样性，既有回收废铁，又有来自其他生产中心的半成品或原材料。

作坊遗址的研究仅能揭示农具制造技术的局部面貌，而墓地出土铁器为了解居民实际使用的铁器种类提供了宝贵资料。对另一组样本（包括 8 件环首刀、4 件大刀、4 件剑、4 件小刀、1 件铁钉、1 件戟管、1 件斧头、1 件铲和 1 件戟）的分析显示：11 件的原料为铸铁脱碳钢或熟铁，1 件的原料为韧性铸铁，5 件为炒钢制品其余 8 件锈蚀严重而无法鉴定。由此可见，铸铁脱碳钢是墓葬铁制工具与兵器的主要材料。虽然废弃堆积中发现的条状钢制品（如前文所述的条材）可以用于制造墓葬铁器，但与其他遗址不同，郐城遗址并未发现用于制作刀具或铁条的铸范。在被分析的 4 件铁剑样本中，3 件保存完好的剑身均为炒钢制品。这与长安附近汉墓出土铁剑的研究结果一致。尽管

[①] 块炼铁与炒钢制品均包含大量密集变形的夹杂物，但其显微结构特征不同。关于具体鉴定标准，见 Lam et al.（2018）。

郐城遗址存在炒钢生产的证据，但考虑到经过分析的大量炉渣中基本不见炒钢相关微观组织，可以推断其炒钢生产规模有限，且可能并非经常作业。

综合冶金分析的多方证据，熔炼与炒钢很可能是郐城制铁作坊采用的主要技术。通过对遗址出土物的综合梳理，可以还原该作坊的基本生产流程（见图3.5）：从陶范制作（包括陶土、沙筛选与烘范）、原料准备（如燃料分类、助熔剂与废铁分类、破碎与运输）、熔炼铸造到炒钢锻造，最后是废料清理（包括炉壁维修与铸造废料处置）。目前尚未发现烧木成炭的确凿证据，不过，郐城作坊理论上应当具备完整的生产流程，能够独立完成从制范到铸造的全套生产程序，甚至承担了生铁的锻打与炒钢工序。

尽管郐城作坊能够生产特定类型的铁制农具，但将其产品与墓葬出土铁器组合进行比对后，可发现部分随葬品很可能并非由郐城作坊生产。如前所述，遗址中始终未见任何铸造容器的范，因此，铁釜与灯座等器物极可能是通过贸易渠道获得的，尽管在县治附近地区生产这类物品可能有更高的经济效益。冶金分析还揭示了一个关键现象：墓葬中最常见的工具——环首铁刀，其主要材质为铸铁脱碳钢。鉴于郐城作坊完全缺乏铸造铁条材之范，即便假设其能够通过锻造回收废铁或输入半成品（如铁条）来制作工具，也难以确定其具备完整的生产铁刀的能力。同时，郐城遗址既未出土铁条铸范，也未见专门的炒钢遗迹，这类与大规模生产半成品相关的证据的缺失，表明

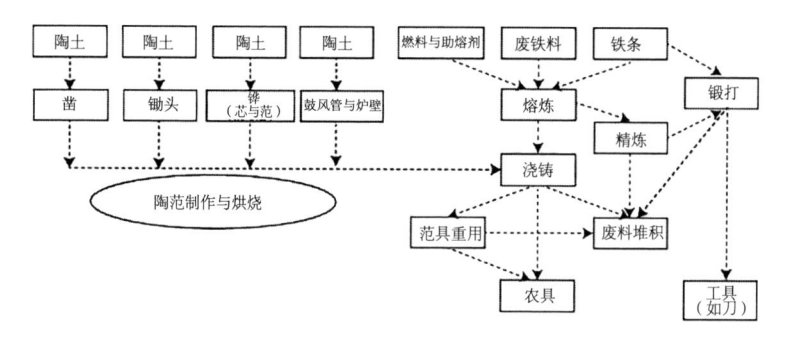

图 3.5 邰城遗址制铁作坊生产流程图。

该作坊的原料主要依赖外部供应。当地居民日常使用的铁器，很可能需要仰赖其他地区作坊的供给，甚至包括长安以外的铁工业中心，如瓦房庄等大型生产基地。

从邰城及关中地区其他规模相当、产品类似的铁作坊来看，这些作坊更像是小型生产点，致力于农具制造，专供邰县及周边农业聚落之需。在原料采购与供应方面，单靠废铁回收显然难以维持作坊运转，因为遗址中发现的残破铁工具数量相对有限。显然，该作坊的运作高度依赖区域性的交换体系。迄今尚未在关中地区发现能与中原地区瓦房庄等大型铁工业遗址相媲美的生产中心。因此，邰城铁业的管理必然涉及跨区域的物资运输网络，至少部分原料或成品需要依赖关中以外铁工业集群的供给，方能确保当地社区的需求得到满足。

回到第二章提出的核心问题——小规模生产模式确实难以满足汉廷统治下都城区日益增长的铁器需求。通过考察都城区内铁作坊的分布，笔者认为，统一后的秦王朝及汉王朝，都采取了劳动分工策略来优化生产体系。除了征调铁匠到都城以提高本地产量，秦王朝很可能将铁器生产系统与地方社会深度整合，将其融入统一前的黄河流域既有的庞大生产网络。汉王朝在承袭这一制度遗产的基础上，特别是在推行盐铁专卖政策后，着力在关中以外的成熟铁工业区建立大型生产中心。汉代发达的官僚体系以其高效的行政能力著称，能够将基层行政单位（里）的信息逐级传至中央政府。从这一视角来看，这套体系为连接各个铁工业中心提供了关键的基础设施，使得铁器生产、原料供应与劳动力调配得以形成规模庞大且协调有序的供应网络。

邰城制铁作坊的研究说明，都城区的小型铁作坊确实以回收废铁作为原料的主要来源。然而，这种本地化的小规模生产模式，恐难以完全支撑铁器供应，区域间（或同一区域内不同地点之间）的物资交换机制，在铁工业体系中扮演着举足轻重的角色。由于小型制铁作坊仅能保障农具和少量工具的生产，所以邰县居民日常生活所用的许多重要的铁制品仍需仰赖外部作坊供给，其中不排除来自都城区以外生产中心的产品。除了内部回收系统，这些制铁作坊与周边社区显然需要借助外部交换网络来维持原料与成品的稳定供应。这种交换机制或许解释了为何在铁器需求旺盛的都城区，反而少见大规模铁工业遗存的现象。

进一步而言，这种区域分工策略不仅巩固了都城区的核心地位，而且通过铁器供应网络，强化了都城区与关东地区的经济联系。该策略实质上将关中以东地区转变为专门的供应区，负责提供铁制农具及其他战略物资（如青铜、铁制兵器），以满足都城区庞大的消费需求。这种分工模式也将铁器制造过程中最耗费人力、最容易引发社会动荡的环节，策略性地转移到远离都城的地区。但必须强调，这种古代分工模式与现代经济体系下的区域专业化存在本质区别：现代经济学假设，某一地区或国家专门生产某类产品，是因为其有"比较优势"，旨在追求贸易利润最大化；而汉代的区域分工则完全由朝廷主导，其目的在于开发地方资源满足本地需求，同时为本地区以外的铁工业中心（尤其是都城区）提供铁器产品，最终达到富国强兵的目的。

了解了都城区小规模制铁作坊的生产特征后，一系列亟待解答的问题随之浮现：这些铁作坊究竟如何组织生产？它们与都城之外的集中式生产中心如何互动？考虑到郏城之类制铁作坊规模较小，这类作坊是独立的家庭生产单位，还是与其他区域生产中心相联系的小型集中式作坊？既然小型制铁作坊的运作依赖外部供应体系，那么它们是否处于某种官营管控之下？此外，这些制铁作坊中的工匠身份是怎样的？最重要的是，小型制铁作坊在都城区的市场体系与国家经济网络中扮演何种角色？在第二部分接下来的两章中，笔者将对都城区制铁作坊的遗存进行深入分析，以探讨这些作坊的组织方式，并比较它们与更大规模制铁作坊之间的异同。此外，为了厘清铁器的生产与分配情况，笔者还将从铁匠与地方社区日常食物供应之间的关系切入，解析这些作坊对社会关系变迁的影响，以及都城区铁工业如何整合入上述宏观生产与分配体系。

第四章
制铁作坊的组织与劳动分工

笔者在第三章中对制铁遗存的分析揭示，邰城及都城周边地区的小型制铁作坊必然与外部生产体系维持着紧密联系，需要持续输入原材料与半成品方能运作。这些作坊仅专注于生产品类有限的制品。这一现象说明，即便是居住于制铁作坊周边的居民，其日常生活所需的其他器物仍需依赖其他生产中心供给。这样的生产格局促使笔者进一步思考：新建立的国家网络如何重塑区域内制铁作坊的组织方式？这些作坊普遍规模偏小且产品种类单一，其劳动组织模式是否与大型作坊存在本质差异？本章及后续章节将立足于考古学的微观视角，通过系统性考察作坊内部组织结构与日常必需品供应链，试图厘清都城区制铁作坊的具体运作机制，同时深入剖析这些作坊与汉王朝其他领域社会关系的互动模式。

关于汉代经济体系的研究指出，在公元前 117 年实施铁专卖政策之前，铁工业生产主要存在 3 种基本组织形式。除前文所述的具有现代工厂规模的大型官营作坊（如古荥镇、瓦房庄）外，由铁匠或商人自主经营的作坊可能类似于 17 世纪至 18 世纪美国的冶铁庄园模式,这类作坊多分布于偏远地区,靠近森林以保证木炭供应。此外,在汉代县级城镇中,私营的小型家庭作坊可能也相当普遍。这三种生产组织与中央政权形成了各具特色的互动关系:大型作坊通常直接受国家管控,依靠官方资源完成指定生产任务;而小型家庭作坊则更依赖于地方县里的商业环境和社会需求。考虑到邰城地区远离主要铁矿产地,且其活跃时期早于铁专卖政策的实施,由此可以推断,邰城这类小型制铁作坊很可能属于典型的家庭式生产单位,以家庭成员为劳动主体,通过铁器贸易维持生计。若此推论成立的话,这种运作模式便与官营大型工场在组织形态上存在根本性差异。正如本书绪论所强调的,王朝辐辏网络的形成受到多重因素制约,其中工匠的组织与生产环节的协调最为关键。因此,通过对比研究小型家庭作坊与大型官营工坊的组织结构,能够深化对汉代铁工业体系的认识,也有助于理解铁器生产在构建汉王朝辐辏网络中扮演的重要角色。

  然而,从考古遗存的空间分布推断古代工匠的组织形态,这一研究方法在学界长期存在争议,特别是在作坊遗址仅被部分发掘的情况下,难免有管中窥豹之憾。以邰城制铁作坊为例,虽然发掘已确认了其规模之小,但这一特征本身并不能明确界定其组织性质。邰城到底是一个由家庭成员组成的家户生产单位,还是一个需要协调外部劳动力,并且与战国大型作坊运作模式如出一辙的小型工场?必须承认的是,考古材料仅能呈现古代社会生产活动的冰山一角,而非完整图景。正因如此，引入人类学理论框架和民族志田野调查案例就显得十分必要，这些跨学科的研究方法能起到"他山之石"之用，为拼凑零散的考古记录提供"蓝图"。为了系统分析不同制铁作坊可能涉及的组织形式，首先必须对既有研究中使用的关键术语逐一厘清。这一理论梳理工作同时也为下一章关于"依附性"（embeddedness）的讨论奠定了必要的基础——该概念主要探讨生产专门化程度，与工匠同邻里乃至更广泛区域内成员的联系程度之间的关联性，特别是与当地经济系统的互动关系。其中最关键的问题是工匠如何通过特定渠道获取食物等生活、生产资料，以维持作坊的日常运作。

诠释"无声"的考古记录中的工匠组织形态

考古学对古代手工业生产过程的学术兴趣由来已久，经年累月已发展出诸多理论模型，用以推断专业化生产的多元形态。这些模型主要围绕三大核心维度展开：生产单位的规模特征、生产活动的强度等级以及权贵阶层的参与程度。在众多理论框架中，凯茜·科斯廷（Cathy Costin）提出的四因素分类体系，因其系统之完善，成为考古学界应用最广泛的分析工具。该体系通过背景、强度、规模与集中度等4个相互关联的变量，系统解析专业化程度，并据此将生产场所划分为8种典型类型（见表4.1）。这一理论模型在中国青铜时代手工业研究的适用性已得到验证，并且在盐业生产体系和玉耳玦制作等案例研究中取得了突破性进展。鉴于该框架具有方法论价值，我们有必要首先阐明如何从考古证据中推导出这些生产组织形式的具体特征。

表 4.1　科斯廷理论框架中的四因素定义表

因素	定义
背景	生产者的归属及其所处的社会、政治与经济背景，以及影响产品需求的因素。"附属专门化"指在统治权贵或国家控制下进行生产与分配。"独立专门化"则指无明显政府或权贵干预的生产与交易活动
集中度	专门化工匠在空间上的分布模式。此因素的两个极端为"集中"与"分散"
规模	劳动力的数量规模与招募方式。此因素的两个极端为"小型、以亲属关系为基础的单位"与"基于技能的雇佣劳动力"
强度	工匠在手工业生产中投入的时间。此因素的两个极端为"兼职"与"全职"

根据科斯廷的理论框架，其 4 个核心因素可系统阐述如下：生产投入的时间、生产者的空间分布、所需的劳动力规模及生产区面积，以及生产者与控制产品者之间的关系。"背景"因素具有双重含义：既指生产活动所在的环境，又包含"塑造生产者内部关系及生产者—消费者互动的社会、政治、经济与意识形态场域"。"背景"因素通过"附属型"与"独立型"的二元划分，明确区分了受政治机构或权贵庇护的生产体系与自主运作的生产模式。"强度"作为一个连续变量，其评估标准是工匠投入

特定生产活动的时间占比,例如,一日还是多日。"规模"不仅取决于生产单位的大小,而且与生产涉及的社会关系类型相关,例如,是否为以亲属关系为基础的劳动模式,或是否雇用外来劳工。最后,"集中度"描述的是专门化工匠的空间分布模式,其核心在于判断同类产品制造者是否在特定地理单元内形成集聚,例如,都城中的大型制铁作坊可被视为高度集中的生产模式。通过运用这4个因素进行交叉分析,科斯廷建立的8种组织类型(见表4.2)系统地描述了工匠的从业形态,更重要的是,揭示了生产群体与宏观管理体系之间的结构性关联。

通过对背景、强度、规模与集中度这四个关键因素的系统分析,我们可以更准确地界定小规模家庭式生产的基本特征,并将其与其他类型区分开来。这类独立的家庭生产模式,可能类似于由个人或社区建立的、以亲属关系为纽带的兼职性作坊,属于非依附性的自主生产,其集中度则可能因具体情境而异,既包括相对分散的社区生产,也存在一定程度的区域聚集现象。相较之下,官营的大型制铁作坊则更接近于附属专门化的模式,即工匠以全职方式投入生产;劳动组织突破亲属关系,依赖强制劳役(如刑徒)或专业技术工匠;生产设施则呈现高度集中化的空间分布格局。

表 4.2　科斯廷理论框架中的 8 种组织类型表

背景类型	强度类型	规模类型	集中度类型	专门化类型
附属专门化	兼职	亲属关系（待证实）	分散	散征徭役
	全职	亲属关系（待证实）	分散	百工个体
	兼职	雇工	集中	集征力役
	全职	雇工	集中	部曲佃客
独立专门化	兼职（待证实）	亲属关系	分散	个体作坊
	全职	雇工	分散	分散作坊
	兼职（待证实）	亲属关系	集中	社区作坊
	全职	雇工	集中	集中作坊

尽管科斯廷的理论框架为识别独立的家庭生产单位提供了系统的判别标准，表面上看起来全面且直观，然而，在考古实践中应用这些标准时，却面临着诸多阐释困境，这绝非易事。以邺城及其周边同类小型制铁作坊的考古材料为例，我们其实很难仅凭现有的出土遗存，明确地判定这些生产场所的性质——这些生产单元究竟是具有社区属性的集中型作坊，还是纯粹以家庭为单位的小型生产点。此外，在缺乏直接标识工匠身份的关键证据（如带有职业标识的墓葬及随葬品）的情况下，仅依靠生产废弃物或成品等相关证据，我们无法准确地推断工匠的工作强度（全职或兼职）。至于其劳动力构成是否建立在亲属关系基础之上，更是无从推断。

在汉代考古研究中，试图通过成品、生产遗存及相关考古特征来区分独立家户生产单位与其他组织形式，同样面临着诸多棘手的难题。究其根本，因在都城区发掘的小型制铁遗址中，尚未发现能够明确证明其与官营存在隶属关系的直接证据（如铭文等文字材料）。然而，要准确地识别独立家户生产单位，关键在于把握附属专门化与独立专门化的区别特征。在考古学中，此类判断依据通常包括3类重要线索：一是具有政治象征意义的器物或遗迹（如印章封泥、高规格建筑），二是反映原材料获取受到限制的实物证据，三是能够揭示产品分配控制者身份的相关线索。令人遗憾的是，在邺城制铁作坊及其他同类遗址中，不仅缺乏上述关键判断要素，而且连居民聚落遗迹所在地点也杳无踪迹。在考古证据支离破碎且缺乏文献佐证的情况下，要准确地判断某个制铁作坊的国家隶属程度及其具体组织类型，实属困难重重。

就"规模"与"强度"这两个关键因素的判定而言，在汉代考古背景下，即便通过发掘出土的生产遗迹及相关遗存加以考证，仍不免陷入盲人摸象的困境。理论上，若某制铁作坊确属集中型或部曲佃客作坊，以雇佣全职非亲属关系工匠为主要特征，则生产区域内的长期居住遗迹及生活遗存理应屈指可数，这与现代工业遗址的特征不谋而合。如第二章所述，迄今对都城区制铁作坊的考古发掘均显示，遗址范围内一般见不到任何家屋建筑结构的蛛丝马迹。然而，我们仍须审慎考量这种"默证"现象，究竟是否只是因后世破坏而导致保存状况不佳。以邺城制铁作坊为例，该遗址出土了大量铁器制作废弃物，但又发现了与饮食相关的遗存。而且，作坊中居住遗迹的付诸阙如，加之其他各类遗物的特殊组合现象，共同导致出现了一种模棱两可、似是而非的情况，即难以断定这些小规模制铁作坊（甚至部分大规模作坊）究竟是独立的家户生产单位，还是部曲佃客式作坊，抑或是集征力役式作坊。

　　因此，民族志与民族考古学研究，特别是前西班牙时期及现代中美洲家户手工业生产的典型案例，为理解独立家户生产单位的运作机制开辟了新的路径。这些民族志的比较研究显示，从事家户手工业的工匠往往采取多元化的经济策略来应对市场风险：他们会同时从事农业生产或社区服务等其他生计活动，以此缓冲因手工业产品市场波动带来的经济压力。这种生计模式与由国家资助的作坊形成显著的对比——后者可以完全专注于手工业生产，无须分散精力维持其他收入来源。更重要的是，与全年持续运作且仅服务于特定群体的集中式作坊不同，独立家户生产单位或个人/社区专门化模式，往往无法依赖单一的市场关系。基于这些民族志研究方法，考古学家似乎可建立更可靠的分析标准：生产自给自足的日常必需品、制造多样化的手工产品、间歇性的生产模式，这些特征比单纯的生产规模更能准确地揭示独立家户生产单位的存在。

　　2011年云南省曲靖市会泽县家庭经营制铁作坊民族志研究案例，也为理解汉代小型制铁作坊可能的运作模式提供了极具价值的例子。该作坊位于会泽县民居内，专门铸造两种铧，其生产规模和产品类型与考古发现的汉代小型制铁作坊惊人地相似（见图4.1）。该作坊采取雇主—雇工模式运作，作坊主雇

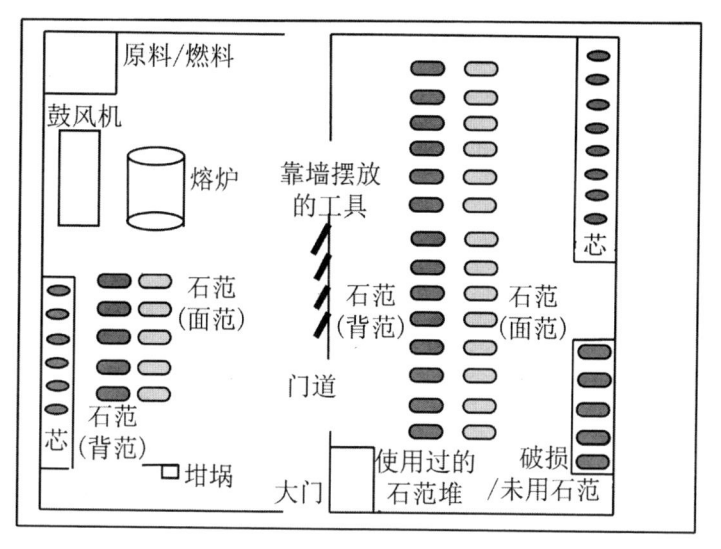

图 4.1 会泽县制铁作坊组织结构平面图（改自杨瑞栋等 2010 图 32）。

用六七名工匠经营。[①]所有生产活动都在紧邻主人住宅的小型作坊内完成。该作坊采取季节性生产模式，每年运作 6 个月，在此期间，工匠利用砂岩制范，单一熔炉之操作，每月可生产约 1200 件铧。而在非生产季节，作坊主人转而从事农业生产或铁器维修工作以维持生计。

上述家庭式制铁作坊由于生产规模有限，所以生产过程中的劳动分工仅呈现出较为初级的形态。整个生产流程中技术含量最高的环节，也就是使用砂岩制作铸范的技术，由作坊主亲

[①] 现今，由于鼓风等劳动力高度密集的工序已广泛使用电力驱动，所以 6 名工匠便足以维持作坊运作。然而，在电力尚未普及之前，即便是规模较小的会泽制铁作坊，也需要更多劳工来维持生产。

自操刀，并且这项核心工艺严格遵循家族内部传承的惯例。雇佣工匠主要负责劳动密集型工序，包括燃料与铁料的填装、熔渣的清理，以及熔化的铁水浇铸等工作。值得注意的是，这些工序并未形成固定分工，所有工匠都需要参与每个环节。因此，在熔铁与铸造过程中，通常每位工匠随时转换角色，轮番承担不同的工作任务。民族志研究表明，这种简单的协作模式与现代化工厂中精细的工序分工形成截然不同的对比。正是受限于这种小规模生产和原始协作方式，该作坊的生产能力仅能维持在中等水平，其产品——铁铧——供应范围也仅限于本县及周边城镇市场。

需要特别指出的是，汉代的中国与当代中国，乃至前西班牙时期的中美洲与当代中美洲，在地理环境与社会结构层面都存在着根本性差异。然而，民族考古学的类比研究方法仍为理解不同类型制铁遗址的组织模式，提供了有价值的分析视角。通过系统比较这些跨文化案例，我们可以识别出独立家户生产单位的若干个典型特征，并将其与集中型部曲佃客作坊或集中型徭役/刑徒作坊进行区分。前者在生产组织方面主要依靠亲属纽带维系劳动力，采取季节性而非全年性的兼职生产模式；同时，前者在考古证据方面缺乏官署建筑或印章封泥等反映政治权力直接控制或干预生产过程的物证。重要的是，这类生产单位往往表现为多元经济活动的结合体，例如，既从事手工业生产，也兼顾粮食种植，其遗址通常伴有明确的居住遗迹，反映出工匠需要参与从原料供应到成品生产的完整生产流程。若将这些民族志观察应用于汉代小型制铁作坊的研究，可以推测，在这类生产群体与整体经济体系的互动关系中，特别是其特有的生产与流通方式，必然呈现出与官营大规模作坊迥然不同的特征，从而构成另一种形态的辐辏式经济网络。诚然，其中部分特征可能难以通过考古材料直接确认。不过，若将这些小型作坊与中行、古荥镇等背景明确的大型遗址进行对比研究，应有助于完善现有的分析方法。

当然，运用科斯廷四因素框架对作坊进行类型学研究，仅是推测古代劳动组织方式的一种可能途径。其他关键因素，特别是作坊内部的工匠协作模式，对于理解考古与历史案例中呈现的生产组织形态同样具有决定性意义。在此方面，科学史学家厄休拉·富兰克林（Ursula Franklin）提出的理论框架，为理解不同类型的生产协作模式，提供了另一种有效的概念工具。她区分了两种专业化生产模式，即全面式与指令式。前者指的是由单个或少数工匠负责完成绝大部分甚至全部生产环节的组织形式。在这种模式下，产品的制作并非通过流水线完成，而是由少数工匠全程制作，因而能够保证更高的技术品质和产品独特性。[①] 与之相对应的指令式专业化，则意味着"将产品的制作过程划分为一系列可明确辨识的步骤"，每个步骤由不同的工匠或工匠群体专门负责，各群体持续重复相同的特定工序。

[①] 富兰克林指出，全面式技术并不意味着"人们不合作，而是指他们的合作方式，可以让个别工匠全面掌握某一特定工序来生产，又或者参与创新"。从这个意义上说，前述的会泽制铁作坊亦属于此类。

在非亲属关系的工厂式作坊中，生产空间通常按照工序被划分为不同的功能区，每个区域由专门工匠群体负责特定工序，生产技术呈现高度标准化特征，以此实现生产效率的最大化。从考古学证据来看，若发现不同生产环节的相关遗存呈现出明显的空间区隔，很可能就是这种指令式生产组织运作方式的物质表征。

某些需批量生产且工艺步骤要求严格依序完成的产品，如中国古代的青铜礼器，通常是在类似工厂的环境中，由多名工匠协作制造的。然而，必须指出的是，大规模生产并不必然等同于采用流水线式的劳动分工模式。马库斯·马蒂诺-托里斯（Marcos Martinon-Torres）等学者（2014），通过对秦始皇陵出土青铜箭镞与弩机的研究，区分了标准化产品大规模生产的两种模式：一是单一流水线生产模式，二是单元式生产模式。这两种生产组织方式虽然都属于富兰克林分类体系中的"指令式专业化"，但在具体实施层面却存在着实质性差异。

与亨利·福特及其汽车公司开创的"福特制"生产模式相似，单一流水线生产模式的核心特征是将完整的生产过程细分为若干个独立环节，每个生产单元仅负责其中一个特定步骤，产品则沿着预设的流水线顺序流转。因为工人只需专注于单一工序的重复操作，所以这种模式虽然能够显著提升生产效率，但任何一个生产环节的协作失调都可能导致严重的资源浪费，例如，过量生产的成品或零件因无法及时消化而造成积压。相比之下，第二种模式即单元式生产模式，虽然在提高效率的目标上与流水线生产模式异曲同工，但其组织方式却截然不同：工人首先被编组为小型生产单元，每个单元负责执行多个关联工序。这种弹性安排使得部分生产环节能够根据实际需求灵活调整，从而有效地降低库存过剩的风险。更具创新性的是，各个单元内的工匠会在生产过程中进行跨工序协作，例如，在将半成品移交至下一阶段前进行质量检查。这种机制不仅减少了因单一零件过量生产导致的浪费，而且显著提升了应对市场波动的灵活性。这种先进的生产组织理念后来在日本丰田汽车公司得到进一步发展，最终形成了影响全球制造业的"丰田生产模式"。

通过对兵马俑坑出土的青铜弩机与成捆箭镞进行系统的化学成分分析与精密尺寸测量，马蒂诺-托里斯等学者发现，不同批次的青铜武器部件在形制、规格上存在显而易见的差异。具体而言，即便是相同类型的弩机配件，诸如扳机与弦钩等关键部件，在不同生产批次中也呈现出尺寸与形态上的明显区别。这种同中有异的特征，使得特定类型的扳机必须与相应类型的弦钩精确匹配才能组装使用。基于这些系统性差异，马蒂诺-托里斯等学者推测，当时的青铜铸造工匠很可能被划分为若干个小型生产单元，每个单元在制作不同批次的弩机及其他武器（如箭镞）时，都保留着各自独特的技术风格与制作规范。换言之，这些精密的武器配件并非通过高度标准化的单一流水线生产后再行组装，而是采取了分而治之的单元式生产模式。这种生产组织方式的出现绝非偶然，其背后可能蕴含着秦国对战略物资（尤其是青铜兵器）质量管控的谋篇布局。在统一战争期间面临巨大军需压力的情况下，单元式生产既能确保产品质量，又可量入为出，减少资源浪费。正如前文所述，相较于刻板的流水线作业，单元式生产凭借其多重质量检测机制，在品质把控与资源利用效率方面更具优势。更重要的是，这种灵活模式允许各生产单元根据实际情况进行调整。这种随机应变的特性使其特别适合弩机、箭镞等战略物资的生产，从而完美地满足了秦国的军事需求。

在考古发掘所揭示的多数手工业生产遗址中，出土遗存通常以制作过程中产生的各类废弃物为主，其堆积状态往往杂乱无序。尽管如此，通过系统地梳理主要生产设施的空间布局与遗址内的生产流程，我们仍能通过这些看似零散的考古证据，管中窥豹地重建古代生产组织的基本模式。若能厘清不同生产环节中的组织单元划分方式及工匠协作的具体形态，便可为解析作坊内部组织架构提供关键切入点。此外，另一个需深入探讨的问题是，生产区域与遗址内其他日常活动区域之间存在着怎样的空间关联性？正如笔者之前作出的解释，虽然目前学术界对汉代以前关中核心地区的金属生产遗址研究仍存在明显缺环，但既有的对战国时期各列国相关生产遗址的考察研究成果，仍有助于研究邺城及同类遗址，进而在一定程度上回答了本书的核心问题——汉王朝的崛起是否伴随着铁工业劳动组织的转型变革。

庶民之制：汉代之前集中式作坊的兴起

现有的诸多研究已明确指出，铁器手工业的技术体系，实脱胎于历史更为源远流长的青铜工业。[①]得益于目前已发表的数量可观的金属铸造作坊考古报告，考察战国时期的铁器生产组织形式，将有助于我们厘清汉代冶铁技术发展的历史渊源。在此研究脉络下，晋国的两处典型冶铸遗址具有特殊价值——它们不仅清晰地展现了金属生产中心的社会运作机制与工匠群体之间的互动关系，而且直接与秦国在技术传统上的承继与创新相关联。如第一章所述，秦国的技术发展确实深受战国时期整体技术环境的影响，而晋国作坊所呈现的组织特征，正为我们理解秦国乃至其后的汉代铁器生产体系的形成与演变，提供了不可或缺的认识框架。

第一个具有代表性的案例为山西省侯马市牛村青铜铸造作坊遗址（见图 4.2）。侯马地区在春秋中期以后即为晋国都城所在，其都城格局由3座相邻的城址构成，而牛村青铜作坊则位于台神、牛村城址的南侧。该作坊毗邻都城区，显然，作坊中的生产活动直接受控于晋国公室或者晋卿权贵家族。整个铸造

[①] 商周时期青铜器生产的规模，在前工业化时代已算得上庞大。然而，相较于礼器与武器，农具的生产与使用规模极为有限。此外，商代晚期的青铜器作坊，如安阳小屯、苗圃北地、小屯宫殿区，以及西周时期的周原李家、孔头沟等遗址，均未发现大量用于制作工具的陶范。只在牛村等春秋时期考古遗址中，开始出现大规模生产金属农具与木工工具的现象。因此，笔者以牛村为例，探讨青铜器生产的组织模式。

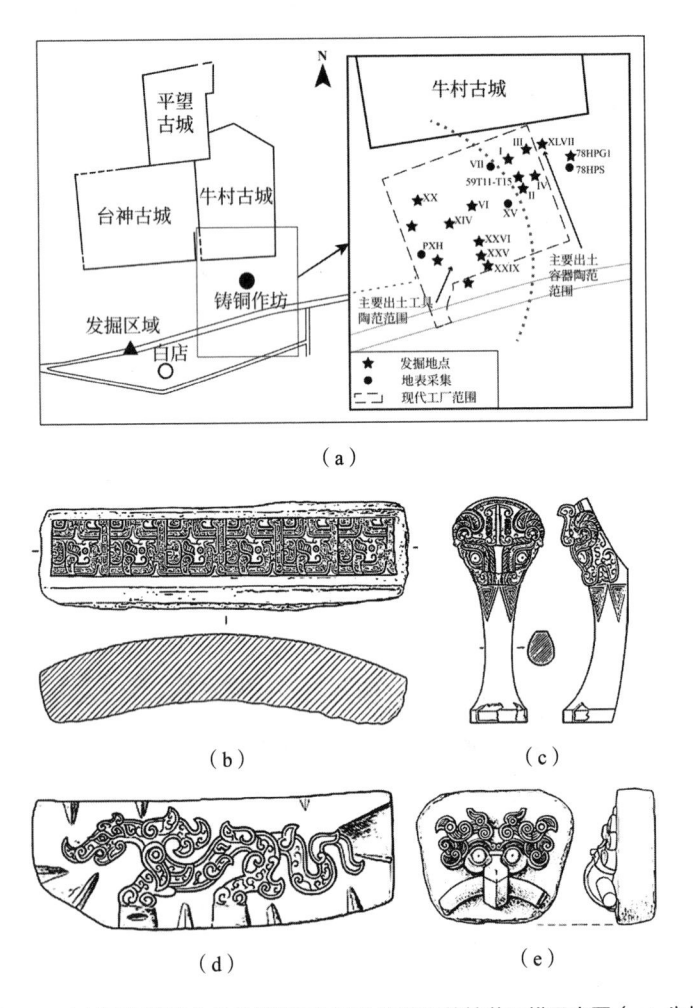

图 4.2 牛村青铜铸造作坊位置图与铜器生产使用的铸范和模示意图（a：牛村各作坊的位置，改自山西 1993 图 3、2012 图 2。b：II 号地点出土的纹饰模，改自山西 1993。c-e 为铸造不同部件的模与铸范。c：改自山西 1996 图 54。d：改自山西 1996 图 220。e：改自山西 1993 图 139）。

区的规模极为可观，占地面积达 96 万平方米，其中地点 II 与地点 XXII 遗址在 20 世纪 60 年代曾进行过系统的大规模发掘，揭露面积超过 4000 平方米。基于对出土器物进行的类型学分析，遗址报告将该作坊的运作年代界定为春秋中期至战国早期，而这一时段恰恰是生铁冶炼技术兴起的关键阶段。虽然历史文献表明，晋国在战国时期已是重要的铁器生产中心，但在牛村作坊的考古材料中，尚未发现任何能够确证该遗址曾进行过铁器熔炼或冶炼活动的直接证据。

既有研究成果已明确揭示，侯马市牛村作坊通过创新性地采用多项技术革新，显著提升了生产效率并优化了制造流程。其中最具代表性的当属"纹饰模"技术，即工匠先在模具上阳刻出装饰图案单元，用以翻印出带有阴刻纹饰的纹饰泥片块（见图 4.2：b）。这一突破性技术使得制模工匠能够直接将预制的纹饰泥片块，嵌入陶范的装饰带部位，以铸出纹饰。相比较而言，商周时期的工匠必须在每扇陶范上逐一进行手工雕刻、刻画或压印纹饰，再将它们组装成完整铸型后方可浇铸。纹饰模技术的应用，使得青铜器装饰能够通过有限数量的纹饰模进行批量复制，生产效率因而获得质的飞跃。此外，该作坊还创新性地运用了"分铸法"工艺，也就是先将青铜器的附属部件（如耳、把手、足部）单独铸造，再将其精准地嵌入器身主体的范中（见图 4.2：c、d、e）。在浇铸整体铸型时，这些预制部件与器身主体成为一体，确保结构牢固。根据学者的研究，这两项关键技术的协同应用，不仅大大缩短了青铜器的制作周期,而且有效地降低了复杂工序中的失误率。与早期工艺相比,这些技术革新使得青铜器生产实现了质量与效率的双重突破,从而能够满足春秋时期社会变革催生的巨大需求。尽管牛村作坊产出的大量青铜器中包括诸多平民日常用具,但其生产组织与管理模式很可能仍处于贵族阶层的严格控制之下,而非纯粹受市场规律支配的自由生产形态。

随着新型制范和冶铸技术的推广应用,同一作坊中不同地点的陶范组合呈现出明显的样式特征,这或许暗示存在着另一种通过劳动分工提升生产效率的组织模式。根据遗址发掘报告的详细记载,相距约1000米的Ⅱ号与ⅩⅩⅡ号地点出土的陶范组合存在显著的差异。ⅩⅩⅡ号地点出土的陶范以木工工具和农具为主,礼器类陶范或模具所占比例极低。在该地点出土的1万余件陶范残块中,凿范与斧范占比超过90%,而空首布(早期钱币范)和带钩范合计仅占约2%。值得注意的是,在已发现的凿类陶范残块中,可辨识出至少6000组完整的双合范。与此形成对比的是,Ⅱ号地点出土的陶范与模,则以礼器和乐器为主,这类器物常见于同时期的高等级墓葬。此外,两处遗址的冶铸遗存也大相径庭:ⅩⅩⅡ号地点出土了大量熔炉残片和鼓风管等冶炼设施,而Ⅱ号地点仅发现少量炉渣和炉壁残片。这种显著的遗存差异表明,Ⅱ号地点可能主要承担制作模或存储成品范的功能,而非直接的铸造作业区。

在Ⅱ号与ⅩⅩⅡ号附近地点发现的与制造活动相关的废弃物,进一步证实了劳动分工的存在。例如,在ⅩⅩⅡ号地点附近的一处灰坑中集中出土了大量车马构件与带钩的陶范残块。此外，距离ⅩⅩⅡ号地点约200米的LⅣ号地点，则发现了超过1万件保存完好的铲形空首布之芯。与ⅩⅩⅡ号地点的生产模式不同，Ⅱ号地点周围所发现的模或范则以礼器为主。据此，遗址报告合理地推测，牛村作坊的东北区域应是礼器生产的核心区，而其他区域则集中从事工具与布币铸造。因此，春秋时期的晋国青铜手工业至少分为两个主要生产部分，分别专注于制造高级礼器与满足日常需求的实用器具。由于生产规模庞大，专门铸造工具或货币的作坊可能采用了不同的管理策略以提高效率，而这种模式也为后期大型制铁作坊的兴起奠定了制度与技术基础。

牛村青铜作坊的生产活动也呈现出鲜明的效率导向特征，其采用预铸件组装浇铸技术，已初步反映了流水线生产的基本特征。基于这一技术特点，我们不妨推测该作坊内的铸工与制模工匠已采用某种流程化的组织模式来加速生产，这种模式近似于富兰克林提出的"指令式"生产模式，即将复杂的铸造工序分解为若干个独立步骤，并由不同的小组分别负责特定的工序。要验证这一假说，可通过分析各生产区废弃物与生产设施的分布模式来寻找线索。在牛村遗址群的考古发现中，大量范和模残块、熔炉碎块与日常生活垃圾（包括动物骨骼及饮食器具），通常被共同弃置于大小相近的垃圾坑中。这种堆积方式与传统作坊生产废弃物集中处理模式存在明显差异。尽管如此，该区域出土的大量铸造废料及相关生产设施（如窑炉等），仍确凿无疑地证实了其具有专业化生产中心的属性。

根据遗址报告的详细记载,"图4.3：a"直观地呈现了XXⅡ号地点内各类生产设施与两种主要类型陶范的空间分布情况。从分布图可见,作坊内部遗迹呈现明显的分散性特征。该遗址主要包含3类基本设施：地下与半地下式房址、水井及垃圾坑。与铸造过程直接相关的废弃物（如炉渣、炉壁残片等）分布在遗址各处,并未显示出熔炼活动集中于特定区域的明确趋势。细致观察设施分布图可发现（见图4.3：a),水井与房址几乎遍布整个遗址。这些房址很可能兼具仓储与室内工作场所的双重功能,工匠在这些地方主要从事范模制作等前期准备工作。同时,由于制范生产过程对水源的持续需求,遗址内分布的多处水井不仅保障了稳定的供水,而且其本身也可能作为特殊的生产设施发挥作用。通过对水井与房址的空间对应关系进行分析,可以推断,当时的生产活动可能由若干个小型工作单元或工匠小组分工完成,他们在不同区域内同步进行青铜工具的制作工序。

XXⅡ号地点内陶范的分布状况同样显示出相似的错落分布特点。鉴于其他类型范模数量有限,笔者重点分析数量最为突出的两类陶范——凿/斧范与空首布范。从空间分布来看,这两类范在作坊不同作业区均有发现。虽然空首布范的数量相对较少,但凿/斧范至少形成了如图4.3所示的两个主要分布集中区。更为关键的是,凿/斧范与空首布范的重叠式空间分布格局显示,不同类型器物的生产可能并非由完全独立的工匠群体

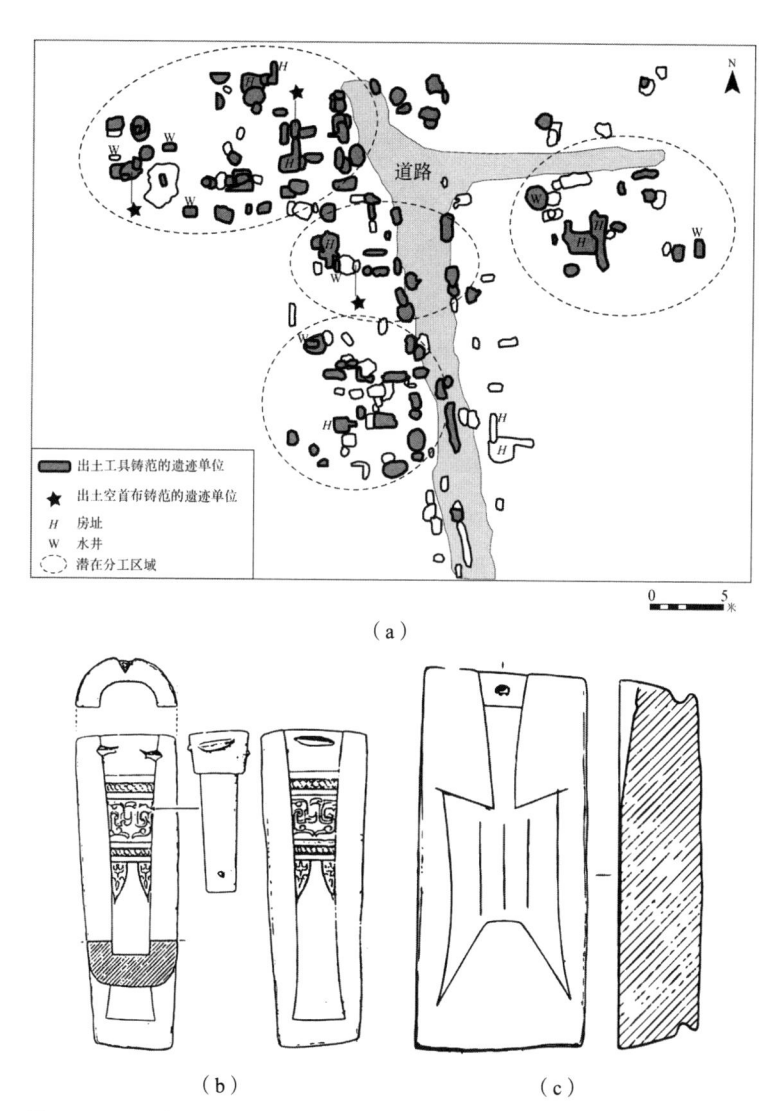

图 4.3 XXⅡ地点遗迹、遗物分布平面图以及该地点的两种主要铸范示意图（a: XXⅡ地点的布局图，春秋晚期，改自山西 1993 年图 19。b 和 c 是凿与空首布铸范。b: 改自山西 1993 年图 39-7。c: 改自山西 1993 图 46-1）。

第四章　制铁作坊的组织与劳动分工

承担，而是由同一批工匠负责多种产品的制作。这种多产品并行的生产模式在其他地点的考古发现中也得到了印证。以Ⅱ号地点为例，该地点出土的范模涵盖了礼器、乐器、武器及带钩等类型，其技术特征显示，该地点参与了各类礼器、乐器、工具乃至车马器的生产。由此可见，尽管大规模生产需求推动了技术革新，但Ⅱ号地点的工匠群体似乎并未走向单一产品的专门化生产，反而通过为其他生产地点提供多样化范模，维持了产品体系的多元性。

牛村作坊各地点的遗存特征显示，每个生产区很可能采用了以产品类型专业化为导向的劳动分工模式。这种空间划分很可能是为了应对春秋时期礼器与生产工具需求增长而进行的生产组织变革。然而，现有证据尚无法确定每个生产区内部是否进一步细分为仅负责特定生产步骤的次级单元，抑或是完全按照最终产品类型进行分工。从考古遗存的分布特征来看，各生产区之间的边界相当模糊，几乎无法通过废弃物类型来辨识负责不同生产工序的专业群体。笔者需提醒读者，在解读这一现象时必须综合考虑多种潜在因素：废弃物的堆积过程、管理制度以及处理方式等。这些因素皆对遗存分布模式产生重要影响。但在诸多可能性中，劳动组织形式似乎尤为关键。试想，如果这类大型作坊确实采用单元化生产模式，即由不同工匠小组负责多个生产步骤甚至跨产品类别的制作流程，那么其废弃物的分布必然会呈现如XXⅡ号地点所见的碎片化特征，而难以按照生产阶段进行明确划分。

笔者探讨的第二个案例中行铸铁作坊，位于今河南省新郑市，该地曾先后作为春秋时期郑国和战国时期韩国的都城（见图4.4）。这座城址最初是春秋时期郑国的都城，公元前375年被韩国攻占后，继续作为韩国都城，而韩国正是"三家分晋"后析出的列国之一。从城址布局来看，其平面呈梯形，内部由一道城墙明确分隔为两个主要功能区。中行制铁作坊位于面积较大的西城区内，其运营年代可追溯至公元前375年至公元前230年。该作坊遗址直接叠压在春秋时期郑国青铜作坊与祭祀遗址之上。考古勘探显示，遗址下层分布着19处青铜器窖藏坑与80座祭祀殉马坑，而上层的制铁作坊遗址发掘面积达8000平方米（见图4.5）。虽然未能发现完整的熔炉结构，但出土的大量炉壁残片明确显示，铸铜和铸铁极可能就在发掘区域附近进行。与牛村遗址类似，中行作坊的炉壁残片与陶范残块共存于同一地层或同一遗迹单位中。宏观地看，无论是炼铁还是青铜熔炼产生的废弃物，遗址内至少有15个单位中出现了两类遗存集中弃置的现象，并且这些废弃区在空间上呈现均匀分布的特征。由于没有发现临时垃圾坑等集中处理设施的证据，所以可以合理推测，当时的生产废弃物都是就近丢弃在原始作业区域周边。引人注目的是，铁作坊中心区域存在一片明显的"空白区"，该区域既没有发现任何垃圾堆积，也不见生产活动的痕迹。然而，就在这片区域内，发现了至少80座与作坊同期使用的墓葬，墓主包括成年人与未成年人。这些墓葬很

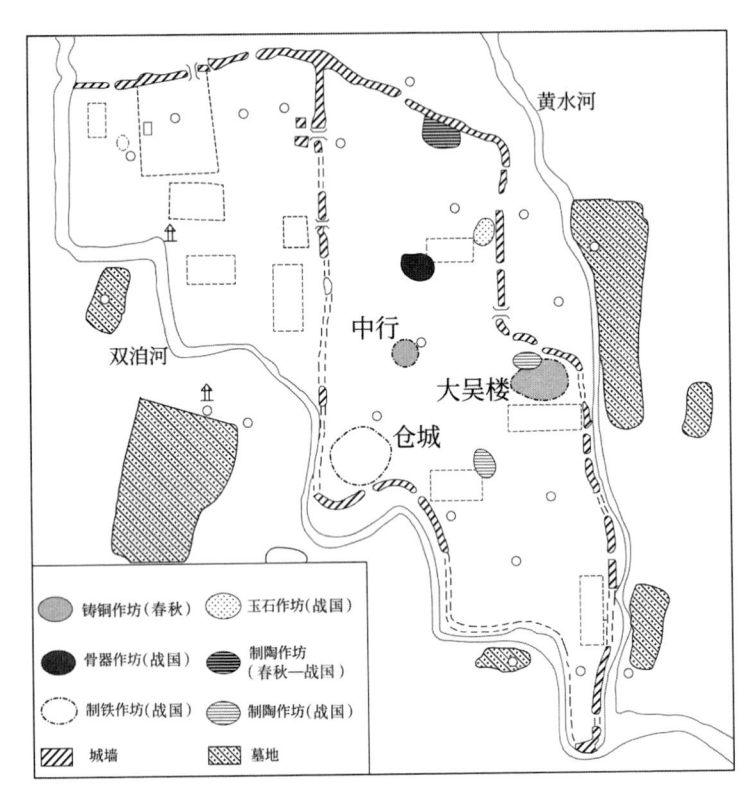

图 4.4 郑韩故城各类作坊布局图。

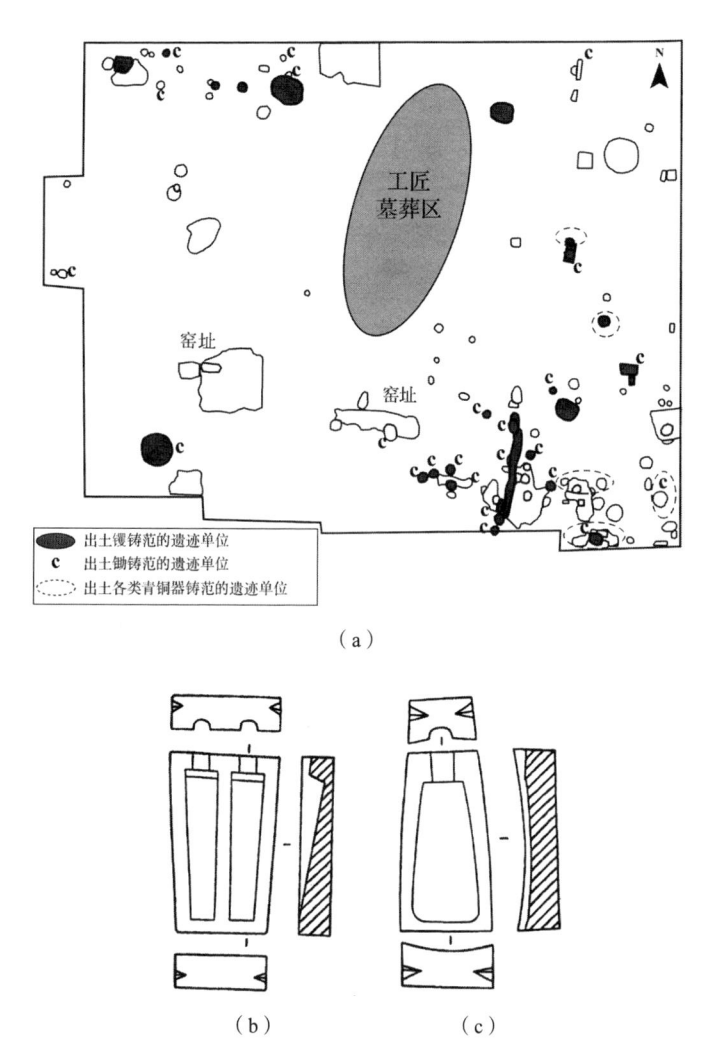

图 4.5 中行制铁作坊各类遗物和遗迹平面图以及该作坊两类制作铁农具铸范示意图（a：中行制铁作坊平面图，改自河南 2006 图 491。b、c 为䦆和锄范。b：改自河南 2006 图 503-1。c：改自河南 2006 图 503-12）。

可能是作坊工匠及其家属的安葬之处。①（见图 4.5：a）

从中行作坊出土的生产遗存来看，其生产规模确实相当可观。该作坊主要集中生产镬、锄等基础农具，出土的陶范数量至少 1000 套。这一生产模式与牛村Ⅱ号地点颇为相似。陶范的出土情况明确显示，中行作坊与牛村Ⅱ号地点一样，都以农具等生产工具为主要产品。遗址中还发现了铁条材（半成品）、青铜装饰品及青铜钱范。这些形形色色的产品，其生产时不仅使用相同的燃料，范模制作工艺也可能一脉相承。与牛村遗址的情况类似，郑韩故城范围内分布着多处同期的金属作坊，这些作坊可能各司其职，分属于不同的生产中心，也可能是同一铸造作坊内的不同功能区。此前的考古调查已确认，该城址内至少还存在 3 处年代相近的金属作坊，其中包括仓城遗址和大吴楼遗址，后者位于中行作坊东侧（见图 4.4）。这些作坊不约而同地以农具范和钱范为主要出土遗存，而兵器类制品（包括相关废弃物和半成品）则罕见。这一特征与中行遗址的发现高度吻合。鉴于这些作坊的运营时期基本重叠，表明当时可能存在与牛村类似的发展趋势——通过遍地开花式地建立多处作坊，来扩大整体生产规模。通过分析空间布局，可发现牛村与中行的作坊在组织结构上似乎存在若干相同特征：(1) 具备较大的生产规模；(2) 位于城区内相对独立的位置；(3) 以农具为主

---

① 牛村青铜生产区域 XXI 区内亦发现数座与生产活动同期的墓葬，这些墓葬呈现出与中行铁作坊类似的模式。

要产品。基于这3个特征，姑且可将这两处作坊归类为集中式作坊、集征力役式作坊或部曲佃客式作坊，但其确切的性质还需通过进一步的定量分析来确认。值得深入探讨的是，中行遗址内的铁器与青铜器生产究竟如何组织？不同类型的产品是像牛村那样实行分区生产（如工具与礼器分开），还是由同一批工匠完成？要解答这些问题，便要对不同类型金属生产废弃物的分布模式及其反映的生产活动进行系统的分析，这也将大大增进对当时生产组织安排方式及工匠协作关系的理解。

"图4.5：a"清晰地展示了该遗址内各类废弃物的空间分布情况，包括镬范、锄范以及多种青铜器范。这些废弃物的分布呈现出若干显著特征：铁制农具范在遗址各处均有发现，并与其他生产废弃物混杂堆积；而青铜器范则集中分布在铸造场东南隅。然而，通过细致的考察可以发现，青铜器范实际上散见于遗址内9处遗迹单位中，其中更有4处单位也出土了铸铁器范。这种共存现象表明，虽然青铜与铁器的制作可能分属不同的小生产单元，但在中行遗址中，这两类手工业生产并未形成泾渭分明的区隔。此外，分布图显示铁器与青铜器的生产废弃物在同一作业区域中往往共存，这说明不同类别的产品制作很可能在相邻空间内并行开展，甚至不排除由同一班工匠群体完成。此外，遗址内未呈现按产品类别划分的明确功能分区，也不见严格依照生产流程进行的空间划分。面对如此规模的生产活动，必然需要完善的管理制度来确保运作效率，然而，现有遗存分布尚未提供确凿的证据，证明该作坊曾严格依据产品类型或生产阶段来规划空间布局。

中行作坊的组织模式与牛村XXⅡ地点呈现出若干异曲同工之处。该作坊专注于特定类型产品的专业化生产，而非包罗万象地制造所有日常铁器。在都城区范围内，不同生产区之间理应存在某种形式的劳动分工，以此提升整体生产效率。然而，若着眼于单一生产中心内部的空间布局，其遗存分布模式清晰地显示，生产过程似乎并未采用完全按部就班的流水线作业方式。同样令人意外的是，遗址内部既不存在严格的以产品类型划分的功能分区，也缺乏依生产阶段划分的明确区划。考古发现显示，不同类型的生产遗存——诸如农具范与钱范——往往在同一发掘单元中共出，不言而喻，不同产品的制作活动很可能在同一空间内并行开展，而非壁垒分明地分隔于不同作业区域。

由于遗址内考古遗存的分布模式错综复杂，我们难以对这两个案例的内部组织结构盖棺定论。然而，倘若秦朝青铜兵器的制作，出于品质管控的考量，采用了单元生产模式，那么值得深入探讨的是，这一生产原则是否同样适用于其他类型金属制品的生产组织。单元生产模式很可能因其灵活应变的特点，而被满足都城及其周边地区物资需求的大规模生产中心采用，因为这种模式能根据不同类型产品的需求、生产数量的变化以及工艺调整的要求，作出相应调整。当多个生产单元同时进行铸造及其他工序时，其废弃物遗存自然遍布整个发掘区域。不容忽视的是，战国时期发生了一系列翻天覆地的社会政治变革，包括中央集权体制的日臻完善、军事编制的革新（步兵逐渐取代传统车兵），以及授田政策与新型税制的推行。在这样的历史背景下，逐渐完善的官僚体系很可能已具备必要的技术性基础，能够游刃有余地监督和管理这些协作生产单元，从而满足与日俱增的大规模生产需求。这一管理体制的演进，无疑为后来单元生产模式在青铜器与铁器制造业中的广泛应用奠定了制度基础。

关中地区制铁作坊的劳动组织与性质：微观视角

除前文探讨的生产组织因素外，劳动力构成与分类体系同样是重要的研究方向。汉代之前，金属工匠与其他手工业者大多隶属王室或高级贵族世家。这些有专业技能的工匠往往世代为贵族服务，其社会身份很可能沿袭传统的"百工"世袭制度。直到战国时期，随着私营手工业的兴起，官府征发的服役工匠与刑徒才逐渐成为手工业生产的主力军。就牛村与中行作坊而言，其劳动力主体当属官府严格管控下的"工师"或"工奴"之类的工匠。然而，现存文献关于战国时期工匠日常生活状况的记载极为匮乏。相较而言，汉代传世文献则提供了更为翔实的史料依据，不仅有助于深入解析官营制铁作坊的劳动组织形态，而且能为比较研究关中核心地区与其他重要产区（如古荥镇、瓦房庄、阚家寨BI地点）官营冶铁作坊的运作差异提供了关键线索。有鉴于此，对汉代主要劳动力类型进行系统性考辨实属必要。

根据现有学术研究成果，汉代参与各类生产活动的劳动力可明确划分为四大类别：佣、工、卒、徒。①这四个类别基本涵盖了当时铁器作坊的主要工匠群体。其中，"佣"指的是领取酬劳的自由雇工。汉代，因天灾人祸而流离失所的百姓，往往成为佣，通过受雇于商户来维持生计。当官府征调的"卒"（服役劳工）与"徒"（刑徒劳工）不敷使用时，朝廷也会雇佣"佣"参与官营工程建设。尽管雇佣劳工可能曾在部分铁器作坊中工作，特别是在官府实施铁业专卖政策之前的私营作坊，但《汉书·王贡两龚鲍传》等文献明确记载，铁器制造等手工业生产的主力实为"工"（专业工匠）、"卒"与"徒"（详见第三章论述）。因此，笔者在此将着重探讨这三类劳动力群体。

在汉代劳动力体系中，"工"的社会地位较其他三类群体，实有较大之别。"工"即专业工匠，特指掌握特定工艺技术或专业知识的匠师。虽偶有少量不受官府管辖的民间工匠，短期受雇于官营作坊，但十之八九的能工巧匠皆隶属工官系统，受到严格管辖，他们作为官府的隶属匠师从事专门化生产。那些巧夺天工的漆器与鎏金青铜器等珍品，多出自此类

---

① 李安敦（Anthony J. Barbieri-Low）依据对劳动条件的控制程度，将工匠区分为 7 类：自营工匠、雇工工匠、独立工匠、学徒工匠、征召工匠、刑徒工匠、奴隶工匠。然而，本书采用的 4 种分类足以涵盖铁器生产中涉及的主要劳动类型。（见 Barbieri-Low，2007：212–213）

专业"巧工"之手。就冶铁之事而言,"工"很可能负责技术要求较高的关键工序,诸如精选配比铸范原料,或是制作需经千锤百炼的精品铁器(详见第三章论述)。不仅如此,在冶铁生产的全过程中,"工"还可能承担技术监督的重要职责,指导那些缺乏专业技能的"卒"与"徒"完成鼓橐助燃等高强度体力劳动。

与具备专业技艺的"工"相比,"卒"与"徒"主要从事技术含量较低的体力劳动或微末之技。然而,官府征调这两类劳动力的规模更为庞大。[①]"卒"即官府定期征发的服役劳工。根据汉家徭役制度,所有成年壮丁均承担力役,参与各类官府工程的建设,包括开凿运河、修筑宫室、垦殖官田,或在官营作坊从事基础性劳作。每次服役期通常为1个月,全年累计服役时长则因个人情况而异。若民间匠人拥有特殊技艺,往往也会被征召至官营作坊充任技术性力役,免于像普通"徒"那样从事简单的体力劳动。

根据文献记载与考古发现,"徒"乃指因触犯刑律而被判服强制劳役的罪犯。诸如劫掠斗殴、文书诈伪、毁损官物等常见罪愆,多被处以四年至六年不等之刑徒劳役。这些刑徒构成了官营作坊与大型国家工程中最主要的非技术劳动力来源。这类强制劳动力一般被大批驱策于各项建设工程与手工业生产,尤

---

① 根据《汉书》卷72页3075记载,元帝(公元前48—前33年)年间,每年有超过10万名征役与刑徒从事铸钱、采铜与冶铁工作。因此,当时的御史大夫贡禹批评官营力役制度,称"中农食七人,是七十万人常受其饥也"。

其在冶铁作坊中承担最苦、最累的活计，包括燃料与铁矿石的搬运、鼓风炉的操作维护，以及冶炼废渣的处理等艰苦作业。但纵然是普通征调服役的"卒"，也难免被分派到至秽、至险之处劳动，如矿山开采等。

无论是刑徒还是服役劳工，皆依靠官府配给口粮。按汉制，成年丁男每日可得粟三分之二斗（约合1.33升），而从事重体力劳动者则可获六分之五斗（约合1.66升）。然而，在文献中未见关于肉蔬供给的记载，仅提及冬季会发放一套御寒衣物。由于官府仅提供维持生存的最低标准供给，故刑徒中营养不良者比比皆是。更甚者，那些从事最艰苦劳作的刑徒，常遭监工苛虐。正如笔者在绪论中提及的盐铁会议，即便是支持官营政策一方的御史大夫桑弘羊也承认："而吏或不良，禁令不行，故民（指从事冶铸的刑徒与服役劳工）烦苦之。"在如此残酷的劳作环境与待遇下，前文所述苏令等刑徒选择揭竿而起，逃离冶铁作坊的沉重压迫，实属无奈之举。不过，尽管征调力役同样参与采矿等繁重的金属生产工作，但岁役可能不过月余。主管官吏恐影响这些力役原本的农耕生计，或许不会过度压榨服役者。是故，较诸刑徒，服役劳工的工作环境稍宽松。

在汉代手工业体系中，奴隶，即不得赎免的刑徒劳役者，同样被役使从事生产劳动。这类奴隶主要来源于罪犯的妻孥，其本应连坐受劳役或死刑惩处。尽管某些奴隶可能终身为奴籍，但其社会地位异于刑徒,[①]且并非最受苛待的劳动群体。奴隶多被用作家庭仆役,或从事纺织等规模较小的官营行业。值得注意的是,汉代一些技术娴熟的男奴,甚至被委以制作漆器、青铜器等珍品的重任。那些通冶铁之术者,也可能为铁官所征,充作工师,以指导技术。此外,在官府实施铁业专卖之前,某些私营铁庄园或铸钱作坊为降低成本,宁愿更多地使用奴隶,而舍弃薪酬较高的自由雇工。然而,文献记载表明,相较于大规模使用的刑徒与征召力役,奴在官营铁器生产中的占比显然相形见绌。恶劣的劳作环境虽致死者甚众,但由于汉代律法中有诸多可判罪者服劳役的规定,所以刑徒来源能持续得到补充。值得比较的是,与汉代官营铁坊主要依赖刑徒及征调力役的体制不同,同一时期的罗马帝国,其生产建设则以奴隶劳动力为核心。

鉴于官营冶铁作坊大规模地役使刑徒与征发力役,其生产必然需要建立严密的监管体系,以驱策这些非自愿劳动者,并防范其反抗官吏。然而,现存文献中关于此类管理制度的记载凤毛麟角,反倒是作坊遗址的设施布局,或可提供稽考之证。正如前文中的案例所示,多数冶铁作坊的生产设施均呈现严谨的规划特征,诸如熔炉、陶范烧制窑等关键工序设施,往往

[①] 关于国家支持的产业与工程中的"奴隶"问题,长期以来学界广泛关注。韦慕庭(Wilbur, 1943a, b)早期综合了文献记载中的证据,并得出结论:即便在汉代实行盐铁专卖制度后,政府仍大量使用徭役与囚徒劳工,不仅参与盐铁产业,亦从事陵墓建造等大型工程。

呈直线排列或系统化配置。以嵩山北麓产业群中的古荥镇作坊为例，其遗址清晰地显示两座大型高炉毗邻而建，四周环绕分布着矿石破碎坑、烘范窑及原料处理工房（见图3.2）。此种规整布局在东平陵城与临淄（阚家寨BI区）等制铁作坊遗址中也有体现。东平陵城遗址至少发现两座并置的熔铁炉，暗示可能存在多个工作单元并行作业（见图4.6：a）。这些核心冶铁设施周围分布着储存铁锭的窖穴、陶土采集坑及烘范窑等配套设施，完整地呈现了铁器制造的工艺流程。临淄阚家寨遗址还发掘出一组6座呈线性排列的窑炉（见图4.6：b），从其形制与空间关系推断，这些窑炉很可能承担着铁器脱碳处理与烘范的双重功能，并且其选址紧邻熔炼与精炼作业区，体现了功能分区。

　　这种空间布局特征表明，当时的劳工很可能被划分为若干个平行作业单元，同步进行相同的生产工序，形成一种"水平式"协作模式，与流水线生产中依序进行的"垂直式"协作形成对比。鉴于这些遗址所展现的生产规模极为庞大，将劳工分散为多个生产单元，不仅能显著提升效率，而且是管控非自愿劳动者的有效手段，确保其作业处于严密的监督之下。此类规整有序的空间组织模式，在汉代长安的官营陶器作坊中亦有体现（见第二章）。考古发现显示，用于烧制宫廷建材与陶俑的陶窑多呈行列式布局。尤为关键的是，窑具上带有官署名称与数字编号的铭文，说明这些作坊直属官府管辖，而服役劳工则被编入不同的生产单元，依照编号系统同步作业。相较之下，生产民用陶器的作坊，因受官府直接管控较少，其窑炉布局则

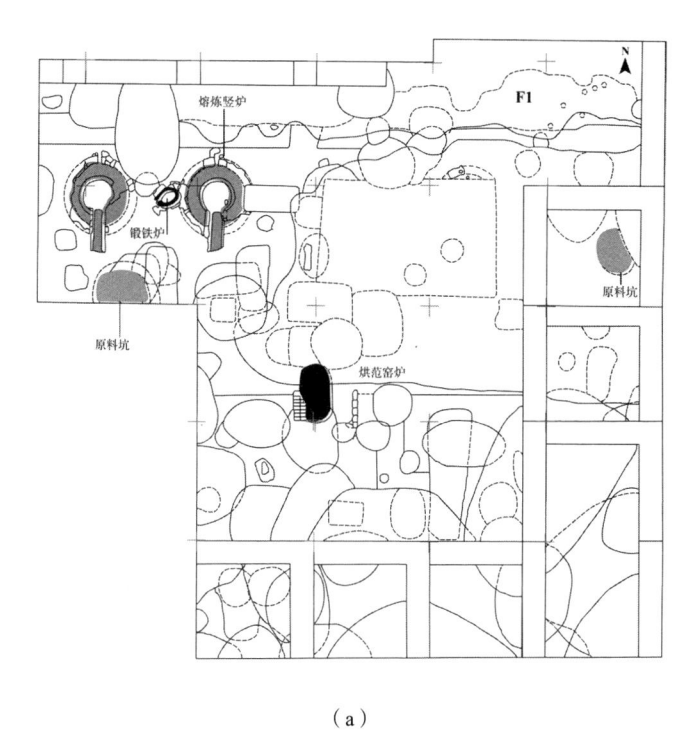

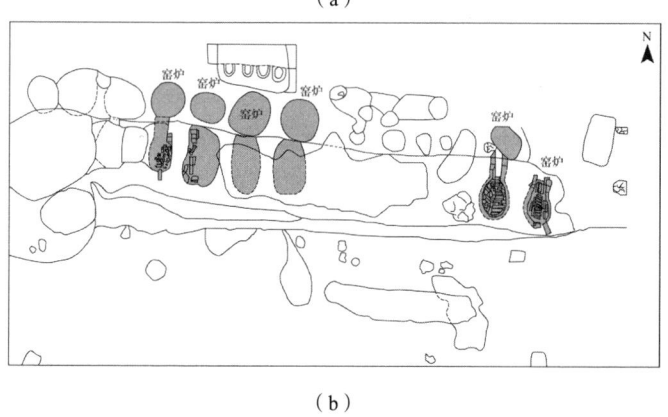

图 4.6 汉代泰山产业群中的大型制铁作坊布局图（a：东平陵，改自山东等 2019 图 3-b。b：临淄阚家寨BⅠ地点，改自中国社会等 2020 图 3-8）。

明显缺乏官营作坊的严整性。因此，这种系统化的空间规划可被视为一种制度性的"治理工具"，使官僚机构能有效地协调劳动力并监管产品品质。此种"水平协作"的生产组织形式，与前述牛村、中行等大型金属作坊的运作模式颇具相通之处。究其根源，或许正是由于汉代官僚体系的发展以及各类生产活动中刑徒劳工数量的急剧增加，使得对生产空间组织标准化的需求更强，所以在考古记录中留下了较为井然有序的空间布局。

与前述各个案例相比，邰城制铁作坊在多方面呈现显著的差异。根据对邰城遗址的调查与发掘，迄今尚未发现任何居住建筑遗迹或窑炉设施。由于发掘区域内与生产活动直接相关的设施遗存付诸阙如，笔者转而通过系统地分析各废弃堆积单位的遗物构成及其空间分布，推测该作坊的内部组织结构。

考古发掘区域内出土了各类金属制作废料，笔者据此推测，该区域应邻近当时的铸造与锻造作业区。如第三章分析所示，铁器生产的各道工序基本在作坊内完成，唯独模范制作可能位于相对独立且稍远的位置。通过分析各遗迹单位出土遗物的分布情况，笔者发现，制作废弃物堆积的分布呈现出明显的不均衡性。虽然炼渣与陶范普遍见于多数遗迹，但H35、H15、H25、H5、H4等5个单位出土的手工业废弃堆积却极为有限。这些区域很可能与工匠的日常生活（如饮食起居）相关，因此几乎不见生产活动遗留物（见图4.7）。相比之下，发掘区北部可能集中了原料筛选、铁器铸造、精炼加工、锻造修整、炉壁修补乃至陶范制作等多项生产活动。不过，目前仅依据废弃堆

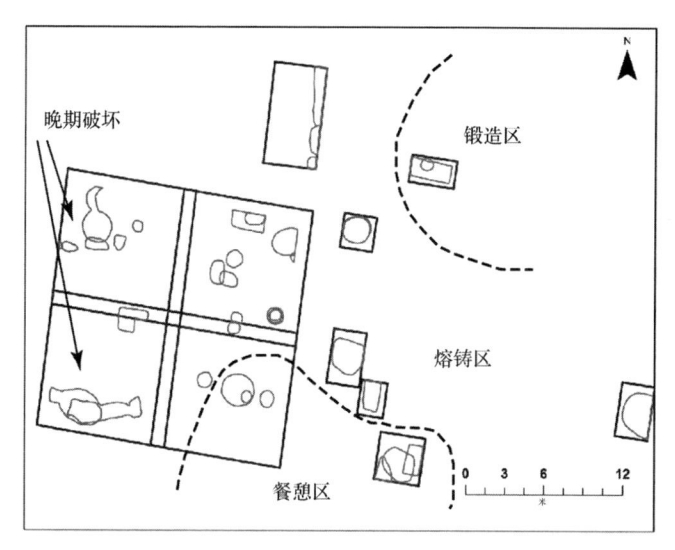

图4.7 邰城制铁作坊内部组织平面图（改自陕西研究院2018a图5）。

积坑出土遗存，尚难以准确判定各道工序的具体作业位置。另一个值得关注的现象是，该遗址的发掘出土物中，尚未发现任何盛食器类陶器（如碗、杯、盘等）。这类生活用具通常是定居聚落的典型遗存，在大型制铁作坊中也颇为常见。此外，邰城作坊范围内未见墓葬遗迹，这进一步佐证此作坊可能是一处实行集中管理的专职作坊，工匠仅在此劳作而不在此居住。

邰城制铁作坊出土的铧与锄范上的合范标记，也为研究当时的工匠组织方式提供了另一个重要线索。在锄范的上缘部位，一般清晰可见两种标记，分别为单划线与三划线（见图4.8：a）。这些标记可能是通过压印或细管挤线的方式制成的。虽然这些标记的主要功能是确保两块陶范在合范时准确对齐，但两种标记在功能上并未表现出明显的差异。[①]这一现象很可能表明，当时至少存在两组有不同习惯的工匠同时参与生产活动。[②]另外，陶范标记的出土分布呈现有趣的现象。在表4.3的统计中，笔者着重分析了出土陶范数量较多的遗迹单位，因为部分遗迹出土陶范数量过少，缺乏统计意义。统计数据显示，H3地点出土的陶范几乎全部带有单划线标记（带有标记的陶范与不带标记的陶范之比为17：1），而H31地点则包含单划线和三划线标记。这种分布特征进一步佐证了不同标记的陶范很可能出自不同工匠小组之手的推测。

（a） （b）

图4.8 铸范上的合范标记照片（a：锄范顶部边缘的两种合范标记。b：铧芯上的两种芯撑。照片由作者拍摄）。

[①] 毫无疑问，这些标记与符号的用途是辅助铸范合范组装，确保两块范能精确对位。然而，根据现代民族志研究（杨瑞栋与李晓岑，2011；杨瑞栋等2010），小规模作坊中熟练的工匠通常不依赖这些标记。因此，这类标记的存在也许暗示了生产活动的规模是相当大的。
[②] 读者需注意，即便这些遗迹属于同一考古层位，但尚难确定这些不同标记或符号是否由工匠在完全相同的时间内制作，也就是说，我们无法确定是否有细微的时代区别。

表 4.3　锄范合范标记数量统计表

合范标记 出土地点	┃┃┃	┃	该单位锄范件数 （最小个体数）
H3	17	1	110
H31	5	7	38

类似的证据亦可见于铧范与芯的合范标记。在部分铧范的上缘部位，可见一些压印而成的标记，其形态变化较之锄范更为丰富（见表4.4）。这些标记与锄范上的标记类似，主要功用是确保两块范与中间的芯在铸造前严丝合缝。此外，在部分铧芯的两侧表面，还发现了一种应属"芯撑"的凸起结构（见图4.8：b）。这些芯撑的作用是确保铸造时芯与范的间距恰到好处，使熔融铸铁能够均匀地填充型腔。郜城作坊共出土 5 种芯撑类型，恰恰说明铧芯制作或组装可能采取了分组作业的方式。遗址内部不同类型芯撑的分布模式亦值得注意。H3 地点主要出土了菱形（N=8）、三角形与矩形芯撑（N=13），同时伴出数量相当的三角形芯撑（N=8）。然而，在 H31 地点及其他遗迹（如 H33、H34、H36 地点）内，则是以三角形芯撑为主（见表4.5）。若所有范皆出自一人之手，这些标记未免画蛇添足。鉴于这些芯撑的形态差异似乎并不具备功能性区别，这种特定的分布情况也许印证了当时可能存在多个工匠小组，分别负责制作带有不同标记的芯与范。

表 4.4 铧范合范标记数量统计表

合范标记								
顶端								
类型	⊥	—	||	|	|_|	-	-	-
发现计数	1	1	10	9	2	-	-	-
底端								
类型	|	—	||	|||	T	///	|\\\|	7|
发现计数	5	3	2	1	1	1	1	1

表 4.5 铧芯上不同类型的芯撑数量表

芯撑类型 出土地点	▲	⬢	■	◆	该单位铧芯件数（最小个体数）
H3	10	14	2	9	43
H31	-	2	-	-	20
H3	3	-	-	2	9
H31	6	-	-	-	18

说明：表格第二、第三行为大型铧芯，第四、第五行为小型铧芯。

在铸造生产过程中，不同生产单位之间可能存在某种默契的协作关系。不妨设想这样一个标准化生产场景：铸造工匠对所有制范单位所制之范来者不拒，不问出处，那么范与芯上的接合标记理应杂乱无章。当范损坏时，若工匠将这些残块随手弃置于铸造区附近的垃圾坑中，标记组合更应毫无规律可言。然而，现有考古资料显示，各垃圾坑内的合范标记分布并不符合这一假设,似有一定的规律性。这一发现暗示了制范与铸造工匠之间很可能存在某种固定搭配。其中一种可能是,铸造工匠被分成若干个固定小组,各小组只从特定制范工匠处获取铸范(见图4.9)。这种协作方式不仅保证了产品质量和生产效率,而且使得铸造工匠在铸造前仔细验范,及时向制范工匠反馈问题。前文分析表明,相较于流水线作业,单元化生产方式更能灵活地应对需求变化,严把质量关。此外,这种分工模式在官营作坊内还具有监督管理的作用。陶范标记的集

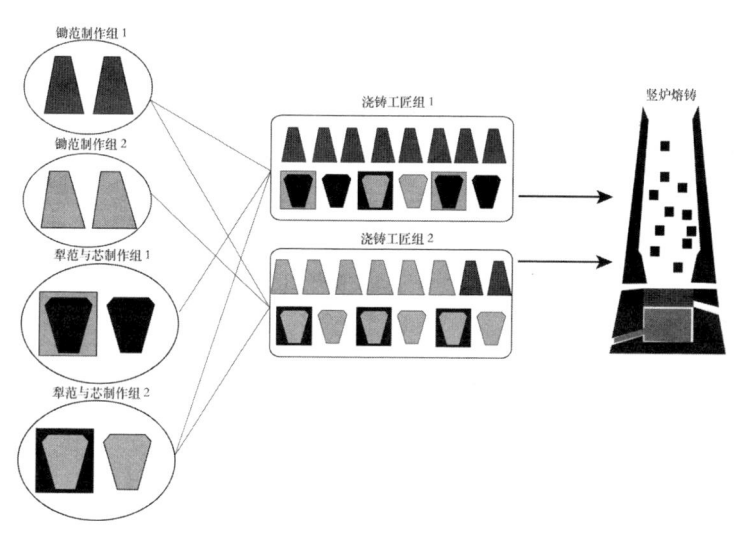

图4.9 邺城作坊中工匠负责不同生产阶段的假设性方案示意图(该方案表明,同一种铸范的生产可能由不同的工匠小组共同完成。类型相同但颜色不同的铸范代表具有不同合范标记的产品。同时,铸范并非随意地交给铸造工匠。每个铸造工匠小组似乎都与特定的铸范制作小组有联系。因此,不同的铸造工匠小组使用的铸范组合可能会有所不同。)。

中分布特征，还引发了一个新的思考：制范工匠是否会亲力亲为，使用自己制作的特定范具（如铧范与锄范）来完成后续的铸造工序？可惜目前尚未发现直接的铸造遗迹，这一推测尚需实证。但毋庸置疑，邰城作坊内陶范标记的多样性明确地反映了劳动分工与单元协作的存在。这一特点与其他大型制铁作坊的单元化生产模式不谋而合。尽管该作坊的生产规模在表面上与家庭作坊相差无几，但陶范标记及其分布模式表明，邰城制铁作坊的运作方式更接近于追求效率的单元化管理模式，而非前文所述当代云南家庭式作坊形态案例。

即便仅凭陶范这一项考古证据，邰城遗址已然揭示了汉代铁器作坊内部劳动分工与工匠协作的重要一面。从遗址内陶范及其他生产废弃物的分布特点来看，汉代都城区中的小型制铁作坊，其生产组织模式更接近于官营大型作坊，而非传统的家庭手工业。已有研究表明，手工业的演变往往与王朝版图扩张和区域网络形成息息相关，这种变化可能体现在技术、组织或作坊规模等不同层面，却未必直接导致手工业专业化的彻底转型。在国家统一管理下，各地铁器生产中心相互衔接，确保都城区获得稳定的铁器供应。鉴于汉代交通运输条件的局限性，维持稳定供应始终是棘手的问题。在此情况下，单元化生产模式或许提供了更大的回旋余地，既能应对其他铁作坊供应的不确定性，又能保证木作坊作为铁器供应网络的重要节点，持续产出农具等必需品。这种生产模式充分体现了国家对生产网络的统筹管理，无论工匠是官奴、刑徒还是雇佣劳工，都需遵循统一的生产调度。换句话说，这种生产的辐辏网络不仅体现在商品的贸易流通上，而且渗透入日常生产活动的各个环节，如作坊内部各生产单元之间的协作机制。正是这种深层次的整合，可能构建起一个由众多不同类型的生产中心组成的庞大供应网络，而小型作坊也可以通过单元化生产模式灵活地应对市场需求，最终确保整个国家范围内的铁器供应稳定有序。

通过本章的探讨可以看出，汉代铁器生产的劳工组织形式，很可能是汉朝国家治理的重要手段之一。国家通过在作坊内部实施精细的分工与严密的监督，既保障了铁器生产的稳定进行，又维持了对劳工群体的有效管控。然而，由于现存文献的匮乏，我们仍难以准确判断官府介入作坊管理的具体方式与深入程度。正如前文所述，就生产密集程度而言，现有的遗址布局研究尚不足以全面揭示作坊内部的生产周期规律。值得思考的是，水平式劳动协作模式的发现，也并不能完全否定郐城作坊作为独立家户生产单位的可能性。鉴于文献记载的局限性，仅凭生产废弃物与最终产品的考古证据，还难以全面还原郐城作坊的劳动力构成及其管理模式。在接下来的章节中，笔者将着重探讨工匠的日常生活状况，特别是他们与当地社区的互动关系，并通过动物骨骼遗存等考古证据，深入分析工匠的食物供应体系，从而在广阔的社会关系网络中考察铁器的生产。

第五章
制铁工匠群体的食物与经济依附性[①]

手工业生产不仅涉及原材料的获得、成品的制作与流通，还依赖于稳定的日用品供应，尤其是在大规模生产的情况下，更需要满足工匠的日常饮食需求。除了消费者，其他辅助铁器生产的居民，包括负责运输原料与流通铁器的人群，也被纳入这一生产体系所塑造的社会关系网络。因此，生计之需的获取与消费方式能够揭示劳动组织及其他社会层面的重要信息。

在前一章中，笔者探讨了邺城与两处金属手工业生产中心（牛村与中行作坊）在劳动力组织上的相似性，并基于遗址内的遗迹分布与铸造工匠在陶范上所作的标记，认为这些作坊内可能存在多个单元间的协作。然而，在第四章提出的分析框架中，针对部分问题的讨论仍未能获得令人完全满意的答案。例如，小型铁器作坊的劳动强度问题——全职与兼职专

[①] 本章采用的"经济依附性"分析框架及相关论述，是在笔者先前发表的研究成果（2019）基础上进行系统性修订与拓展而成。特别说明的是，笔者在本书中不仅重新检视了邺城遗址的动物考古数据，而且整合了最新发表的动物考古学与植物考古学研究成果，从而显著深化和丰富了相关讨论的维度。

业化的程度，在都城区的案例中仍未能完全厘清。此外，还有哪些证据能够揭示生产者与管理者如何通过多元化的经济策略来平衡风险？虽然笔者认为邰城不太可能是一个独立的小型家庭作坊，但像邰城这类小型铁器作坊的食物供应系统是否与规模更大的作坊有所不同？本章将集中探讨肉食的消费信息，如动物骨骼遗存，以进一步揭示工匠与其所处社群之间的社会关系，而这些信息无法仅通过分析生产废弃物获得。

为深入探究古代手工业中的食物消费模式，本章引入"经济依附性"（economic embeddedness）理论。这一概念框架能够有效地整合前文所述的多维度证据链，尤其适用于阐释那些难以通过生产废弃物分布来解释的经济策略与风险管理问题。在具体研究方法上，笔者以作坊遗址与冶铁遗物共土的动物骨骼为切入点，同时整合植物考古数据与历史文献中的食物记载，构建一个多维度的分析体系。借助这一体系，笔者将着重考察生产者与周边社群、顾客（或资助者）之间的关系，以及工匠与其所属社区的社会关系。

必须指出的是，考古记录中的饮食体系研究不仅包含动物遗存，而且应涵盖植物遗存以及与食物加工、消费相关的各类证据。其中，动物遗存研究具有独特的学术价值：它能直接反映肉食类型、肉品来源（自养或购买），以及家畜饲养方式等基本信息。这些面相虽仅构成当时食物体系的一部分，但因相较于植物考古资料，秦汉时期手工业遗址中动物遗存的考古记录更为系统完整，其数据可比性对研究制铁生产组织模式尤为重要。此外，动物骨骼反映的肉品供应与畜养系统，也能提供与植物遗存同等重要的指标，以帮助理解工匠的社会关系以及其投入生产活动的时长。

食物供应系统与经济依附性

在第四章中，笔者深入探讨了将理论框架作为概念工具应用于考古研究时引发的诸多问题。正如第四章结尾部分所述，即使随着新的国家体制的建立，制造技术或作坊集中程度不一定随之发生显著的变化。借鉴卡拉·赛纳珀丽（Carla Sinopoli）对印度南部毗奢耶那伽罗帝国（公元 1336 年—1646 年）纺织业的考古学研究，[1]解决这些问题的有效方法之一，是将研究重点放在产品与原材料在不同经济领域间的流动上，以此作为评估手工业与国家经济关系的替代性指标。从考古学研究的角度来看，追踪成品的流通过程涉及一系列复杂问题，笔者将在第六章专门讨论这些问题。然而，正如赛纳珀丽的研究所指出的，

---

[1] 以南印度毗奢耶那伽罗帝国的工艺产业研究为例，赛纳珀丽提出了一个颇具启发性的学术观察。她指出，传统手工业发展范式认为，生产组织会经历从小型家庭作坊向大规模、精细化分工体系的演进，并且这一过程往往与政治复杂化进程相耦合。然而，南亚个案却呈现出有别于上述范式假设的图景：当地手工业生产既未形成高度集中的行政管理体系，亦未见显著的国家干预痕迹，家庭作坊始终作为核心生产单位占据主导地位。该区域生产规模的扩张并非依赖技术革新或组织结构转型，而是通过单纯增加生产者数量这一发展方式来实现。

将工匠群体生存所依的物资流动纳入考察范围具有重要的学术价值。这一研究视角能够帮助我们更深入地理解，手工业生产活动是如何被嵌入宏观的社会经济、政治体系。通过深入研究食物供应系统，我们能够更全面地把握专业工匠、资助者与顾客之间互动的程度与特征。

为阐明食物供应系统在组织结构中的重要意义，笔者采用"经济依附性"这一分析框架，对动物遗存等考古材料进行系统考察。这一概念具体表现为生产者、消费者及周边社群之间，通过产品交换与必需品流通所形成的经济联系与依赖关系以维持中心的手工业生产。此外，工匠的依附性受多种因素影响，包括肉食等日用品的市场交换、生产中心自给自足的能力，以及与当地社群中其他成员的社会关系。需要特别指出的是，本书中的"经济依附性"概念与卡尔·波兰尼（Karl Polanyi）提出的传统"依附性"[1]理论存在本质区别：后者认为，前资本主义社会的经济活动主要依赖社会关系而非理性计算。但费曼（Feinman）和加拉蒂（Garraty）的研究表明，波兰尼的理论忽视了社会关系在现代经济中的持续影响力。因此，"经济依附性"在此被界定为一个可量化的分析指标，用于测量不同生产单位的经济依附程度，而非基于任何非理性计算的假设。

为了进一步阐明这一概念，笔者将通过一个假设性的对比案例来说明经济依附性的不同类型。假设在某座城镇中，存在

---

[1] 依附性（embeddedness），也译作嵌入性，但为了更好地阐释在此讨论的社会关系，译者选择意思更明确的"依附性"。——译者注

一座与第三章所述瓦房庄遗址规模相当的大型铁器作坊X，同时在附近较小的聚落中还有一个家庭经营的小型铁器作坊Y。Y作坊的规模远小于X，雇用的非亲属工匠数量有限，产品种类较为单一，且仅在一年中的部分时间从事铁器生产，其余时间则依靠农耕或受雇于他人来维持生计。相比之下，X作坊内的工匠和劳动力群体主要由长期聘用的"工"以及大量的"徒"和"卒"组成，他们在生产过程中实行分工协作，甚至可能采用单元化的生产方式。此外，作为官营作坊，X作坊会根据每位工匠的身份、地位，提供相应的食物与衣物配给。

然而，随着时间的流逝，这两处作坊遗址都已湮没在历史长河中。仅凭考古发掘出的生产遗迹和制造废料，特别是在缺乏相关文献佐证的情况下，确实难以准确还原其实际运作模式。但考古学研究仍可通过其他途径来推断这些作坊的组织形式，如分析物资供应与食物来源。通过对日常必需品（尤其是食物）供应系统进行考古学分析，我们不仅能了解工人的身份、饮食结构，还能揭示国家权力、工匠群体与生产单位所在地区社群的互动，以及不同类型经济依附性的具体表现。

在动物考古学中，骨骼遗存特别是与肉食消费直接相关的部分，具有重要的研究价值，其获取方式与消费模式能够为解读工匠群体的社会地位及其所属生产组织的特性提供关键证据。以全职专业工匠为例，由于他们需要将大部分时间投入生产活动，所以其肉食来源主要依赖两种途径：依靠其他社会成员供给与通过市场交换系统获取。根据梅琳达·齐德（Melinda

Zeder)对青铜时代美索不达米亚城市食物供应的研究，通过分析动物种属构成比例、骨骼部位分布特征和屠宰年龄模式这三项关键指标，能够有效地揭示肉品分配机制，进而判断是否存在专门化食物供应系统。基于此，骨骼遗存不仅能够反映食物供应系统的专门化程度，而且能体现工匠群体的专业化水平，从而成为衡量不同层次经济依附关系的重要依据。

运用"经济依附性"这一理论框架，可以更系统地阐释科斯廷分类体系中全职与兼职专业化模式的根本差异。相较于征调力役式或部曲佃客式作坊等全职生产组织，家庭生产单位具有显著的经济特征：其一，其生产活动不完全依赖专业化的供应网络，很可能是自给自足；其二，仅与少量客户进行产品交易，并且在一年中零敲碎打地进行。这种生产模式必然要求家庭作坊采取多管齐下的多元经济策略（如结合农业生产或其他服务）来维持生计。相比之下，全职且非亲属关系的生产组织（如征调力役式/部曲佃客式作坊），无论其所有权归属如何（独立经营或国家控制），都反映出以下特点：其一，由于享有相对稳定的资源供应，无须担忧如何通过经济多元化应对市场波动；其二，全职工匠因无法兼顾农牧业生产，所以其生活资源更多地仰仗周边社群的供给。这一差异凸显了家庭生产单位的关键特征是日常必需品自给自足的能力。这种内在机制不仅保障了基本生存需求，而且成为抵御生产风险的护城河。

在专业化生产体系中，无论是独立性质还是附属性质的全职生产单位（包括雇佣劳工、附属工匠或刑徒劳工），其运作机制往往深度嵌入特定的交换网络，必须依靠资助者或当地其他专业群体来获取原材料与食物供应。与家庭生产单位相比，这类专职工匠的自给自足能力明显薄弱，生产灵活性也相对受限，从而形成了一种特征鲜明的经济依附模式。然而，在实际生产中，每种类型的生产组织往往混合使用多种劳动力。例如，基于亲属关系的家庭生产单位可能雇佣部分临时劳工，负责技术性较低的工序，并在一定程度上依赖市场购买食物。同样，官营制铁作坊可能主要由力役和刑徒劳工组成，但也会雇用少量工匠负责技术性较强的工序。这种混合模式反映了古代手工业组织的复杂性。特别值得注意的是，汉代肉食价格相对昂贵，使得独立家户式生产单位面临严峻的经济压力。若这类生产组织过度依赖外部市场获取肉食供应，其长期稳定运作将难以为继，这迫使它们不得不转向自给自足的生产模式。基于这一经济现实，不同生产中心出土的动物骨骼与植物遗存组成，可能反映各生产单位在食物供应方面的对外依赖程度，以及自给自足能力的高低之别。

为了系统地解析古代铁器生产的组织形态，笔者将生产中心的运作模式归纳为两种典型的经济依附类型（见表5.1，表中列出了三类经济依附类型，笔者在此仅分析其中两类）。第一类可被定义为"简单经济依附型"，根植于地方社群内部，其特点是自给自足且供应渠道多元化。这类模式基本对应科斯廷框架中的"个体"或"社区"专业化类型，其生存之道在于因地制宜：既维持自主的食物供应，又发展出多样化的产品生产。从考古证据来看，此类生产单位的动物骨骼遗存应当呈现以下特征：无过度依赖单一食物源之虞，可能多见家户常见畜禽（如猪、鸡）的骨骼分布。第一类则可被定义为"深度经济依附型"，其典型代表为全职工匠群体（如部曲佃客式作坊或征调力役式作坊）。这类生产组织具有以下特点：产品种类相对单一，高度依赖特定的顾客群体或供应网络。由于集中式作坊内部实行高度专业化分工，工匠群体必须依托专门的食物供应体系，这种体系通常与市场机制深度整合，如此才能有效地招徕顾客前来交易，并且保障食物源源不断的供应。

如上所述，识别深度经济依附型生产组织的一个重要途径，是考察其在城市肉类供应体系中的具体表现。以战国都城制铁作坊为例，其食物供应系统很可能呈现出典型的专业化分工特征：屠宰与肉品分配等与食物供应相关的重要环节多交由专业从业者完成。然而，对于规模较小的聚落或农村地区而言，它们通常较少依赖城市食物供应网络。此外，都城遗址的食物遗存中，推测野生食物资源（狩猎获得的动物和采集的野生植物）所占比例相对较低。这反映了城市居民普遍缺乏自主饲养或打猎的能力（或者说是机会）。都城遗址也可能出现相当比例的非本地食材，这些食材很可能是通过发达的市场流通体系进入城市消费领域。

除了动物种类，骨骼部位的分布特征同样能够反映经济依附程度的差异。赖茨（Reitz）对佐治亚州与南卡罗来纳州的16处殖民与后殖民时期遗址的动物考古研究表明，乡村遗址的骨骼组合往往比城市遗址呈现出更丰富的多样性。造成这一差异

表 5.1　经济依附性类型及其对应的作坊组织类型表

作坊类型	多类型手工业生产证据	生计模式	动物遗存的考古证据	经济依附性类型
个人/社区作坊，或独立家庭生产（独立家庭层级生产并涉及非亲属成员的兼职劳动）	可能涉及多类型手工业或具有季节性轮替，不同类型的手工业可能不共享相似的资源（如农业或纺织）。	主要依赖自给自足机制	与畜牧活动相关	简单依附性
征调力役制/刑徒劳动作坊（附属生产涉及非亲属的兼职劳动）	多类型手工业的证据罕见，或仅反映燃料或原材料的共享。	与自给自足机制相关的证据极为罕见。	由于工匠社会地位低，所以动物遗存数量极少。	中等依附性
部曲佃客作坊/集中作坊（全职非亲属专业化生产，不确定国家是否参与）	多类型手工业的证据极为罕见，或仅反映燃料或原材料的共享。	与自给自足机制相关的证据罕见	动物分类、骨骼部位组成与年龄结构可能反映肉类消费高度依赖外部供应。	深度依附性

说明：在科斯廷的框架中，附属生产涉及非亲属的兼职劳动被归类为"征调力役制"。然而，在汉代背景下，力役与刑徒劳动通常同时出现，特别是大型工程中的低技术要求的劳动。不过，刑徒通常比普通徭役劳动持续时间更长，而且这类劳丁普遍地位低下，获得的国家供给极为有限。尽管如此，笔者仍将刑徒劳动纳入此类别。

的原因是不同的肉类供应机制：在市场体系完善的城邑中，肉类通常由专业屠夫处理后再由商贩分销。由于城市聚居区内严禁大规模屠宰大型牲畜，此类活动多集中在城郊的专业屠宰场进行，城市遗址中极少发现屠宰废弃物及低经济价值的动物部位。因此，城市居民的肉食消费往往集中于特定优质部位，而非整只动物。

动物屠宰年龄模式作为重要的考古学指标，能够有效地揭示食物供应系统的演变。通过系统分析长骨骨骼愈合程度与牙齿萌出/磨损状况，考古学家可以精确地判断动物被屠宰时的生理年龄。鲍恩（Bowen）在对殖民时期新英格兰市场经济的开创性研究中发现，牛肉消费市场的扩张与羊毛贸易的兴盛直接推动了畜牧业生产的专业化与商业化转型。在考古记录中，这一经济转型则表现为牛群多在肉产量最高的壮年期被集中屠宰，而绵羊和山羊则因其毛用价值往往被饲养至老年才被屠宰。基于这一研究范式，可以预期：城市遗址与农村遗址在动物遗存特征上应存在系统性差异。具体而言，前者在种属构成、骨骼部位分布情况、屠宰年龄模式方面，显示出明显的专业化市场供应体系倾向，后者则更多地保持自给自足的地方性食物获取方式。

当然，经济依附模式与手工业专业化类型之间并非简单的一一对应关系。以征调力役/刑徒作坊为例，其组织形式属于专业化生产，而根据汉代文献记载，这类作坊的劳工往往能获得官府提供的基本粮食配给。由于这些工匠直接为官府服务，而非参与当地市场交易，所以其经济依附程度实际上介于独立家庭作坊与典型的集中/部曲佃客式作坊之间（见表5.1）。此外，在应用经济依附性概念时，某些概念类型（如"百工个体""散征徭役""分散作坊"）具有的经济依附特征往往难以明确区分。这就需要研究者结合多方面的考古证据进行综合判断，如官方管理的直接痕迹、生产单位与当地居民区的空间关系，以及工匠身份与社会阶层指标等。然而，因为远离主要的政治中心，所以独立家户生产单位的动物遗存所反映的消费模式，往往与城市遗址存在显著差异。通过系统分析这些差异，研究者可以评估不同铁器工匠群体的经济依附程度，并深入理解这些生产组织与更广阔的社会网络之间的复杂互动关系。

在探讨动物骨骼遗存所反映的食物供应依赖程度时，笔者假设，全年从事专业化生产的全职工匠群体，其肉食供应必须依赖官府配给制度或邻近社区的强力支持（如通过肉类市场交易）。因此，部曲佃客作坊或集中作坊的骨骼组合应与独立家庭作坊有所不同。相比之下，独立家庭作坊的动物遗存则更多地反映了自给自足的经济策略，如在作坊附近饲养牲畜。同时，若有已公布的作坊植物遗存资料，笔者亦将其纳入考察范围。既有的研究指出，遗址中的碳化谷物通常源于烹饪或谷物加工活动。通过系统分析食物资源的获取渠道、交换网络与处理方式，本章的目的是分析铁器工匠对其他群体的依附程度或社会关系，以获取食物与其他日常必需品的供应。

除了对专业食物供应系统的依赖，考古遗址中的肉食消费记录往往受到其他因素的综合影响。例如，肉类选择亦受到社会文化因素的影响，包括遗址功能差异、文化偏好、市场肉类的可获得性与废弃物处理习惯等。此外，部分研究指出，不同部位的肉类消费模式往往能够反映深刻的社会阶层差异，而城乡之间的饮食结构也存在系统性的差异特征。[①]为了全面地阐明食物供应系统涉及的诸多因素，笔者将采取比较研究的方法，重点考察关中地区的典型案例——邰城制铁作坊，并将其与郑韩故城中行制铁作坊、临淄阚家寨作坊群等对比组进行系统比较，以进一步探讨生产组织类型与经济依附模式之间存在的内在关联性。

汉代的丰富文献记载以及食物相关研究，为理解战国至汉代的食物供应体系与社会关系提供了重要的背景与研究基础。既有研究表明，汉代平民的肉食结构中，以价格相对低廉的鸡肉为主要肉食来源，这一现象与当时居高不下的肉类价格和劳动者微薄的收入水平直接相关。根据河西走廊出土简牍所载的汉代家畜交易价格，整只猪与羊/山羊等常见家畜的市场价为200钱~1000钱，而肉类零售价通常为每斤（相当于244克）2.5钱~7钱（见表5.2）。在畜牧业发展相对滞后的地区，肉价往往更为高昂。值得注意的是，汉代肉类的相对高价与普通民众的微薄收入形成了鲜明的对比，这一点可在《汉书·食货志》中得到印证：

---

① 必须指出的是，现有研究已对这一简单化假设提出了重要的质疑：不能假设社会或经济地位较低的遗址居民必然消费较少的肉类，也不能仅凭遗址中低价部位骨骼碎片比例较高，就断定该居民群体社会地位低下或肉类消费水平较低（Crader 1989; Henn 1985; Lyman 1987; Schmitt & Zeier 1993）。

今一夫挟五口，治田百亩，岁收亩一石半，为粟百五十石，除十一之税十五石，余百三十五石。食，人月一石半，五人终岁为粟九十石，余有四十五石。石三十，为钱千三百五十，除社闾尝新、春秋之祠，用钱三百，余千五十。衣，人率用钱三百，五人终岁用千五百，不足四百五十。不幸疾病死丧之费，及上赋敛，又未与此。

表5.2 文献记载的家畜价格统计表　　　　单位：钱

家畜类型	整只价格（出自宋杰 1994）	整只价格（出自刘增贵 1999）
马	5454	-
牛	1200/1818/3750	2500/3000
羊/山羊	150/177/500	250
猪	300/900	-
狗	100/121	-
鸡	23/70	36
兔	29	-
鱼	-	3.33

说明：出土文献中通常对每类家畜列出多个价格，可能与市场价格波动有关。

需要考量的是，这段记载反映的是战国时期（约公元前400年）的收入水平，将其推论至汉代时自然要格外谨慎。尽管汉代农业技术有所进步，当时每亩农田的产量可能已超过1.5

石。① 然而，由于汉代赋税负担沉重，普通五口之家的实际收入水平不太可能出现显著提升。根据《汉书·食货志》的记载，只有在没有天灾战乱的太平年间，黎民百姓才可能获得相对充足的衣食供应。就雇佣劳动者而言，秦至西汉初期的日薪约为 8 钱～12 钱，这一收入水平与当时肉食价格相比显得较低。② 以汉朝西北居延地区为例，当时肉价通常为每斤 2.5 钱～9 钱。鉴于牛肉、猪肉与羊肉等肉类在汉代均属奢侈食品（见表 5.2），普通民众（包括雇佣劳工、农民与小商贩）的日常饮食中可能鲜少出现这些肉类，只能偶尔屠宰自养的鸡、猪等家禽、家畜来改善伙食。这一经济现实在《汉书》中得到了生动的体现，

---

① 关于秦汉时期的粮食计量问题，吴朝阳与晋文基于《岳麓秦简》所载谷物容重数据进行推算，得出 1 毫升带壳小米约重 0.6355 克，去壳小米则为 0.75 克。在土地面积计量方面，《汉书》所载的"亩"应指"小亩"（每边约 100 步），而非商鞅变法后秦国及汉代通行的"大亩"（每边约 240 步）。若将文献记载的小亩产量换算为大亩标准，则每亩谷物产量约为 36 斗（折合 3.6 石）[吴朝阳 & 晋文，2013；但需注意晋文（2021：407）的后续研究对此前的产量估算提出了修正]。最新考古发现为此问题提供了更多的实物材料。走马楼西汉简《都乡七年垦田租簿》（马代忠，2013）显示，汉武帝初年，长沙地区平均亩产约为 3.98 石。陈星宇（2020）则综合简牍和传世文献推测，中原等农业发达地区的平均亩产可达 4 石。需要特别说明的是，汉代农业产量存在显著的地域差异。例如，山东土山屯出土的《堂邑元寿二年要具簿》记载，公元前 1 年，南京周边地区的亩产仅维持在 2.1～2.58 石，这反映出不同地区的农业生产条件与技术水平存在明显差距。

② 根据《张家山汉简·算数书》的明确记载，西汉时期 1 斗粟米的标准价格约为 1.5 钱。然而，西北地区出土的《居延汉简》则显示，当地 1 斗粮食的价格通常在 3 钱至 34 钱间波动。根据营养需求推算，每位成年男性每日至少需要消耗三分之二斗（约合 1.33 升）的粟或其他谷物才能维持基本生存。在此背景下，与主食谷物相比，即便是少量的肉食在汉代也属于相对奢侈的食品。

"守闾阎者食粱肉"往往被视作"国家亡事"的重要标志,并充分展现了文帝、景帝至武帝初年社会稳定、"都鄙廪庾尽满"的时代特征。

从考古学的视角来看,汉代独立家户生产单位的遗址应当呈现出一套独特的饮食消费特征体系。这类生产组织主要依靠自给自足的食物获取方式,而非通过市场渠道购买肉类。基于这一特征,其遗址出土的动物遗存可以预期呈现以下典型组合:以鸡骨为主要构成,同时伴有相当比例的家养猪骨,因这类中小型家畜特别适合在家庭院落中饲养。相较而言,集中式的徭役/刑徒作坊则可能展现出迥然不同的食物消费模式。由于这类作坊中的劳动者处于社会底层,仅能获得基本的生存口粮配给,所以其肉食消费水平理应显著偏低,即便这些作坊与周边社区保持着某种程度的经济联系。若该类作坊遗址中保留有垃圾堆积遗迹,其中的动物骨骼遗存预计相对稀少,且不太可能见到牛等经济价值较高的牲畜遗存。

相对而言,由专业工匠构成的部曲佃客作坊以及以雇佣劳工为主的集中式作坊,其经济依附特征应当更为显著。这类生产组织中的劳动者主要依靠专业化的食物供应体系,因此其遗址出土的骨骼组合中,禽类以外的畜骨比例预期会提高。然而,由于作坊内的劳动者均为全职匠人,遗址中可能缺乏与食物加工直接相关的遗迹(如烹饪灶址等生活设施)。在接下来的案例研究部分,笔者将通过分析战国至汉代关中地区的具体遗址,探讨这一框架如何有助于理解关中地区小型铁器生产单位的运作机制。

战国都城区的深度经济依附性

为深入探究汉代铁器作坊的食物消费模式背后的社会关系脉络，笔者在此首先考察战国时期中行制铁作坊的动物遗存情况。该遗址出土的动物骨骼数据，为理解古代集中式生产作坊的食物供应体系提供了关键例证。诚然，若能直接获取关中盆地同类遗址的对比数据当属最佳，然稽考现存考古资料，战国至汉代兼具完整动物遗存记录与明确手工业性质者，唯中行遗址一处而已，这使得中行遗址成为研究汉代铁器生产社会关系不可或缺的参照坐标。中行遗址的动物考古研究成果已详载于正式发掘报告，并收录于相关线上数据库。更值得关注的是，该遗址作为集中式作坊的典型是确凿无疑的。中行遗址毗邻宫阙与高等级建筑群，其周边空间格局体现了官府管理特征，表明该作坊必定处于国家严格管控之下，隶属特定的官营供应体系。虽然中行并非位于秦汉时期的都城区，但其物候条件与关中盆地类似。因此，在与邺城遗址的比较研究中，二者所呈现的差异更可能折射都市化水平与作坊管理体制的殊异，而非自然地理环境使然。凡此种种，中行遗址可以说是探讨汉代制铁作坊专业化程度与社会关系的理想对比案例。

在系统分析中行遗址动物遗存之前，有必要追溯先秦早期，特别是西周时期关中地区的肉食消费传统，这也为理解社会组织形态的历时演变提供了参考。其中，位于周原遗址群的齐家玉石玦作坊的考古发现尤为关键，该作坊为西周时期重要的手工业中心，其动物遗存组合呈现出鲜明的时代特征：牛骨占比最高，占可鉴定标本数（NISP）的37%，绵羊/山羊（22%）与猪（20%）次之，三者合计约占八成；①而鹿、兔与鸡等小型动物占比相对较低。这一分布模式清晰地表明，至迟至商周之际，都城区的手工业中心已建立起主要依赖牛、羊、猪的肉食供应体系。

相比之下，中行遗址的动物遗存与西周齐家玉石耳饰作坊的模式有显著的相似性。其动物骨骼组合主要为牛、猪、绵羊/山羊、狗与马（见表5.3）。其中，牛骨的比例最高，为28.5%，其次为猪（20.1%），表明这两类动物构成了主要的肉食来源。此外，马与鹿分别占可鉴定标本数的5.9%、4.6%，比例高于绵羊/山羊（4%）与狗（3.8%）。与西周齐家作坊相比，中行遗址的绵羊/山羊的比例相对较低，这一变化很可能与战国时期畜牧模式的转型有关。值得注意的是，遗址中仅发现两件鸟类骨骼标本，表面上看鸟类比例偏低，但这一现象可能受到了考古发掘方法和后期整理方式的影响。

---

① 商周时期，牛在祭祀仪式中可能扮演最重要的角色（Yuan & Flad, 2005）。尤其是在周代的礼制系统中，牛肉被广泛用于"士"以上阶层的婚礼、外交朝聘与丧葬仪式。动物遗存中牛骨的高比例不一定说明工匠享有较高的社会地位，可能只是商周时期主要城市的牛供应充足，使得工匠亦可取得牛肉。

表5.3 中行遗址与邰城遗址的代表性动物骨骼对比表

种属	动物常用名称	中行遗址 计数（件）	中行遗址 占比（%）	邰城遗址 计数（件）	邰城遗址 占比（%）
家牛	牛	562	28.5	97	18.8
家猪	猪	398	20.1	49	9.5
家绵羊/家山羊	绵羊/山羊	78	4	37	7.1
犬属	狗	75	3.8	73	14.2
家马	马	117	5.9	19	3.7
鹿属	鹿	90	4.6	3	0.6
啮齿目	啮齿类动物	-	-	14	2.7
未识别鱼类	鱼	-	-	3	0.6
家鸡	鸡	-	-	3	0.6
鸭属	鸭	-	-	1	0.2
未识别鸟类	鸟	7	0.4	7	1.4
大型哺乳动物	-	324	16.4	59	11.5
哺乳动物	-	323	16.3	150	29.1
总计	-	1974	100	515	100

数据来源：罗运兵等（2006），陕西研究院（2018a：表13）。
说明：啮齿类动物的出土可能为侵扰。

尽管绵羊与山羊在战国时期的肉类供应体系中地位不显，但中行遗址整体消费模式与周代作坊仍保持高度一致性，均体现出以牛、猪为主的城市肉食供应特征。这一观察得到了同期其他遗址数据的佐证。以临淄阚家寨遗址为例，战国时期最主要的肉食来源为猪（169件）、牛（115件）与狗（108件），分别占可鉴定标本数的35%、28%与22%。同时发现少量马、羊与鹿的骨骼。除了齐国特有的食狗习俗，中行与临淄其实呈现出惊人的肉食结构的相似性。尽管临淄地处东方，其与中行及关中盆地相距甚远，但两地皆反映了战国城市化进程中形成的特有的肉食供应模式——以牛肉为主要的肉源，这种趋势很可能与当时发达的交通网络密切相关。通过陆路或水路运输系统，周边农牧区的牛肉源源不断地输入城市消费市场。

对中行遗址骨骼部位分布的分析，为理解其肉类供应模式与经济依附性提供了重要线索。为系统地呈现该遗址的肉品获取特征，笔者采用"发现率"①这一指标，对牛、猪、狗三种主要家畜不同骨骼部位的出现比例进行量化分析。在图5.1中（图5.2标出了发现率最高的两类骨骼部位），牛骨发现率折线显示肱骨最高，其次为肉量较丰富的肩胛骨与跟骨，颅骨

---

① "发现率"是动物考古学的一个重要量化指标，其具体定义为：某遗址中特定动物物种的各类骨骼实际出土数量与该物种基于最小个体数（MNI）推算的理论骨骼总数之间的比值。当发现率达到100%时，表明该类型骨骼的出土数量已接近其理论最大预期值。在动物考古学中，这一指标能够有效地识别遗址中哪些动物骨骼部位具有系统性富集特征。此外，通过分析不同骨骼部位的发现率之间的显著差异，可以推断古代可能存在专门化肉食供应体系。

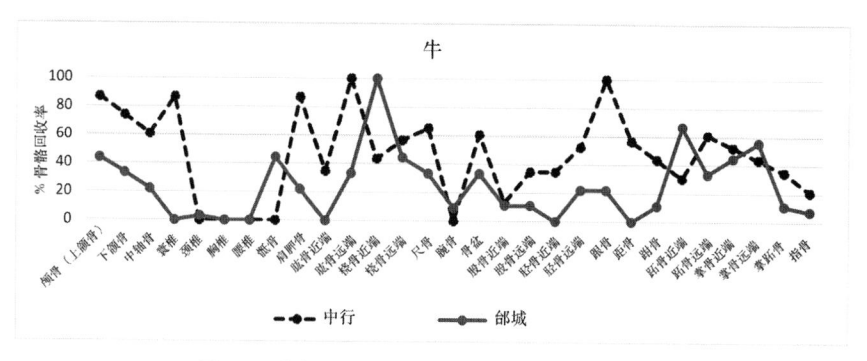

图 5.1　中行、邙城遗址牛骨遗存的发现率折线图。

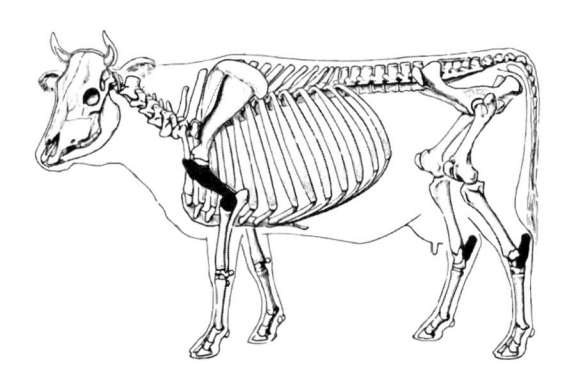

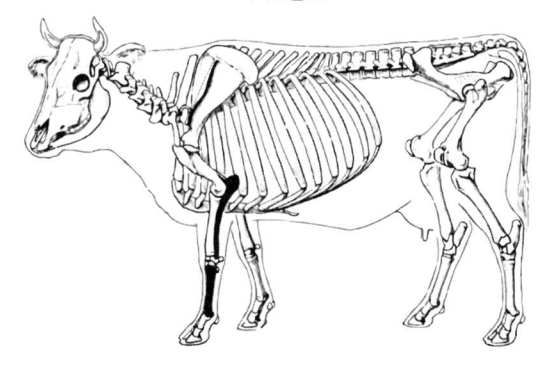

图 5.2　中行、邙城遗址发现率最高的两种牛骨骼位置示意图。

比例也较高。相比之下，四肢远端骨骼（如距骨）的占比明显偏低。此外，距骨与指骨等远端肢骨的发现率也相对较低，反映了遗址中出现的牛骨并非完整畜体，而是经过选择性处理的特定部位。

猪骨的出土情况（见图 5.3，图 5.4 标出了发现率最高的两个部位）与牛骨类似：头骨与下颌骨较为常见，并构成遗存的主要部分。虽然部分肉量丰富的部位（如肱骨与股骨）在遗址中的发现率约为 20%，但四肢骨（尤其是肉量较多的近端部位）整体比例明显偏低，远端四肢骨（如距骨与指骨）的出现频率也相对较低。这些数据共同表明，遗址中的被屠宰动物并非完整个体，似乎多为被运送至作坊区域的特定屠宰部位。

对动物的屠宰年龄进行估算，可以更进一步揭示当地家畜的利用策略与肉品生产体系。在图 5.5 中，笔者采用骨骼愈合数据与牙齿磨耗程度，对中行遗址出土的牛、猪骨骼进行了"存活率"分析。这一方法通过计算"超过特定年龄而存活的标本比例"，在动物考古研究中应用广泛。虽然中行遗址中的狗骨样本量不足，难以进行可靠的年龄结构分析，但牛与猪的屠宰年龄数据仍提供了重要线索。牛骨分析显示，大多数个体在相对高龄时被屠宰。根据四肢骨骨骼愈合数据，E 年龄组（43～48 个月）存活率近 80%。这意味着约 80% 的牛存活至 43～48 个月（约 4 岁）才被屠宰。由于牛的年龄偏大，所以其主要用途并非肉品生产。它们很可能被作为役畜（耕地或运输）长期饲养，屠宰多发生在牛失去劳动能力或自然死亡后，这些牛肉随后进入市场流

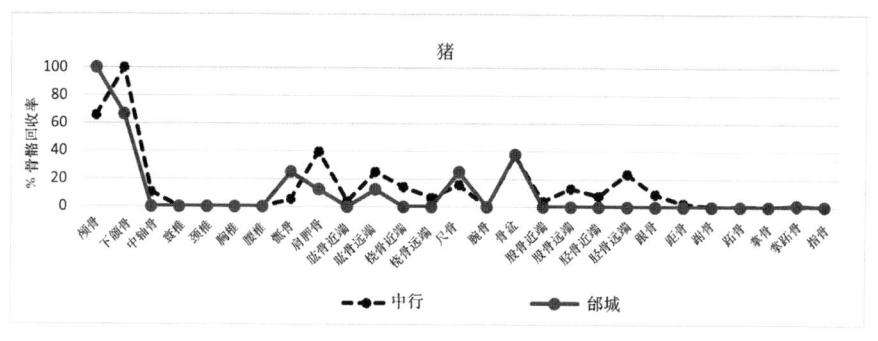

图 5.3 中行、邰城遗址猪骨骼遗存的发现率折线图（本图中上颌骨与下颌骨的发现率最高，为更好地标识肢骨的发现率，在此标出肢骨发现率最高的部位，并标出头骨发现率最高的部位）。

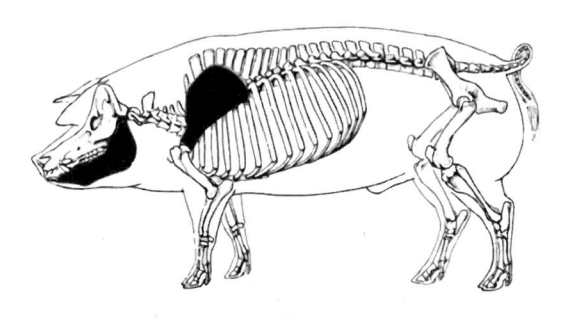

中行遗址

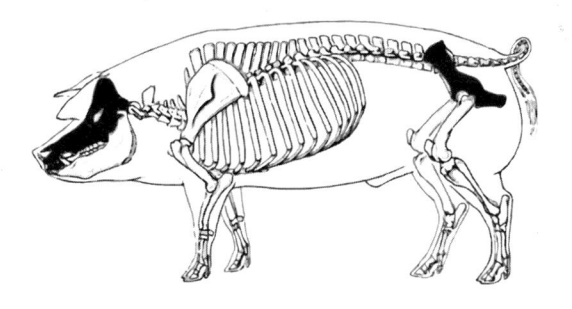

邰城遗址

图 5.4 中行、邰城遗址发现率最高的两种猪骨骼位置示意图（在本图中标出头骨、肢骨发现率最高的部位）。

第五章 制铁工匠群体的食物与经济依附性

通与消费环节。

与牛的屠宰年龄模式形成鲜明对比的是，中行遗址的猪的年龄分布呈现出截然不同的特征，反映了不同的饲养策略。根据牙齿磨耗与萌出程度（见图 5.6），绝大多数的猪在 19～24 个月龄时即被屠宰，未见存活超过 3 岁的个体。然而，牙齿磨耗数据与骨骼愈合数据的对比显示出一定的差异。骨骼愈合数据显示，年龄组 H、I 的存活率分别为 20%、31%（见图 5.5）。尽管从年龄组 F 到年龄组 H 再到年龄组 I，存活率明显下降，但仍显示约 30% 的猪存活超过 48 个月（年龄组 I）才被屠宰。两种方法的区别可能受到了埋藏环境的影响，导致幼年猪骨保存不全，也可能与牙齿磨耗的计算方法有关。由于猪的食物结构或生存环境不同，战国时期的猪牙齿磨耗速率可能慢于现代标准，年龄估算产生误差。一般来说，为最有效地生产肉品，最佳的猪屠宰年龄通常在 1.5～2 年。根据牙齿磨耗数据，中行遗址的猪大多数在此年龄范围内被屠宰，显示猪的饲养模式确实以肉品生产为主要目的。然而，同时存在的较晚屠宰个体，则可能反映了另一种补充性饲养模式——家庭根据日常需要随时屠宰自养猪，以维持劳动者的基本肉食需求。

从中行遗址的社会背景来看，其肉品供应方式与战国时期都城特有的专业化市场体系高度吻合，此般契合实属必然。动物骨骼部位的分布特征与屠宰年龄数据相互印证，反映了作坊工匠必须仰赖市场供应肉品而不事豢养的生活实态。这种供给模式深刻地反映了生产组织与地方经济体系之间的深度依附性。

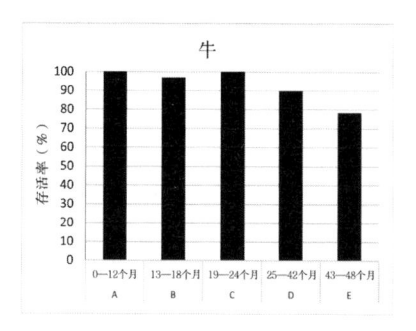

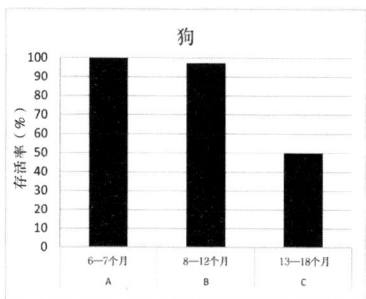

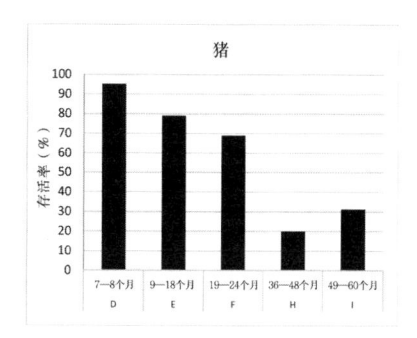

图5.5 根据骨骼愈合情况确定的中行遗址牛、狗和猪的屠宰年龄模式柱状图（牛的年龄阶段及骨骼愈合情况参考了Brunson et al. 2016；Silver 1969。狗的年龄阶段及骨骼愈合情况参考了Silver 1969。每个阶段估算的猪的年龄依据了Grant 1982；Zeder et al. 2015）。

第五章 制铁工匠群体的食物与经济依附性 191

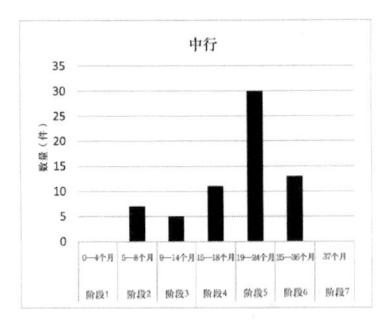

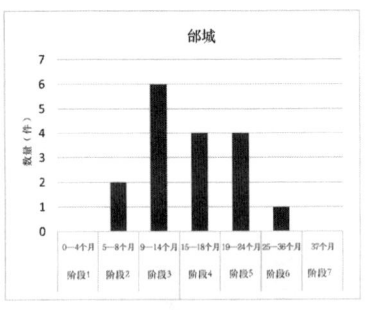

图 5.6 中行、邰城遗址猪齿列和游离齿（下颌骨）的萌出与磨损阶段柱状图（每个阶段的估计年代是基于 Grant 1982，并根据李志鹏 2011 年对殷墟青铜时期猪骨组合的分析进行了调整）。

要补充的是，中行遗址动物遗存同时反映了不同社会地位的工匠群体的饮食情况。那些负责高技术工序的工匠——包括炉壁建造、原料配比、燃料与助熔剂调节、炉温控制以及陶范制作等关键工序，很可能享受着官营作坊提供的肉食供应。相对丰富的饮食供应，既是对技术价值的肯定，又是确保生产稳定、维持铁器持续供应的重要保障。反观那些从事体力劳动（如搬运燃料与矿石、操作鼓风机等）的底层工匠，多为刑徒或征召役工，身处社会底层，其饮食待遇很可能有天壤之别，荤腥罕至，甚或终年不闻。虽然现有动物遗存尚难以全面还原底层工匠的饮食全貌，也无法区分不同级别工匠的肉食供应，但出土资料已勾勒了部分工匠相对优渥的生活图景。换言之，无论是屠宰年龄的分布规律还是骨骼部位的组成特征，中行遗址出土的动物骨骼揭示了手工业生产如何嵌入地方经济网络。

汉代都城区铁器生产的食物供应与经济依附性

中行制铁作坊坐落于规模庞大的都城之内，其社会背景与邰城这类关中地区的小型作坊形成鲜明对比。邰城作坊规模相对有限，坐落于行政等级较低的县治之中。考古发现也揭示了一个耐人寻味的现象：中行作坊区内分布有工匠墓葬，这暗示了部分工匠可能长期居住于作坊周边，以雇佣劳工的身份持续劳作；反观邰城作坊，迄今尚未发现相关墓葬遗迹。尽管这些作坊在规模上存在差异，却都采用相似的铸造工艺，生产产品类型相近的铁器制品。这种生产技术的共通性，为比较不同铁器制作工匠群体的日常生活，尤其是肉类消费记录，提供了可靠的依据。

邰城遗址的动物遗存主要出土于 16 处遗迹单位，集中分布于遗址南部，部分遗迹很可能与作坊废弃的生产废料堆积相关。受限于发掘面积较小及作坊规模有限，可鉴定动物骨骼总数仅 515 件（见表 5.3），远逊于中行遗址的出土数量。从种属组成来看，牛骨与狗骨分别占可鉴定标本数的 18.8% 与 14.2%，显示这两类动物可能是作坊工人的主要肉食来源。这一结果与汉代文献记载的平民家庭以家禽类为主要肉食来源的说法似乎有所出入。

通过对比邰城与中行遗址的动物遗存，可以观察到其他具有重要意义的差异。最为显著的区别体现在肉食结构上：中行作坊的工匠群体明显更依赖猪肉，而邰城遗址则显示出更高比例的狗肉消费。在邰城遗址中，猪肉的消费量相对较低，绵羊与山羊骨骼仅占可鉴定标本数的 7.1%，表明畜牧业在当地的影响进一步下降。值得注意的是，两处遗址都呈现出以牛肉为主要肉食来源的共同特征，猪肉与狗肉则作为重要补充。狗肉消费的较高比例可能并非邰城特有的现象，而是反映了汉代饮食文化的整体变迁。这一观点在山东临淄阚家寨作坊群（汉代）的考古发现中也得到了佐证：该遗址出土数量最多的 3 种动物遗存分别是猪（142 件）、牛（131 件）与狗（106 件），分别占可鉴定标本数 30.9%、28.5% 与 23.1%。[1]这些数据表明，狗肉在汉代可能已成为一种广受欢迎的食材，这一饮食风尚不仅体现在考古材料中，而且与文献记载相呼应——《史记》《汉书》等史料均提及当时市集中已有专门经营狗肉的贩商，足见其消费之盛。

在邰城遗址的考古发现中，除主要家畜外，还出土了马、鸡、鹿与鱼等动物的骨骼遗存。具体而言，鱼类与鹿类骨骼的数量相对有限，各自占比均不足可鉴定标本总数的 1%，表明打猎与渔获所得在当地肉食供应体系中所占比例甚微。尽管采用了浮选法这一精细的考古技术，但所获鸟类和鱼类等小型动物骨骼的数量仍然相当稀少（见表 5.3）。此外，如同许多动物考古学研究的常见情况，无论是通过人工采集还是使用浮选法获得

---

[1] 无法确定物种的骨骼碎片体型分类，但在邰城遗址，这类不明物种的哺乳动物骨骼仅占总遗存的一小部分。

的小型骨骼碎片，大多难以进行精确的种属或解剖学部位判定。综合分析表明，邾城遗址中超过 90% 的可鉴定动物遗存来自主要的家畜，这一比例与西周以降都市聚落的肉食消费模式高度一致，充分印证了以畜养动物为主要肉食消费来源的传统特征。

如前文所述，牛肉（以及一定数量的猪肉）消费已成为专业化肉品供应体系的重要特征，邾城遗址的动物遗存同样印证了这一趋势。需要特别指出的是，在汉代社会经济体系中，牛与马始终被视为最具价值的牲畜资源。然而，邾城遗址出土的牛、马骨骼，并不能简单地被视为这些动物是专为肉食而饲养的证据。《睡虎地秦简·厩苑律》中记载：

> 将牧公马牛，马牛死者，亟谒死所县，县亟诊而入之，其入之其弗亟而令败者，令以其未败直（值）赏（偿）之。其小隶臣疾死者，告其□□之；其非疾死者，以其诊书告官论之。其大厩、中厩、宫厩马牛殹（也），以其筋、革、角及其贾钱效，其人诣其官。其乘服公马牛亡马者而死县，县诊而杂买（卖）其肉，即入其筋、革、角，及素（索）入其贾钱。

换言之，凡属官府所有的牛马死亡后，地方官员必须严格依照律令程序，立即将其尸体各部位（包括肉、皮、角、筋等）变卖处置，所得之钱悉数上缴国库。这表明，邾城遗址中发现的马与牛骨骼，实则官府经济体系运作下的产物。这些牲畜可能并非专门为食用而饲养，而是作为重要的生产资料，死后其尸体又通过官方渠道转售至肉市场，最终成为手工业者的肉食来源。

为深入理解邺城遗址的肉食供应体系，笔者接下来对牛与猪的肉食部位的发现率进行系统的对比。尽管可鉴定样本数量有限，但骨骼部位的分布特征仍呈现出若干值得深入探讨的模式。例如，在牛骨发现率方面（见图5.1），桡骨前端、掌骨前端与跖骨远端的发现率最为突出，占比超过50%。虽然颅骨与下颌骨也有发现，但多数呈现破碎状态，完整标本较为罕见。中轴骨与寰椎这类通常在埋藏环境中较易保存的脊椎骨，[①]在此遗址的出土率却偏低。整体而言，躯干骨与颅骨的发现率相对较低，具体表现：前后肢末端骨骼（如趾骨、腕骨、跗骨）的发现率极低，而其他肉量较少但较为坚厚的肢骨下部（如跖骨与掌骨）则相对多见。这一现象难以单纯地用埋藏环境导致保存状况不佳来解释。另一个显著的模式是，虽然部分肢骨保存较完整，但某些结构坚固且通常能够较好抵御埋藏破坏的骨骼（如肱骨远端与胫骨），在出土骨骼中却未得到充分的体现。这些分布特征很可能反映了市场消费偏好与运输环节的选择性影响，表明作坊工匠并非获取完整动物个体，而是通过市场渠道有选择性地购买特定屠宰部位。

---

① 在邺城遗址中，牛的脊椎与肋骨出现比例较低，这可能与这些部位的碎片难以准确鉴定至物种层级有关。

邰城遗址出土的狗骨数量在可鉴定标本中占比仅次于牛骨（见表5.3）。那么，这些狗只是由工匠自行饲养屠宰，还是通过市场流通获取的屠宰品？与牛骨相似，狗骨某些部位的发现率偏低。从部位组成来看，狗骨中最常见的部位是结构坚固、保存较好的颅骨（根据上颌骨计算）与下颌骨（见图5.7，图5.8标出了发现率最高的两处部位），这一结果可以说是在预料之中。然而，前肢骨骼的发现率明显偏低，肱骨远端与桡骨近端的发现率仅为33%。此外，前后肢末端的小型骨骼以及躯干骨的保存率更是极低。上述现象显示，进入作坊的犬只可能已经过专业屠宰处理，以分割后的肉块形式运送至作坊。根据这些遗存，邰城的工匠并非在作坊内自行饲养和屠宰犬只，而是通过市场或其他外部供应渠道获取经过加工的狗肉产品。

在猪骨遗存的分析中，不同部位的骨骼比例同样呈现出显著的差异（见图5.3、图5.4），这一模式与牛、狗骨遗存的特征相似。猪的躯干骨保存状况明显不如颅骨，四肢骨与躯干骨的整体发现率均相对偏低。在四肢骨中，尺骨近端的发现率虽然最高，但也仅占总遗存的25%。这种分布特征与牛、狗遗存形成鲜明对比，后两者的四肢骨在骨骼组成中占比明显更高。与此同时，邰城遗址猪颅骨的比例甚至较中行遗址更为突出。这种以颅骨占绝对主导的猪骨遗存模式，很可能表明屠宰后的猪仅有部分部位被带入遗址消费，或者某些部位在遗址内的消耗程度存在显著差异。

通过对骨骼部位构成的系统分析，我们可以辨识出不同

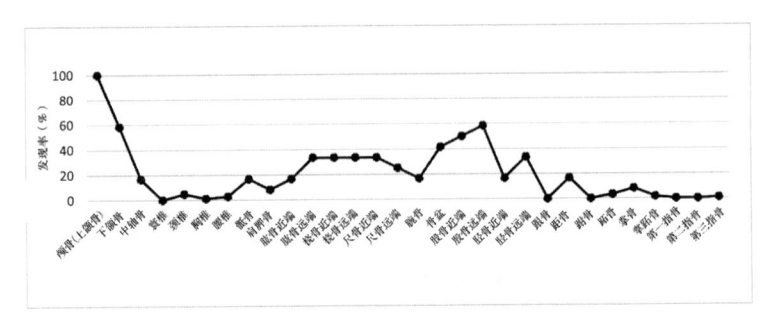

图 5.7 邰城遗址狗骨骼遗存的发现率折线图。

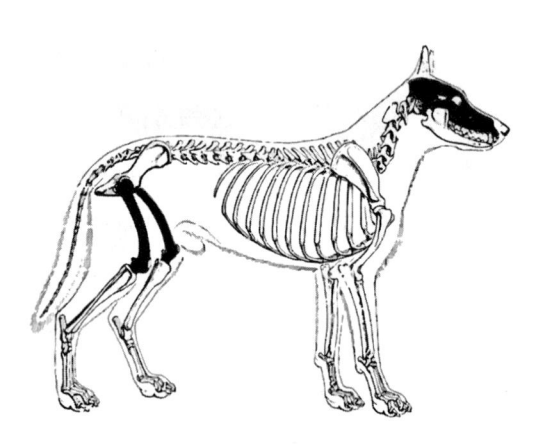

图 5.8 邰城遗址发现率最高的两种狗骨位置示意图。

种类动物在食用部位选择上存在明显差异。对于牛与猪而言，遗存模式的一个显著特征是颅骨及肉量较少的四肢部位相对常见，而富含肉质的部位则明显匮乏。这一分布特征说明，邺城遗址的工匠群体可能较少消费与躯干骨骼相连的腰脊等优质部位的肉。这些高价值部位或在埋藏前已被深度加工利用，或通过贸易渠道流通至其他地区，因而未能留存于该遗址的考古记录中。此外，前肢与后肢远端的小型骨骼在遗存中明显缺失，这类骨骼通常被遗弃在专业屠宰场所周边。这一现象表明，进入该遗址的肉品很可能已经过初步加工，以小型肉块的形式流通至此。这一点成为判断城市肉类供应网络是否存在的重要考古学指标。尽管肉类在工匠饮食结构中占据重要地位，但考古证据显示，他们的肉食选择实际上受到相当程度的限制。

从屠宰年龄分析结果来看，邺城遗址工匠消费的牛肉，主要来源于年迈或已丧失劳动能力的役用牛，这类牛肉肉质较为粗硬，在市场上通常不受青睐。这一消费模式与中行作坊的发现高度吻合。根据四肢长骨[①]骨骼愈合数据及生存率曲线的系统分析结果，邺城遗址的大多数牛在 43~48 月龄才被屠宰（见图 5.9）。尤为值得注意的是，考古发掘中至少发现了 8 例存在明显关节病变的牛骨标本，这些病理特征很可能是长期从事耕作或运输等重体力劳动所致。综合屠宰年龄与骨骼病理学的证

---

① 在动物存活率分析中，较年长的群体存活率理应低于较年轻的群体。例如，若幼年个体群体的屠宰率为 30%，则较年长群体的存活率应低于 30%。

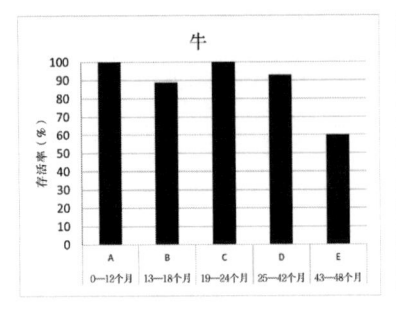

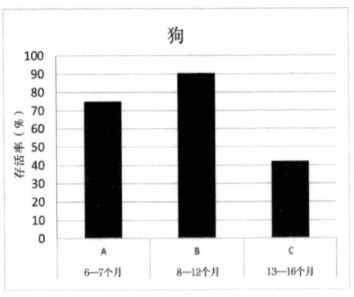

图 5.9 基于骨骼愈合情况得出的邺城遗址牛和狗的屠宰年龄柱状图（牛骨的年龄阶段划分及愈合情况参照 Brunson et al. 2016，狗骨的年龄阶段及愈合情况参照 Silver 1969）。

据链，这些牛很可能主要作为役畜饲养使用，在其劳动能力衰退或自然死亡后，最终进入流通市场，成为邺城工匠群体餐桌上的肉食来源。这些牛中的大多数很可能是出土文献记载的公家牛。

与牛的屠宰年龄模式形成鲜明对比的是，邺城遗址出土的猪与狗骨骼呈现出截然不同的年龄分布特征。由于保存完好的四肢骨骼数量有限，猪的屠宰年龄主要依据牙齿的萌出序列与磨耗程度进行推断。下颌牙齿数据反映的不同萌出阶段与磨耗等级详见图 5.6。分析表明，约 70% 的猪在 12～24 月龄期间被屠宰。根据牙齿萌出阶段的统计结果，屠宰高峰期出现在第三阶段（对应 9～14 月龄），且目前没有任何证据显示存在存活超过 3 年才被屠宰的个体。狗的屠宰年龄数据同样展现出类似的分布规律。图 5.9 显示，较年轻的 A 组（发现率约为 75%）与稍年长的 B 组（发现率约为 90%）之间，出现了存活率异常升高的现象，这是样本量不足导致的统计偏差。但值得关注的是，C组个体的发现率显著下降至约40%，这一数据明确表明，被消费的狗多为幼犬或青年个体（中行遗址亦呈现相似趋势，见图5.5）。这些数据说明，猪与狗很可能是以肉用为目的而专门饲养的经济动物。概言之，这些动物的屠宰年龄模式反映出两种截然不同的生产体系——牛最初是作为役用畜力饲养，在其丧失劳动能力后才转为肉用；而猪与狗则是为了最大化肉品产出效率，在其未成年阶段就被选择性地屠宰。

整体而言，战国与汉代两座制铁作坊的动物屠宰模式显示，其遗存特征清晰地显示出一个专业化肉品供应体系。从屠宰年龄的分布曲线来看，供应中行与邺城遗址的猪多在未达成年时便被屠宰，而流入作坊的肉品似乎仅限于屠宰牲畜的特定部位。同时，工匠食用的牛肉皆源自垂暮之年的老牛——这些牲畜生前或许曾负重致远，在田间地头或运输途中耗尽气力，最终沦为工匠的盘中餐。两处遗址最显著的差异在于，中行遗址的猪的屠宰年龄相对偏大。可以说，这些遗址呈现的屠宰年龄模式与骨骼部位分布均说明，大多数被食用的牲畜，无论是牛、猪，抑或是狗，其屠宰加工皆由专业屠户完成，而不一定是制铁工匠亲力亲为。此外，这些模式进一步暗示，这些动物遗存的特征排除了作坊周边家庭院落自行饲养的可能性。然而，这些肉品究竟是来自喧嚣市集中的商贩，还是来自定期供货的专门商队，抑或是来自官府特设的供应渠道，仍有待更多的考古发现来证实。

动物遗存虽能勾勒出古代生业模式的部分轮廓，但提供的信息终究有限，唯有结合植物考古的证据，方能拼凑出更完整的饮食图景。在邺城遗址的植物考古工作中，一个值得注意的现象是，即便在那些与生产废弃物无明显关联的遗迹单位中，粟与麦等作物的出土数量也寥寥可数。这一发现强烈地暗示了谷物加工与烹饪活动并未在作坊区域内进行。类似的饮食模式在南阳集群的望城岗冶铁作坊的考古报告中得到了印证。在1000平方米的作坊发掘范围内，经过系统发掘仅获得14粒炭化种子——其中粟与麦各为7粒。如此微乎其微的植物遗存发现，几乎可以排除作坊区内存在常规性烹饪或食物准备的可能性。

　　然而，临淄阚家寨遗址群的植物考古发现却与邺城和望城岗遗址形成了鲜明对比。在该遗址的BⅡ、BⅢ地点，考古学家发现了大量可追溯至战国至西汉早期的作物遗存，这些遗存不仅与冶铁废料共存，也出土于制铁操作相关单位的周围。更值得注意的是，在西汉中晚期持续运作的BⅠ区，出土的炭化作物种子数量高达1979粒，包括粟、麦和稻米等多种谷物。尽管需要考虑埋藏条件和发掘方法的潜在影响，但多个汉代冶铁遗址之间存在着如此显著的植物遗存差异，很可能反映了各作坊中确实存在不同的饮食生活模式。邺城与望城岗遗址极度匮乏的植物遗存，暗示作坊区内很可能从未响起过工匠炊事的声音，这些冶铁工匠很可能完全依赖外部专业人员的食物供应与烹制服务。反观临淄作坊区内丰富的炭化作物堆积，则显示了食物制备可能就在作坊附近进行。若此推论成立，那么邺城作坊的运作就必须完全仰仗外部专业体系，即不仅需要他人供应食材，而且依赖专门的烹饪服务。这一现象佐证了笔者的核心观点：邰城遗址应当是一处高度专业化的全职制铁作坊，其生产活动与地方经济网络形成了深度的依附关系。

笔者在本章提出，通过系统研究制铁作坊的饮食模式，能够为解读古代手工业者的社会组织形态及其与地域社群的经济联系提供重要的研究路径。基于第四章的理论框架，笔者着重探讨了一个核心问题：如邰城这类小型冶铁作坊究竟是独立的家庭生产单元，还是具有高度专业化特征的小型集中式作坊？根据科斯廷的理论，生产强度是讨论这一问题的关键因素，而观察肉类供应模式则为此提供了有效路径。若作坊工人自行解决肉食供应，理论上应主要依赖适合在家庭后院饲养的家禽或猪等小型家畜。然而，跨遗址的比较研究得出了令人惊异的发现：纵观战国至汉代各个制铁作坊的肉食来源，无论作坊规模大小，亦不论其地域背景如何，工匠的肉食结构呈现出高度的一致性，皆由牛、猪、狗、马及绵羊/山羊等家畜构成，唯各种属所占比例略有差异。更值得注意的是，牛肉和猪肉多以精细分割的小型肉块输入作坊，且消费数据显示了对特定部位的明显偏好。屠宰年龄分析进一步揭示，无论是为了最大化肉品产出，还是为了发挥其耕作、运输等其他功能，这些牲畜都被饲养至最佳利用年龄后才被屠宰。特别引人深思的是，中行、邰城遗址中家禽遗存的稀少程度，以及邰城工匠对家畜肉源的高度依赖与对野生资源的极少利用的现象，这些发现与传统认知中将此类作坊视为自给自足家庭单元的观点形成了鲜明反差。至少就邺城遗址中较小的家禽与猪的骨骼发现率而言，这种模式更符合专业化生产组织的特征，而非家庭作坊的经济形态。

通过对骨骼部位组成和屠宰年龄数据的比较分析，可以得出一个重要认识，即这两处制铁作坊的肉类供应高度依赖外部专业化的供应体系。这一认识之所以重要，是因为若单纯地分析生产废弃物，这一结论其实无从谈起。具体而言，动物骨骼的出土状况明确显示，在这些作坊内部几乎没有进行过屠宰活动。同时，骨骼部位的特定分布模式也直接表明，肉类是通过外部专业渠道获取的。屠宰年龄的分析数据进一步揭示，大多数牲畜都被精心饲养到最佳利用年龄才被屠宰，以使其经济价值最大化——不论是专门为肉食生产而饲养的牲畜，还是先用于耕作、运输等劳役后再转为肉用的役畜。综合这些证据可以得出明确结论，制铁作坊消费的肉类资源来自专业化的畜牧业和严格管理的肉类生产体系，这些肉品很可能是通过当时已经相当发达的市场流通系统进入作坊的。

邺城制铁作坊在肉类及其他食物资源方面对外部供应系统的高度依赖，结合第四章所揭示的组织结构特征，有力地挑战了以往研究将"小型"制铁作坊简单地等同于家庭生产单位的假设，揭示了都城周边区域铁工业生产体系具有更复杂的组织结构。像邺城这样运作的全职专业化制铁社群，其赖以生存的广泛社会经济环境包含了多个关键要素：原材料的系统采购、为满足特定需求而进行的专业化生产、面向客户需求的产品分销体系，以及稳定的肉类和其他食品供应渠道。上述这些要素必须依托一个高度发达的商品交换与供应网络。对制铁作坊经济依附性程度的深入分析，为理解工匠群体与其所处社会环境之间的互动关系提供了重要视角。虽然中行遗址的动物遗存呈现出典型的城市食物供应链特征不足为奇，但颇具启示意义的是，邰城这个规模至多算中等水平的县级中心，其动物遗存模式却与中行表现出惊人的相似性：无论是牛肉的主导地位、骨骼部位的分布特征，还是主要家畜的屠宰策略，都呈现出高度的一致性。当抽丝剥茧地分析这些证据时，可以清晰地认识到，这些制铁作坊实际上深度地融入了一个高度专业化的食品供应体系，并与更宏观的经济结构形成了有机整合。

从邰城遗址体现的深度经济依附性特征出发，可以更深入地理解其生产管理模式。若将中行遗址视为典型的官府管控、位于都城区的高度专业化制铁作坊，也就是依赖官府供给或通过市场获取肉类的生产单位，那么根据食物供应体系的相似性证据，邰城显然也应被界定为雇佣全职专业工匠的生产单位，不论其性质是独立集中作坊还是附属性质的部曲佃客式作坊。虽然从理论上说，家庭式小型作坊也可能在一定程度上依赖市场化食物供应，但邰城对专业化食物供应体系的高度依赖性，加之完全缺乏自给性食物生产的考古证据，充分说明邰城及都城周边其他类似的制铁作坊，在朝廷实施垄断政策之前，也是基本不可能仅靠兼职工匠在家庭生产单位内运作。

通过对动物遗存进行比较分析，可以得出另一个重要结论。

从战国晚期到汉代，金属生产中心内部的食物供应系统虽未发生剧烈变革，却悄然经历着微妙而持续的演变。考古数据显示，在都城区的制铁作坊中，作为典型狩猎产物的鹿骨出现比例明显减少。特别值得注意的是，邰城遗址显示出明显的部位选择偏好；同时，遗址中完全不见植物遗存，证明作坊内部不存在烹饪活动。这一系列证据指向一个事实，即邰城所体现的经济依附程度较战国时期的同类遗址更为深入。这一发现与第四章提出的"水平协作"生产模式形成呼应，而其食物供应系统特征更进一步表明，这种协作关系根植于一个高度组织化的食物供给网络。虽然都城周边县级制铁作坊的生产规模相对较小，但其展现的专业化程度实则超越了部分早期生产系统。

在当前考古证据尚不充分的情况下，难以准确评估邰城制铁作坊运营中国家管理的程度。中行遗址的动物遗存特征很可能反映了"官廪"制度的存在，这与其作为附属作坊的性质相吻合。考虑到汉代肉类价格相对不菲的历史背景，邰城与中行遗址在动物遗存方面展现的高度相似性暗示着，邰城制铁作坊很可能同样获得了某种形式的"官给"——无论是直接的行政管控还是间接的官俸口粮补助。笔者进一步推测，部分技艺精湛的工匠也可能具有侍从或附属身份，其生活资料部分依赖官养。鉴于中行遗址展现的高度经济依附性与官方供给体系密切相关，邰城很可能在某种程度上被纳入中央行政资源调配网络。然而，这一推论仍需更多考古发现予以证实。

考古记录中鲜少保存铁匠日常生活的直接痕迹。无论邰城冶铁作坊是民间私营还是官营，其展现的双重特质，即全职专业化的单一产品生产模式与高度依赖专业化食品供应系统，为理解汉代铁器生产的兴起提供了全新视角。从这些沉默的废弃堆积中，我们可以窥见一个饶有深意的事实：即便是邰城这般规模有限的生产据点，其存续和运作亦须根植于更宏观的食物供给网络。这不禁引人进一步思考：若肉食流通确由市井商贾经营，那同样的市场脉络，是否也悄然控制着铁器在都城区的流转？那些农具与炊具，又是如何从匠人之手抵达寻常百姓之家的？带着这些追问，笔者将在下一章循着铁器流通的蛛丝马迹，探讨与都城区成品流通及潜在市场体系密切相关的证据，借此理解汉代日渐统一的经济版图。

第六章
市场整合与铁器分配体系

在从微观视角探讨县级中心与汉都长安的铁器生产之后,本章将从更宏观的角度探讨辐辏网络问题,重点关注区域范围内铁器的分配系统。随着官僚制度与铸钱体系的发展,自战国时期起,市场交换逐渐成为经济运作的重要环节。铁器在汉代不仅是日常生活必需品,而且被运输至远离生产地的区域。同时,关中地区与黄河中下游地区的大规模生产中心也存在密切联系。然而,三辅地区的铁器分配与运输系统如何随着时间演变并适应新的市场需求?铁器进入市场流通后,区域范围内的分配与供应系统又如何运作?特别是,进入市场网络的铁制日用品是否更容易被不同阶层的编户齐民所获取?王莽(公元9—23年在位)于公元17年颁布诏令,重申市场交换及国家干预在"平抑"物价以及"通行有无"方面的作用,以证明其新朝经济政策的合理性。《汉书·食货志》记载王莽诏令:

夫盐,食肴之将;酒,百药之长,嘉会之好;铁,田农之本；名山、大泽，饶衍之臧；五均、赊贷，百姓所取平，卬以给澹；铁布、铜冶，通行有无，备民用也。此六者，非编户齐民所能家作，必卬于市，虽贵数倍，不得不买。

市场在专业化工匠生产与物资"通行有无"中扮演了关键角色。这是否得益于运输网络的发展，使得不仅是都城，而且周边的秩级较低之县也能获得充足的物资供应？更重要的是，在秦汉王朝将各地区纳入统一政治实体后，汉朝的物资分配模式与秦代相比，到底发生了哪些变化？

除了大型生产中心的兴起，不同规模的运输网络在商品交换的供应体系中也发挥了重要作用，这也是汉代铁器得以广泛分布的原因之一。正如本书第三章所述，文献记载显示，地方政府负责监管金属商品的运输，任何离开县境的人员都必须在出口关卡接受货物检查与登记。同时，汉代的地方官僚机构也负责管理各地城镇的市集。本章将探讨铁器如何在都城区内的不同层级聚落之间流通，进而揭示与国家权力扩张相关的辐辏网络。

正如本书开篇所述，商品是以大规模方式生产的物品，其生产过程涉及工匠、出资人和管理者之间的特殊关系。商品的流通常常超越了生产者与消费者之间的直接联系，以"集市交换"（marketplace exchange，即市场交易发生的中心或机构）进行，而这一方式也能将不同地域与人群连接在同一经济区域内。市场与各地之间的联系，也能为国家的发展与治理模式提供新见。然而，在考古学研究中，关于"集市交换"的定义与识别仍存在诸多争议。因此，笔者将首先梳理相关理论讨论，以厘清这一术语的内涵。此外，笔者还将探讨与市场交换相关的考古学证据，如铁器的分布模式，从而揭示物品流通的具体情况，并进一步回答关于交换系统的问题。

在本章中，"整合"指的是因商品流通而产生的不同程度的联系。这与本书主题"辐辏网络"有所不同：后者更广泛地关注政治体系与经济交换所塑造的联系，如分布甚广的汉代物质文化以及不同社群共享的概念。相比之下，"整合"则专注于同类商品的分配机制，并试图解释集市交换与国家分配如何影响该机制的运作。由于考古记录中关于普通民居的资料仍然严重匮乏，因此，通过考察不同类型考古背景中铁器的分布情况，或许能提供与铁器生产系统整合相关的直接证据。在现有的考古研究中，汉代墓葬的报告资料相对丰富，因此，对比平民墓葬中铁器与其他物品（如青铜器）的分布模式，可为市场整合程度提供一定的启示。不过，这一分析仍需审慎斟酌，因为墓葬中的随葬品未必能准确地反映日常生活的实际使用情况，甚至可能产生一定程度的误导。

与辐辏网络类似，"整合"也可以从多个角度来定义。本章并不想聚焦跨区域交换，而是试图探讨都城区内部的整合，以此为例，阐释汉王朝如何通过铁工业推动辐辏网络的形成。为了更清晰地描述不同模式，笔者首先提出区域整合的3种类型，并以"中心辐射式整合""行政整合""完全整合"作为分类框架。在建立此框架及相关指标后，笔者将通过统计分析，研究秦汉都城区的中小型墓葬中铁器与青铜器的分布情况，从而判断社会各阶层是否因市场发展而获得了更多的铁制品。通过研究市场整合，并结合前述的制造体系进行对比，笔者认为，铁器不仅是维持社会稳定的必需品，而且是推动国家辐辏网络发展的重要媒介。此外，对市场整合的分析也提供了新的视角，有助于理解行政管理对物质文化传播的影响，并进一步揭示汉王朝在早期市场体系中扮演的角色。

古代中国的区域整合与市场交换概念框架

已有的大量研究论述表明，秦汉时期的市场交换（market exchange）运作模式可能已形成某种形式的经济整合，并在国家财政体系中发挥了重要作用。国家通过专卖政策，严格控制铁与盐这两种重要日用品的生产与销售，以此大幅增加财政收入，用以支持北方与西北边境的军事行动。从战国至汉代，涉及经济的文献，如《管子》《盐铁论》，广泛探讨了市场经济的相关问题，如不同地区获取资源的方式及基于量化计算的经济原则。在考古资料中，货币体系、长距离贸易商品（如漆器与青铜器），以及艺术表现中描绘的集市场景，都被视为市场交换体系运作的直接物证。此外，许多研究也探讨了贸易与区域交换的相关证据。出土文献亦大量记载谷物与纺织品的长距离交易，表明汉代商业活动兴盛，并成为国家经济体系的重要支柱。

然而，古代文献与考古证据大多只能提供关于市场交换机制的概略性描述，而缺乏对其运作机制以及其在国家经济中扮演的角色的细致入微的分析。例如，日用品如何在大大小小的聚落间流通？市场体系在物资分配与经济组织中的具体功能是什么？这些问题仍缺乏实证研究。相比之下，稍晚历史时期的文献较为丰富，可以深入讨论集市位置分布、市场行为如何塑造区域文化传统等问题。秦汉时期的史料屈指可数，因此我们需要依赖考古学的"间接"证据来理解市场交换机制。

长期以来，学术界对市场交换在古代经济活动中的作用进行了深入研究，尤其是围绕现代意义上的市场机制（即主要由供需关系调节的系统）在古代社会中的适用性展开探讨，特别是在缺乏货币的社会中。随着考古学研究的不断推进，越来越多的学者逐渐意识到，市场在古代经济活动中的存在远比以往研究描述得更普遍。与此同时，近期的研究也指出，古代市场通常缺乏某些现代工业社会才具备的基本特征，如市场系统在不同规模聚落中的高度整合、大规模的分工协作、广泛的贸易网络，以及信息的远距离快速传播。在前工业时代，市场交换往往受到各种技术条件的限制，这些限制主要体现在商品运输和信息传递的方式与效率上。

因此，在汉王朝的背景下，若要对市场交换进行有效的考古学研究，便需要探讨过去的交换与运输如何作为一种机制，推动不同程度的经济整合，并影响特定社会群体或政治实体内部的互动模式。与其将古代市场行为视为纯粹的由供需驱动的现象，不如将其理解为一种嵌入政治结构的交易形式，或者将其视为与"再分配"等政治调控下的经济实践并行运作的机制。①因此，与市场交换相关的考古证据可能呈现多种形式。为了更有意义地描述市场在古代社会中扮演的角色，笔者认为，应将市场交换概念化为一种"多层次"的过程。这一观点与历史学家艾伦·鲍曼（Alan Bowman）和安德鲁·威尔逊（Andrew Wilson）讨论古罗马经济时提出的框架不谋而合。考虑到古代社会的交通技术限制，有必要将市场交换所产生的经济整合区分为3个空间层级——次区域（地方性，sub-regional or local）、区域（regional）、跨区域（interegional，即涵盖整个国家），进而分别探讨这些层级，而非将古代市场系统视为单一整体。古代社会日用品的流通，很可能是多种交换机制共同作用的结果，而不仅仅依赖市场交换。因此，通过物质文化研究市场整合的程度，可以帮助我们理解市场如何促进都城、县城与郡治之间的联系，进而为阐明经济结构中的辐辏网络提供一种切实可行的研究路径。

在厘清古代市场交换的基本问题后，笔者将重点探讨汉代中国的区域经济结构，这也是本书的核心问题。在上述3个

---

① 蒂莫西·厄尔（Timothy Earle，2011：238）指出，再分配主要涉及中央机构利用权力调控盈余的流动，如农作物与手工品。关于政治对物品流通的影响，可参见 Bang 2008、Hitchner 2005、Mattingly 2006、Millett 2001 对罗马时期的案例研究。

整合层级中，区域市场或许是最关键的，因为它既促进长距离交换，又为低级别聚落提供生活必需品。然而，过去对它的讨论相对不足。例如，汉式风格的铜镜与漆器的广泛出土，已被视为汉王朝内部跨区域交换体系的证据。同时，根据文献记载，都城与次区域行政中心存在定期集市的运作机制。①然而，针对中等规模（区域层级）的整合，尤其是主要市场如何在特定区域内相互联系，以及国家在运输过程中所起的作用，目前仍缺乏全面性的研究。部分问题在于，目前尚缺乏合适的框架，能够系统地整合各类考古学非文本证据，从而深入地理解市场体系。因此，笔者提出"中心辐射式整合""行政整合""完全整合"等 3 种模式，将秦汉时期区域市场交换的不同形态概念化。

在过去针对日用品交换进行的考古研究中，肯尼斯·赫尔特（Kenneth Hirth）基于中美洲考古学案例提出的"家户分布模式"（Household distribution），是一种具有广泛适用性的分析框架，能够超越特定研究区域，帮助我们理解整体市场交换模式。由于在前古典时期的中美洲，市场体系在文字材料或民族志中缺乏明确记载，所以赫尔特提出了这一方法，旨在通过分析不同社会阶层家户交换商品的频率与异同，揭示市场交换的特征。他指出，市场交换使不同阶层的消费者能够获取相

---

① 传世文献如《三辅黄图》(《三辅黄图校释》卷 2 页 93 "长安九市")记载，西汉首都长安至少设有 9 座市场。关于这些市场的具体位置，参见钱彦惠（2020）。

同类型的商品，这是因为商品的流通主要通过独立的经济渠道实现，而非依赖政治等级制度的干预。因此，在考古学背景下，市场交换通常会呈现出特定的物质文化分布模式，即无论经济地位如何，所有家户遗址出土的器物组合都高度相似。

以往应用"家户分布模式"框架的研究表明，这种方法在小范围空间尺度的市场交换研究（如遗址内部或遗址群）中具有重要价值。然而，在研究区域层级的市场交换（如关中盆地）时，笔者主张应将该框架与另一种公认的方法相结合，即科林·伦福儒（Colin Renfrew）提出的"空间递减模式"（fall-off distribution approach）。伦福儒认为，随着商品越来越远离生产地，其数量呈下降趋势。这种空间分布模式，可能反映不同类型的交换（特别是市场交换）在区域范围内的运作。这两种方法可结合使用，并以聚落（如都城与秩级较低的中心）替代家庭作为分析对象，以确定市场体系对物品流通的影响。确定了生产中心或主要运输中心之后，如果不同等级聚落中某类物品组合的分布模式较为均匀，或者其出现的相对频率未随着距离增加而明显减少〔未出现伦福儒在1977年发表的论文中提到的"持续减少"（monotonic depletion）现象〕，则可能表明市场体系发挥了作用，使商品流通不受距离影响。因此，结合商品的空间递减模式与分布情况进行研究，有望成为探讨区域经济整合的重要途径。

如前所述，市场交换的形式与程度并非固定不变。人类学家卡罗尔·史密斯（Carol Smith）曾指出，所有市场体系大致可区分为两种类型:"正常市场"与"异常市场"。这两类市场在行政干预、运送效率及商品运输方式上表现出显著的差异。其中,"正常市场"是指聚落与市场中心按照"中央市场原则"组织起来的体系。在这类市场体系中,等级较低的市场(低阶市场)通常会与两个或更多的高等级市场(高阶市场)相连,这样既能方便商品流通,又能降低交易成本。相较之下,"异常市场"又称作"中心辐射式体系",其商品流通仅依赖有限的甚至是单一的路径来联结高等级和低等级市场。在这种情况下,距离主要中心较远的市场发展较为缓慢。这主要是出于行政管理的需要,而不是经济上的考虑。高等级市场或行政中心生产的商品,只能通过效率较低的交换网络运送到低等级市场。

我们必须认识到,汉王朝与上述模型所依据的研究案例,在经济与政治环境上存在本质性的差异,这一点在探讨汉代社会的历史现实时需特别谨慎。尽管如此,通过分析商品的空间递减模式及其与聚落层级的关联性,仍然能够为区域整合与国家对市场的控制程度,提供重要的考古学分析视角。尽管考古证据存在诸多限制,但"家户分布模式""空间递减模式""正常/异常市场体系"这三种分析框架仍可结合使用,以探讨汉代商品流通机制,毕竟相关内容在汉代文献中的记载实在太少。

在对市场分布与市场形式进行讨论的基础上,笔者提出至少3种区域市场整合模式:中心辐射式整合、行政整合与完全整合。这些模式反映了市场交换体系在考古学上的分布特征（见表6.1、图6.1）。这3种假设的市场模式可作为基本概念工具，用于描述考古记录反映的各种市场形态。表6.1比较了这些市场模式的特征，而图6.1则展示了每种模式的示意图及其社会关系的变化。作为区域核心，咸阳与长安可能在铁器及其他商品的生产与再分配中扮演了重要角色。笔者将利用这些模式来评估区域及低等级市场的整合程度，并根据各市场与都城的距离及其边缘化程度，探讨市场交换在这些地点的运作方式。

根据上述模型，笔者推测，不同地点的器物组合及随葬品的出现频率，主要取决于该地与市场联系的紧密程度及受行政管控的影响程度（见表6.1）。尽管关中地区是移民迁入地，但总体上当地居民仍遵循相似的文化习俗与丧葬仪式，这一点在大多数墓葬与陶器类型研究中均有所体现。独特的本地传统导致特定金属器型仅在少数地点出现，这一现象出现的可能性较低。

尽管社会地位在一定程度上会影响获取某些物品的机会，进而影响随葬品的组合，并且较常见的农具也较少出现在边缘地区的墓葬中，对都城区不同聚落中的平民墓葬进行大规模样本分析后，所得结论似乎仍有效。笔者认为，不同地点墓葬中随葬品出现频率的差异，至少可归纳为3种理想模式，这些模式可被置于一个连续谱系中：一端是市场高度集中于主要中心，导致商品流通受限；另一端则是市场广泛分布于各级聚落之间，使商品能够较为自由地流通。

表 6.1 市场交易类型与 3 种整合模式对比表

市场交易类型 市场整合模式	都城内部的交易	都城外部的交易	考古记录对遗物组合的预期
中心辐射式整合	都城主导生产与交易	都城内生产的商品主要在当地消费，都城生产的商品无法有效输送至边远的主要或次要中心	都城内的遗物组合与较低阶层中心存在明显的差异，大部分商品集中于都城，都城内发现的物品类型在低阶中心极少出现
行政整合	都城主导生产与交易	都城与主要中心（尤其是较靠近都城的地区）之间的交易日益频繁，商品分布模式未必呈现单调递减	都城与邻近的主要中心的遗物组合较为相近；主要中心的物品交易频率较少出现持续减少的现象；在遗物频率方面，都城与低阶、边缘中心之间仍然存在较大的差异
完全整合	都城未必主导生产与交易，商品在都城外部分配较为平均	都城生产的商品能轻易地传输至主要与次要中心	都城、主要中心与次要中心的遗物组合较为相近，都城或主要中心内某类商品的交易频率未必高于低阶或边缘中心

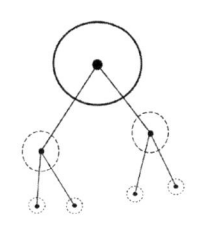

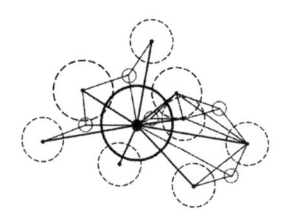

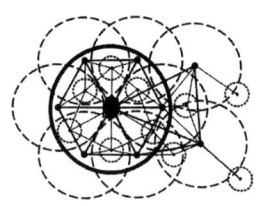

图6.1 三种市场交换模型示意图：中心辐射式整合（左）、行政整合（中）、完全整合（右）[用实线绘制的圆圈表示由资本覆盖的市场区域（圆圈中心最大的实心黑点代表都城），用虚线绘制的圆圈表示除都城之外的行政中心覆盖的市场区域（圆圈中心的黑点代表行政中心），中等大小的圆点代表主要中心（一级），小圆点代表次要中心（二级），实心黑点之间的直线表示中心之间的市场联系]。

第一种模式为中心辐射式整合模式，适用于某个主要行政中心（如都城）掌控区域内大部分日用品生产与分配的情况。在这种模式下，尽管区域内都城的市场可能相当发达，但区域内的市场交换网络却较为薄弱，导致商品从都城输送至低阶市场的效率较低。由于都城的行政机构在某些情况下掌握商品流通，该城可能垄断所有手工业产品的制造，或是负责从外地采购成品。然而，在这种模式下，从生产中心到区域消费者的商品输送效率低下，使得区域内各市场的商品流通受到严重限制。这种模式的结果是，都城与低阶中心的商品组成将出现显著的差异。例如，由于资源集中，都城内的物品数量远高于低阶市场；或者某些商品在都城内可能极为常见，但在低阶中心却稀少。总体而言，低阶中心的物品数量与种类将与都城形成鲜明对比。

第二种为行政整合模式，适用于区域内市集密度较大或市集之间辐辏网络较好的情况。在这种市场体系内，市场网络较为发达，或者行政机构进行干预以加快商品供应，使得距离都城一定距离的主要中心或一级中心的市场体系相对发达。因此，随着距离核心区域越来越远，物品的种类差异和组合构成差异逐渐减弱。这可能是由于区域网络发展更为均衡，或者行政力量仅加速了都城与次级中心之间的物资供应。这种模式的结果是，在获取物资方面，都城与其他主要市场之间的差异不如中心辐射式模式那么明显，但都城与低阶市场之间仍存在显著的差异。这种市场体系有助于形成相对接近的商品组合，尤其是在都城之外的一级市场。①然而，都城内的消费者，无论其社会阶层如何，都更容易获取某些商品，导致主要中心的商品流通频率仍高于次级中心。

第三种为完全整合模式，在此种模式下，低阶中心与都城的联系程度远高于前两种模式。这也是以往考古论著中经常讨论的市场交换典型情况。在这种市场体系内，市场交换机制的影响力足以克服交通与技术上的限制，使商品能够按照

---

① 衡量多样性的指标通常可被归纳为丰富度、均匀度与异质性，过去大多数研究（加拉蒂 2009，Mine 2006）主要关注异质性，并倡导使用 Brainerd-Robinson 系数（BR coefficients）来描述该指标。然而，本书主要比较物品类型数量，以确定各墓葬群是否拥有主要类型的铁器与青铜器。由于墓葬中物品的出现频率受多种因素影响，笔者计算的百分比仅能反映某一墓群的"整体"模式，所以，若直接使用 BR 系数，可能会导致严重偏差。因此，本书更多地使用"丰富度"来评估物品组合的相似程度。

经济或交通原则流通。商品的分配主要依据消费需求，而非社会地位。由于此模式下市场网络高度发达，无论居民居住在区域内的何处，皆可获取相同种类的商品。因此，考古遗迹中的物品组合有较高的同质性。不同层级市场内部类型相同的考古遗存（如家户、墓葬），其出土的物品种类将呈现高度相似性。在大范围区域内，某些商品的数量仍可能因交通成本或信息流通的影响而有所变化，但无论是都城还是主要市场，都不会显示出更高比例或更高出现频率的商品类型。

上文大致阐述了评估市场体系结构变化的模型。以下关于都城区域内铁制品的考察，旨在探讨不同层级聚落与区域核心或都城之间的商品可获取性与消费模式，从而评估社会关系如何通过交易与消费过程得以发展、强化或变化。

正如加里·费曼（Gary Feinman）和其他学者所指出的，在考古学对市场的研究中，后期埋藏过程导致的"等效性"问题值得关注。等效性指的是，不同的考古遗存，虽然其原始条件各异，但经过漫长的埋藏过程，最终呈现出类似的遗物组成。由于墓葬中出土的许多铁器保存状况极差，严重锈蚀，以致其原始形态往往难以辨识，许多遗址报告仅以"铁器"的笼统称呼标示这些文物。因此，发表的铁器遗存数据可能因自然埋藏过程的影响而存在偏差。与之相比，在相同的环境条件下，青铜器的保存状况通常优于铁器。尽管某些青铜器（如兵器与车马部件）与社会等级身份有一定关联，①但其他类型的青铜物品，如铜镜、铜钱、带钩、棺饰、农具与刀具，在战国时期已被大量生产，并且出现在各种社会阶层的墓葬中，说明平民也能获取。因此，笔者的研究重点虽然是铁器，但建议将青铜器一同纳入分析，从而更全面地理解各类物品的分布模式。如果市场系统确实存在，并促进了铁制品或其他日用品的流通，那么与社会地位关联性较低的部分青铜器（如铜镜），或许同样能清晰地反映市场流通模式。

为了运用三种市场整合模式分析各层级聚落内的物品分布，首先需要明确物品的来源地，包括原料来源地与成品生产地。如本书第二、三章所述，秦代的铁器生产可能主要集中在都城区域。然而，在汉代，与东部的铁工业相比，都城区个别地点的铁器生产规模相对较小，仅生产类型有限的农具，偶尔生产马车配件。迄今尚未发现规模能与前文提到的瓦房庄铁作坊相媲美的生产中心。因此可以推测，都城区的这些小型生产中心主要用于补充需求较大的商品，并通过回收废铁来制造农具，以降低运输成本。都城区内的部分铁制日用品，至少在某些情况下，可能是从都城区外的大型作坊购入的。由于漕渠系统可能是从东部向都城输送铁制品的主要通道，长安更有可能是一个再分配中心，而非所有铁器的制造中心，尤其是对于长安以

---

① 《后汉书·舆服上》（《后汉书》卷178，页3647）记载，使用马车不仅是官员的特权，而且车盖颜色与车厢装饰亦体现了等级制度。

西地区的居民而言。

相比之下，青铜器的生产体系则显得不够清晰。现代地质调查显示，与铁矿的情况相似，渭河流域内也未发现大型铜矿。冶金学研究指出，秦国可能曾在今甘肃东部的秦岭山区开采铜矿。考古发掘曾发现战国时期咸阳与雍城中的青铜制作遗迹，表明部分青铜器可能来自区域内的多个生产中心。此外，西汉时期的青铜器手工业作坊遗址也已在今西安周边确认，如长安西北角与上林苑。然而，这些遗址的调查与发掘结果表明，它们主要用于铸造铜钱，尚未发现与日用品（如铜镜与兵器）相关的手工业遗存。因此，西汉时期的铜原料供应是否来自秦岭山区，以及其生产地点，目前仍存在争议。

在都城区以外，考古工作发现了与青铜制造相关的更多证据。例如，铜镜是墓葬组合中最常见的青铜器物，而其最有力的生产考古证据发现于今山东临淄。此外，文献研究显示，河南郡与蜀郡是青铜兵器（如弩机）与青铜容器的主要生产地。整体而言，文献与考古遗存均表明，青铜器制造体系在某种程度上与铁制品的生产模式类似。换言之，都城区墓葬内发现的大多数青铜器与铁器，可能是通过国家运输网络（如漕渠）输入，该网络将都城区与其他区域及区域内次级聚落相连。在这样的历史背景下，汉代都城区似乎是一个值得深入研究的案例，通过应用上述三种模式，可以揭示秦汉王朝背景下区域交换与市场体系的构建原则。

基于上述背景信息，笔者在本章将探讨以下问题：金属制品的生产与运输系统是否在战国至秦汉时期发生了重大变化？在秦王朝崩溃之前，渭河流域发现的大部分铁器与青铜器可能均为本地生产。至少目前尚未发现任何与金属制品大规模跨区域流通相关的证据。秦代的都城中心可能在制造业中发挥了比后来的长安更重要的主导作用。然而，考古发现的西汉时期大多数青铜与铁器日用品可能来自渭河流域以外的作坊，这一点在第三章已有详细讨论。由于区域内的交通基础设施已将都城区与其他生产中心联系起来，长安在这一时期可能兼具生产与再分配中心的功能。因此，秦汉时期的都城区为运用上述框架提供了重要的契机，能够用于研究金属物品的分配机制，并探讨其是否与政治和生产体系的重大变革同步发生变化。

战国时期的中心辐射式分布

自战国晚期秦国迁都咸阳后，铁工业的发展在考古记录中变得更加清晰可见。目前已在曾经的都城咸阳区域发现了一些可追溯至秦代的生铁生产证据，帝陵区域可能也存在与之相关的遗迹，只是其规模尚不明确。尽管秦国可能在统一战争期间进口铁器，但咸阳，也就是当时的都城，在战国晚期至秦统一时期成为铁器的生产中心之一，这一点并不令人意外。此外，秦始皇陵区域内或许也曾设有制铁作坊，以支持大规模陪葬品的制造。然而，目前尚未发现任何可与关东地区相比较的大规模铁器生产遗址。

为了解都城内的器物分布变化，笔者收集了已发表的关中地区秦墓数据[①]（见表 6.2），共计超过 1900 座墓葬。为减少社会地位对数据分析结果的干扰，笔者排除了随葬青铜礼器的高等级墓葬。秦国墓葬主要为竖穴墓或横穴墓，其规模大致相似。值得注意的是，随着商鞅变法的进行，青铜时代以来的传统社会阶层制度已不再明显地反映在秦国的墓葬习俗中。绝大多数战国中期以后的秦墓在规模与结构上表现出明显的趋同性，中小型墓葬中少见规格差异甚大的例子。尽管底层的佣工或奴隶仍可能因无典型墓葬而未出现在考古记录中，[②]但是现有样本应代表了社会各阶层的大多数成员。诚然，本章讨论的是秦国中下层社会群体对于金属制品的可获取性，而非全体社会成员。

笔者根据墓葬的地理位置及其与都城的距离，将战国时期—秦代墓葬数据划分为若干个空间群组，以分析金属制品的分布模式。此分类旨在为统计分析提供相对可比的群组。不过，这些群组的划分并未完全对应秦国的县级行政区划，因此带有一定的主观性。此外，由于数据本身的特性，每组的规模并不一致，所涵盖的现代城市或县的数量也有所

[①] 由于相关考古数据仍在持续累积，笔者仅采用 2020 年之前发表的墓葬数据，以便进行统计分析。
[②] 其中一个特例是咸阳的坡刘村墓葬，墓主被认为是蜀郡的都尉。本书排除了这类包含大量高级随葬品（如漆器、玉器和完整青铜礼器组）的墓葬。

不同。与秦代相比，汉代的政区规划有所不同，因此笔者对汉代墓葬资料的区域划分也进行了相应调整。

表6.2 战国—秦时期8个墓葬群的墓葬数量表

地区	墓葬数量（座）
宝鸡	106
长安[①]—户县（今西安市鄠邑区）	584
长陇（长武—陇县）	148
高陵—临潼	572
铜川	7
渭南	52
咸阳	461
杨陵—武功	16
总计	1946

为了应用"空间递减模式"框架，评估不同墓葬群内出土或废弃的金属制品分布模式是否受到另一关键因素——聚落阶层结构——的影响，笔者重新整理了收集的资料。分类标准如下：根据所属聚落的地位，每个墓葬群被划分为都城（核心中心）、第一级中心（次于都城但高于其他中心）、第二级中心（次于都城与第一级中心）（见表6.3）。将历史文献与考古数据相结合，为确定聚落等级提供了重要依据。就战国时期而言，长安—户县（今西安市鄠邑区）与宝鸡被归为第一级

[①] 为突显汉代都城的重要性，笔者在此使用长安，而非当今地名。

中心。由于秦代长安地区已出现多座大型宫殿建筑，且可能曾为咸阳都城的一部分，所以其政治地位应高于其他地点。此外，位于今宝鸡地区的雍城是秦始皇举行登基仪式的祭祀中心，因此在政治层面上具有重要地位。相比之下，高陵—临潼虽邻近都城，但其主要人口为来自秦国东部领地的移民，地位可能不如咸阳，因此被划为第二级中心。

表6.3 战国—秦时期各中心墓葬群所属聚落等级表

聚落中心	聚落等级
咸阳	都城
宝鸡	第一级中心
长安—户县（今西安市鄠邑区）	第一级中心
长陇（长武—陇县）	第二级中心
高陵—临潼	第二级中心
铜川	第二级中心
渭南	第二级中心
杨陵—武功	第二级中心

另外，笔者也对数据进行了一些技术性处理，进而更准确地揭示各个遗址的随葬品之间的区别。每座墓葬内的铁器与青铜器数量可能受到市场交换整合程度的影响，但不排除也与墓主人的社会地位密切相关。通常，财富较多的墓主比普通人更倾向于随葬金属制品。此外，秦汉墓葬遭到盗掘是常有之事，铁器通常不是主要的盗掘目标，但随葬品组合的完整性肯定受

盗掘的影响。因此，笔者仅考虑特定类型金属制品是否出现，而非其数量，以此说明市场体系以及都城区普通民众获取日常商品的情况。

如第一章所述，秦墓中的主要铁制品包括刀、带钩与容器。农具（如铁锸）偶有出土，但通常是回填土中的遗留物，而非棺内的陪葬品。除少数例外，剑、矛与箭镞等铁制兵器在墓葬中较为罕见。此外，铁制灯座主要出现在战国晚期或之后的墓葬中。与汉代相比，铁釜与大型铁器在秦墓中极为罕见，其数量不足以纳入笔者的分布模式分析。

笔者选取的秦墓青铜器，包括日用品（如带钩、铜镜、铜釜）、工具、棺饰、车马器与兵器（如戈、剑、矛与箭镞）。兵器与车马器在样本中较为稀少，这类物品可能与特定的社会阶层相关，并在一定程度上受到政府管控。为了使青铜器与铁器的组合数据更具可比性，笔者统一整理了青铜带钩、刀、铜镜、铃铛、手镯、车马器、容器与兵器等主要类型，并排除了传世品（如铜钱）或在墓葬中罕见的物品。

因笔者重点分析不同墓葬群中金属器物的出现频率，所以类型相似的器物被归类为通用类别，如铁刀、青铜刀以及青铜带钩、铁带钩。像铁剪刀这样偶尔出现的物品则被归入更笼统的类别，如"铁工具"。为了便于比较，下文仅考虑在大多数墓葬群中出现的主要类型，包括带钩、刀和剑。如果某一通用类别仅在两三个墓葬群中以较低频率出现，则不将这些物品纳入结果讨论。将器物重新分类为更笼统的类别后，比较每种类型的出现频率，进而重建分布模式。在重新分类的基础上，笔者进一步将所有铁器或青铜器归入"铁器"或"青铜器"的总体类别，以便更清晰地展示金属器物的百分比与遗址距离都城远近的关系。

图 6.2 清晰地展示了不同等级聚落之间铁器分布的差异。在大多数低级别中心（如长陇），铁器类型数量极少且罕见，这使得都城咸阳的铁器组合在整个都城地区中显得与众不同。尽管秦国的发源地在陇东地区（今甘肃东部和陕西西北部），但当都城最终迁至更东部的咸阳后，长武—陇县地区成为秦国与河西地区各戎族之间的缓冲地带。数据还呈现了其他值得关注的现象。首先，在公元前 350 年后成为秦国都城的咸阳，约 6% 的墓葬中包含铁刀，约 11% 的墓葬中至少出土了 1 件铁带钩。其次，遗址间的对比显示，咸阳和长安—户县（今西安市鄠邑区）的铁带钩和铁刀的百分比高于其他聚落。由于靠近咸阳，长安在战国晚期已经承担了重要角色，并成为都城区的一部分。后来在长安地区发现的几处秦国墓地，墓主据推测是

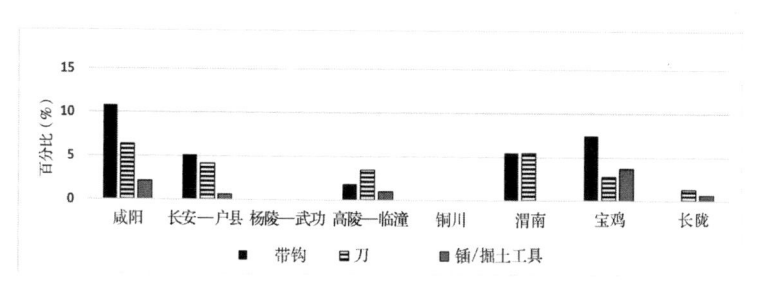

图 6.2 战国—秦朝时期关中地区 8 个墓葬群随葬铁器的墓葬占比柱状图。

咸阳的居民。这些居民可能很容易获得在咸阳地区制造的物品。

总体来看，这些数据表明，尽管铁器在秦国并不少见，但从战国到秦代，铁器在都城以外的地区使用并不普遍。即便是像宝鸡这样的第一级中心城市，铁器的种类和数量也相对较少。都城与第二级中心城市之间的差异尤为明显。除了前文讨论的铁器生产规模，尚不完善的秦国的市场经济可能也限制了铁器的流通。将所有铁制品笼统地归为"铁器"这一大类后，简化的分布模式进一步显示，墓葬中出土铁器的比例与墓葬距离都城的远近密切相关。根据目前的统计结果，可以合理地推断，在中小型墓葬中，都城区的墓葬比远离都城的墓葬更有可能出土铁器。此外，都城区的墓葬似乎比第一、第二级中心的墓葬更频繁地出土铁器（表6.4，$p < 0.001$）。虽然不能完全排除其他因素（如丧葬习俗）对随葬品选择的影响，但这种显著的差异表明，在战国晚期甚至秦统一前，铁器在秦都地区的分布可能并不算广泛。

出土主要类型青铜器的墓葬百分比（见图6.3）呈现出与铁器分布模式相似的规律。如前所述，带钩是战国墓葬中最常见的青铜器。在咸阳地区，出土此类青铜器的墓葬比例高达42%。尽管在本书涉及的其他地区也发现了青铜带钩，但咸阳地区随葬青铜带钩比例远高于其他地区。例如，长陇地区和渭南地区仅有约10%的墓葬出土了青铜带钩，这一分布模式与前述铁带钩的分布情况相似。在先秦诸子中，庄子曾以著名的比喻，批评那些篡夺王位却同时宣扬圣人美德（即儒家道德）的统治者

表6.4 战国—秦时期都城、第一级中心与第二级中心墓葬随葬铁器与青铜器比例比较表

	都城 ($N = 461$)	第一级中心 ($N = 690$)	第二级中心 ($N = 795$)	比较 p^a
墓葬中随葬铁器的比例（%）	20.0	11.7	6.8	$p < 0.001$
	20.0	11.7	-	$p < 0.001$
	20.0	-	6.8	$p < 0.001$
	-	11.7	6.8	$p < 0.01$
墓葬中随葬青铜器的比例（%）	37.8	28.6	24.1	$p < 0.001$
	37.8	28.6	-	$p < 0.001$
	37.8	-	24.1	$p < 0.001$
	-	28.6	24.1	$p = 0.05$

说明：a. 针对每个类别（铁器与青铜器），表中第一行的 p 值表示三类聚落（都城、第一级中心、第二级中心）之间的比较；第二、三、四行的 p 值表示两类聚落之间的比较。

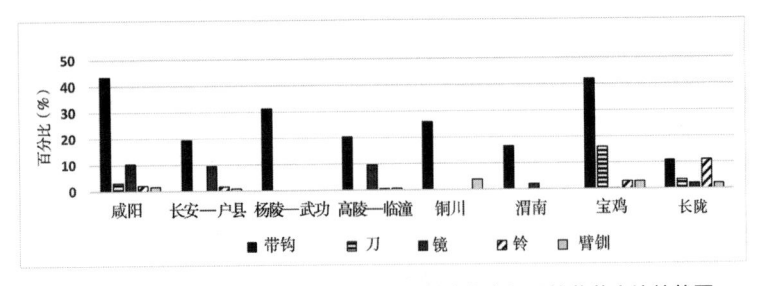

图6.3 战国—秦时期关中地区8个墓葬群随葬青铜器的墓葬占比柱状图。

的虚伪。他说："彼窃钩者诛，窃国者为诸侯，诸侯之门而仁义存焉。"显然，带钩在战国时期应被视为一种常见物品，其普遍出现于都城区的某些区域，而在偏远地区则相对稀少，这可能是偏远地区的分配网络能力有限所致。

考虑到青铜工业的悠久历史，我们需要关注多个生产中心的分布变化。与咸阳地区相比，长陇地区出土青铜带钩的频率较低，但在那里仍然发现了少量青铜刀、铃铛、镜子和臂钏等器物。然而，青铜刀在长安墓葬中几乎找不到，其在咸阳的出现比例也较低，甚至低于宝鸡地区。通过对比不同遗址的出土情况，可以发现，青铜刀的分布模式与铁刀有所不同。与铁工业相比，青铜工业，尤其是工具制造方面，在秦国有着更为悠久的发展历史。战国以后，平民获取青铜刀作为日常用品或随葬品变得更加容易。可能是受到雍或其他未知地点本地生产的影响，其他青铜器的出现比例并未显示出与距离都城远近有明显关联性（见图6.4）。都城与低级别地区之间的差异并不显著，这与行政分配模式一致。虽然中心与边缘地区之间仍存在差异，但

帝都之铁　　232

对于青铜器来说，这种差异远不如铁器显著。

尽管存在这些细微差异，青铜器的分布模式仍与铁器有着耐人寻味的相似之处。战国至秦代，咸阳地区出土至少1件青铜器的墓葬比例普遍高于其他地区（见图6.4）。与此同时，渭南和长陇的比例相对较低，这可能是因为它们距离都城较远且靠近秦国的边境地区。宝鸡的比例位居第一，这可能是因为此地区的雍城曾作为都城长达三百多年，具有独特的政治地位。即使在都城迁至咸阳后，雍城仍然作为重要的祭祀中心发挥作用。其他类型的青铜器（如铜镜）在整体组合中较为少见，但在咸阳地区的发现频率明显高于其他地区。总体来看，都城区和第一级中心的墓葬似乎更频繁地出土青铜器（见表6.4），且这些青铜器不一定与社会地位有关（虽然都城中的权贵或有身份之人确实较多）。通过对数据的分析可以看出，青铜器的分布和使用明显集中在都城区，这种模式与中心辐射式模型基本吻合。这表明，铁器和青铜器的制造与消费分配网络主要围绕都城区的个人或社区展开，并未广泛延伸到更远的地区。

汉代都城区"整合市场"的出现

为了与秦代数据进行比较，笔者先对同一地区的西汉中低级别墓葬数据（见表6.5）重新分类。此前引用的出土文献《张家山汉简·秩律》提供了关于各县秩级的重要信息。在这份文

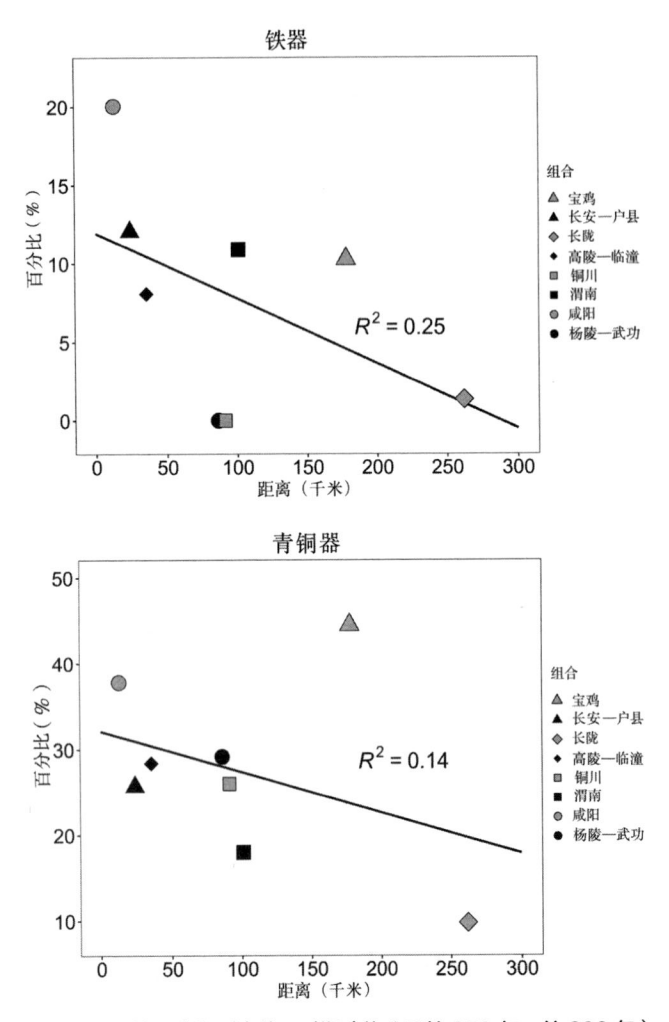

图 6.4 从战国中期到秦统一时期（约公元前 350 年—前 206 年）的 8 个墓葬群中，随葬铁器、青铜器的墓葬所占比例与该墓葬群距离咸阳城远近的相关性统计图（X 轴：该墓葬群到咸阳的距离。Y 轴：该墓葬群内随葬铁器或青铜器的墓葬所占比例）。

献中，根据县令治理的县的政治重要性，县令被划分为三个等级。

表 6.5 西汉时期 9 个墓葬群的墓葬数量表①

地区	墓葬数量（座）
宝鸡	35
长安	1054
扶风	22
高陵—临潼	30
陇县	39
眉县	45
渭南	19
咸阳	27
杨陵	306
总计	1577

笔者认为，至少从政治角度来看，最高级别的县，即千石之县，在汉王朝中比其他县更为重要（见表6.6）。因此，高陵—临潼组被归类为一级，因为它包括两个县（新丰和栎阳），这些县的县令享有千石俸禄。宝鸡也被归为一级，因为雍县的县令同样享有千石俸禄。咸阳被视为一级，因为大多数陵邑（汉朝为自东部

---

① 虽然汉代墓葬已在该地区广泛分布，但许多墓地尚未完整发表，即便它们包含大量墓葬。因此，这类数据未被纳入本表。相关案例参见陕西研究院2017a、西安市研究院2017、2019b以及咸阳市文物2017。

迁徙豪族设立的城邑）都位于此地。传统研究一般将西汉的出土资料分为早、中、晚三期。然而，上述地点发表的资料往往存在某一时期资料较少的情况，并且已发表的汉墓资料也存在明显的选择性和倾向性。这些墓地通常只进行了部分发掘，简报中发表的往往是保存较为完好或随葬品较为丰富的墓葬。因此，这些因素导致某些地点的样本数量不足，难以支持在更精细的时间框架内进行分析。最终，笔者将同一地区或同一墓地的西汉墓葬作为一个整体来讨论其百分比。

西汉时期，墓葬结构相较于前期发生了显著的变化，从竖穴墓和横穴墓逐渐转变为带有短斜坡墓道的砖室墓。部分西汉墓葬采用了双穴砖室墓的形式，但很少有墓道长度超过10米×4米的大型墓葬。因此，笔者排除了那些墓道较长且有储物耳室的墓葬，因为这类墓葬通常出土代表较高社会地位的随葬品，如陶俑、玉衣（或玉衣组件）及完整的青铜礼器组合。这些墓葬的主人可能是高秩级官员或权贵家族的成员，并拥有专属的家族墓地与外部储藏坑，如凤栖原墓地的张安世家族墓地（张安世被昭帝任命为尚书）以及张家堡M115号墓（该墓墓道两旁各有一间耳室，出土了釉陶和铜列鼎）。

西汉时期，整个渭河流域的铁器组合发生了变化，并出现了新类型，这标志着一种新的分配体系的形成。主要的铁器类型变得更加多样化，例如，铁剑、铁容器和铁灯等物品在随葬品组合中出现的频率显著提高（见图6.5）。另一个显著的变化是铁带钩迅速消失。然而，最值得关注的是，即使某些地

表 6.6　西汉时期各中心墓葬群等级划分表

中心	等级
长安	都城
宝鸡	一级中心
高陵—临潼	一级中心
咸阳	一级中心
扶风	二级中心
陇县	二级中心
眉县	二级中心
渭南	二级中心
杨陵	二级中心

点距离长安较远，铁器在二级中心墓葬中的出现频率也有所上升。在图 6.7 中，笔者展示了不同地区墓葬中主要类型铁器的百分比。某些类型的铁器（如农具）在部分地区的墓葬中并未出现，但每个墓群至少出土了 4 种类型的铁器。此外，不同地区内包含 4 种主要类型铁器的墓葬比例呈现多样化的分布模式。例如，铁釜在眉县墓葬中的比例明显较高，而杨陵墓葬中铁剑和铁刀的比例则相对较低，这说明，墓葬与铁器生产中心的距离并未直接决定其出土铁器的数量和类型。整体数据显示，长安地区的墓葬不再反映拥有更多铁器的趋势，尽管当地居民可能更容易获取铁器或更靠近运输中心。考古资料也显示，不论是高级中心还是生产铁器的聚落，其随葬铁器数量或频率都不占优势。

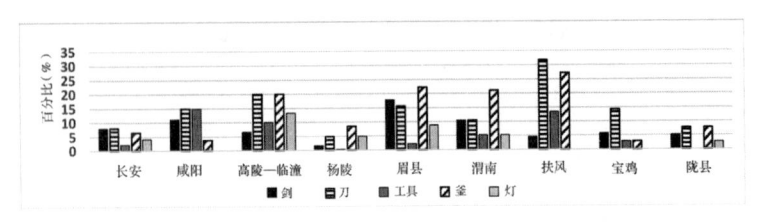

图6.5 西汉时期关中地区9个墓葬群随葬铁器的墓葬占比柱状图。

为了更清晰地呈现这种多元化模式，笔者将所有铁制品统一归为"铁器"类别，并计算出每个地区至少出土1种铁器的墓葬比例（见图6.6）。统计结果进一步印证了以下观点：西汉时期墓葬中铁器的分布，与墓葬距离长安的远近并未呈现明确的相关性。特别是，不同墓葬群的铁器出土比例，与墓葬距离都城的远近之间并未呈现明显的分布规律。尽管部分地区的已发表墓葬数量较少，数据存在一定的波动性，但这一模式仍显著区别于秦国时期墓葬。秦国墓葬的特征是低等级中心出土的铁器类型较为有限，且墓葬中铁器的比例明显低于都城区。

在第三章中，笔者曾指出，渭河流域的地方中心能否获得铁器资源，很大程度上依赖以长安为核心的跨区域运输网络供应的商品。即使制铁作坊的设计旨在提高生产效率，但也主要集中在少数产品的生产上，并且生产规模可能不足以满足所有次级中心的需求。西汉时期的铁器组合与分布模式进一步说明，活跃的区域市场体系可能促进了以长安为中心的都城区商品的流通与运输。此外，西汉时期的铁器组合类型分布比战国时期更为均匀，随葬品中的容器与工具的出现频率符合市场主导的

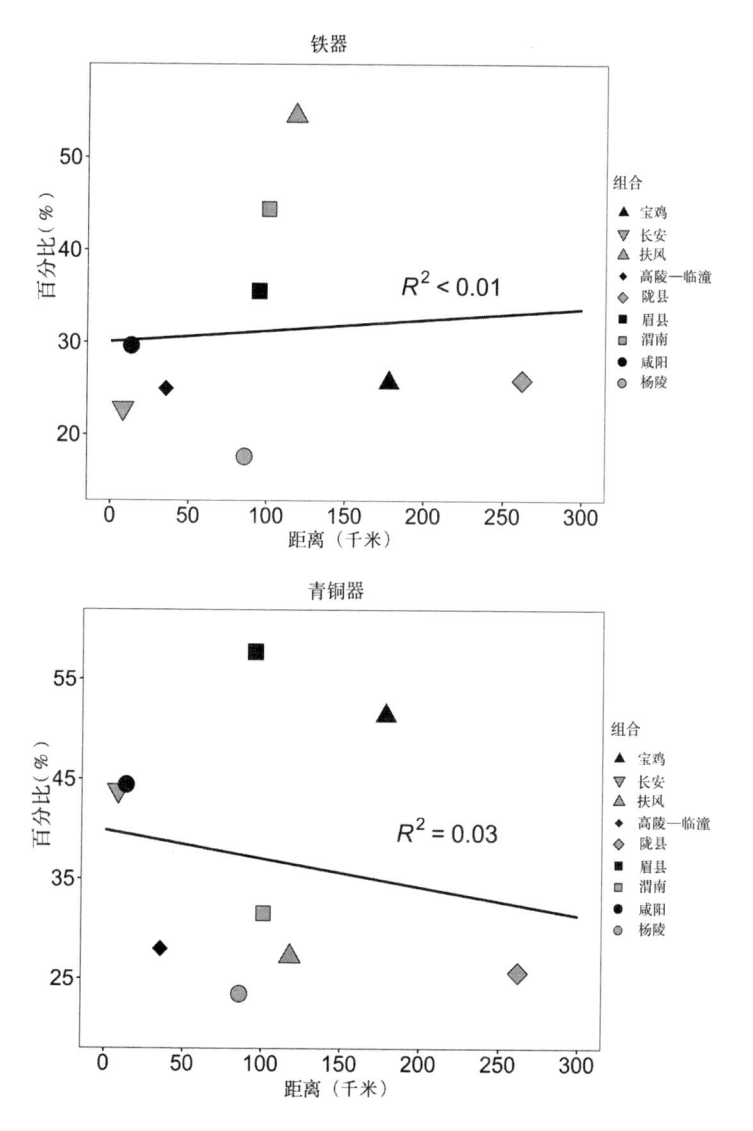

图 6.6　西汉时期 9 个墓葬群距离长安城的远近与随葬两种金属制品的墓葬所占比例之间相关性统计图。

模式,即这些物品的分布不再与墓葬距离都城的远近呈负相关。在同一市场区域内,随着与都城距离的增加,铁器的出现频率并未显著下降。尽管长安周边地区的居民理论上更容易获取数量更多或制作更精良的铁器。但都城内墓葬的铁器比例也未高于一级(见表6.7,p = 0.459)或二级聚落(见表6.7,p = 0.77)。

从分布模式来看,汉代的经济整合程度显著提升,不再局限于"中心辐射式"的市场分配系统。这种有效的区域市场整合,可能与汉武帝统治期间国家网络从核心地区向河西走廊扩展有关。因此,以往被视为关中地区的边缘地区,如陇县,在汉代则成为连接关中与河西走廊的要道——回中道——的交通节点,当地居民获取铁器的能力逐渐与长安地区居民趋同。西汉时期,铁器日用品的分布不再取决于当地距离都城的远近或政治等级的高低。

与铁器组合类似,在汉代,以都城为中心的分配网络对青铜器组合的影响逐渐减弱。图6.7反映了汉代与战国时期至秦之间的显著差异。汉代墓葬中青铜器的出土频率更高,且组合形式趋于一致,而大多数战国时期至秦的墓葬群中并未出现铜镜、铜铃、带钩或手镯等组合。汉代青铜日用品的获取似乎较少地依赖于本地与生产中心之间的距离。这些地区中心之间的小规模交换在秦统一之前已经存在,但如图6.6所示的规律,似乎并未出现一个大型区域市场网络。在秦朝灭亡和西汉重新统一后,青铜工业却开始像铁工业一样发展起来,扩大了生

表 6.7　西汉时期都城、一级中心与二级中心墓葬随葬铁器与青铜器比例比较表

	都城 (N = 1054)	一级中心 (N = 92)	二级中心 (N = 431)	比较 p[a]
墓葬随葬铁器比例(%)	22.77	26.63	23.73	p = 0.749
	22.77	26.63	-	p = 0.459
	22.77	-	23.73	p = 0.77
	-	26.63	23.73	p = 0.583
墓葬随葬青铜器比例(%)	43.8	41.73	26.45	p < 0.001
	43.8	41.73	-	p = 0.643
	43.8	-	26.45	p < 0.001
	-	41.73	26.45	p = 0.004

说明：a. 对于每个类别（铁器与青铜器）来说，首行的 p 值表示都城、一级中心与二级中心之间的整体比较；第二、三、四行的 p 值表示这三种类型聚落中的两两比较。

产规模。除了铜镜，青铜器组合还包括更多的物品，如车马器配件、部分青铜容器和弩机，每个地区的墓葬中都或多或少地出土了这些类别的物品。虽然部分产品可能由长安附近的铸造作坊生产，但缺乏铜镜、兵器和工具本地制造的证据，说明不少物品应是从关中盆地以外的各郡国作坊（也被称为工官作坊）通过再分配中心进口的。总体而言，以都城为中心的衰减模式不再出现，而都城对青铜容器、工具和武器生产与分配的主导现象完全消失了。

与铁器组合的分布模式相似，青铜器在汉代的分布也不再与各地距离长安的远近高度相关（见图6.7）。例如，在今宝鸡与眉县，西汉墓葬中出土青铜镜的比例与今咸阳与西安地区相当。没有明确证据显示距离与青铜器获取能力之间存在密切关联（见图6.6）。与铁器类似，都城内的青铜日用品的比例并未显著地高于一级中心（见表6.7，$p = 0.643$），尽管二级中心的比例低于都城（见表6.7，$p < 0.001$）和一级中心（见表6.7，$p = 0.004$）。其中一个可能的原因是，与铁价相比，汉代的铜价更为昂贵。《史记·货殖列传》中记载：

> 通邑大都，酤一岁千酿……贩谷粜千钟，薪槀千车……铜器千钧，素木铁器若卮茜千石。

在这段文字中，司马迁提到，那些出售1000石（1石约合120斤）铁或1000钧（1钧约合30斤）铜或青铜的商人，其财富相当于拥有1000辆马车的富商的年收入。根据同一段记载，这笔收入约为20万钱。假设文献记载准确，一些学者认为每单位铜（或青铜）的价格至少是铁的4倍。在为数不多的价格

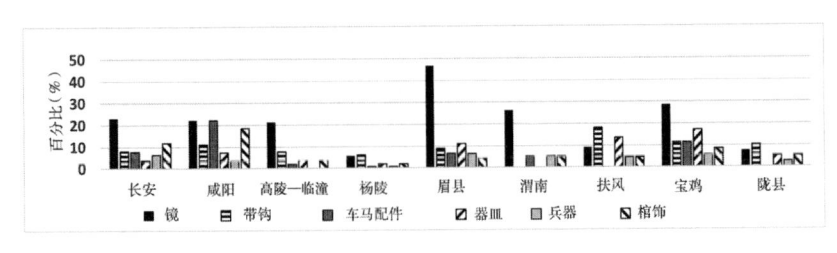

图6.7 西汉时期关中地区9个墓葬群随葬青铜器的墓葬占比柱状图。

记录中，两者之间的价格差距甚至更为悬殊。例如，西汉中晚期，一把铁铲仅值3钱，与之前提到的肉类和谷物价格相比，这是一个非常低廉的价格。或许在都城区，同类农具的价格甚至更低。东汉时期一件青铜熨斗上的铭文却显示，这件重3斤的产品价格高达300钱。一面装饰精美的青铜镜也可能价值数百钱。因此，铜镜这类青铜器也被视为汉代的"轻奢品"。对于大部分普通人来说，要负担其相对昂贵的价格，也是较为吃力的。这可能是青铜器在一些一级聚落中出现频率较高的原因。

总体而言，汉代青铜器与铁器的分布模式呈现一定的相似性。青铜器的类型分布及其在墓葬中的出土比例在都城区内相对均匀。图表分析（见图6.6）显示，物品的出现频率与距离之间并未呈现明显的持续性空间递减模式。如果存在发展完善的区域市场体系，负责将铁器从生产地运送到不同的地方中心，那么考古学上如此相似的青铜制品分布模式则说明，这些物品可能通过相同的机制流通，尽管像眉县这样的特殊地区仍可能受到行政中心的政治或经济影响。部分日常使用的青铜器在不同地区的可获得性的差异，可能反映了某些地区的物品供应较为充足，或者部分居民具备更强的购买能力。然而，整体来看，"中心辐射式模式"并非西汉时期的主要分配机制，这反映了当时市场系统的整合程度更高。

本章开篇即指出，区域范围内的市场交换机制，对于理解汉王朝的经济基础及其内部联系具有重要意义。此外，尽管普通民众能够获取金属制品，但铁器的生产在公元前117年西汉政府推行盐铁专卖政策后，几乎被国家控制。除了生产过程，汉政府还监管这些物品的销售，可能通过控制价格和品质来影响各层级聚落中的集市交易。汉政府甚至对铁器的流通施加限制，特别是禁止铁制品流出政府的控制区域。国家对生产、运输与分配的干预，不可避免地与单纯由市场供需驱动的"集市交换"相结合。因此，笔者提出以"中心辐射式整合""行政整合""完全整合"这三种市场交换的理论类型，来理解不同机制如何影响市场发展。通过对物品分布模式的研究，能够进一步阐明区域市场交换的运作方式，并回应本书的核心主题——汉王朝统一的发展以及交换体系如何改变社会关系。

为了厘清市场整合在商品流通与社会联结中的作用，本章分析了都城区的铁制品与青铜制品的分布模式。通过结合市场整合与交换模型的研究，这些在以往墓葬研究中被忽视的金属制品的分布模式，揭示了市场交换如何将地方社群融入更广泛的跨区域网络，并由此推动新的社会关系的形成。笔者此前已论证，市场交换在秦代可能相对不发达，战国至秦代的物品分布模式显示，核心区域内的商品流通应被视为"中心辐射式"案例，其中金属制品的交易主要由咸阳的中央市场控制。尽管咸阳的市场可能相对发达，但该市场与其他次要中心之间似乎并未建立紧密的整合联系。此外，都城与都城以外地区的墓葬在金属制品的出土比例上存在显著差异。都城墓葬中的金属制品比例远高于一级中心与二级中心，这表明市场交换鞭长莫及，未能有效地将都城区的铁制品与青铜制品大规模地输送至等级较低的聚落。虽然这一时期可能存在一种小规模的"行政整合模式",使都城与部分一级中心之间的铜铁物品流通有所发展,但整体而言,市场网络的重心仍高度集中于都城,商品向等级较低的聚落流通的过程仍受限于运输能力。换言之,即便秦国的市场交易已在都城区运作,整个秦国境内仍难以形成一个完整的市场交换体系,也无法有效地改变各地区之间的经济关系。在秦统一之前,市场网络的发展主要局限于都城区。直到秦王朝将经济网络扩展至更广阔的地域,并引入新技术与资源后,这一局面才逐渐发生改变,最终遍地开花。

相比之下,汉代铁器与青铜器的随葬品组合最显著的特征之一是,都城与低级别中心墓葬的随葬金属制品比例已不再存在明显的差异。这或许反映了汉家新制度的影响,相较于秦代,市场整合程度显著提高,逐步趋向"完全整合模式"。铁刀、铁剑与铁釜等物品普遍出现在不同地区与地方中心的墓葬中,且墓葬内的物品组合相对接近。长安地区至少出土 1 件铁器或青铜器的墓葬比例不再显著地高于其他地区,这表明市场交换系统正在通过铁器与青铜器,将不同的地方中心整合为一个整体。

根据战国至西汉时期的铁器与青铜器分布模式,笔者认为,以都城为核心的完善市场体系,应该是汉王朝施加经济影响的重要环节。这一市场体系不仅是促使金属制品广泛分布的重要因素,而且体现了汉王朝内部的辐辏网络。如前文所述,在西汉定都长安以后,渭河流域不仅成为政治中心,而且逐渐发展为一个消费中心。以往发现的关中地区铁器生产遗迹显示,其规模相对于庞大的人口而言并不算大，甚至可以说是杯水车薪。此外，尚无明确证据表明，大部分墓葬中的日用青铜器是在本地生产。延续秦国的策略，汉政府可能通过建立跨区域市场网络，将各地消费中心连接起来，以满足对铁制品的巨大需求。尽管政府控制的大型跨区域运输网络确保了物品的长距离流通，但仅凭政府运输系统来有效地供应区域内的不同中心，显然鞭长莫及。因此，一个完善的区域市场网络必须同时存在，并与跨区域系统协同运作，方能将金属制品、半成品甚至原材料从其他地区输送至渭河流域的各级聚落。在这一背景下，汉王朝的都城及其周边地区能够成为国家的经济枢纽，不仅因其具有连接广泛区域的交通基础设施，而且该区域内部发展出一个完善的市场体系，使其与不同等级的聚落以及专门生产几类物品的作坊纵横交错地相连。这一市场环境为本书所探讨的汉王朝广阔的辐辏网络提供了重要的社会背景。

综合本章的主要发现，分布模式反映了市场经济与商品交换的演变。随着市场体系逐步趋向"完全整合模式"，尽管部分行政中心仍然在一定程度上掌控全局，控制着青铜器的运输与供应，但市场交换已成为政治中心区域内商品流通的重要机制。此外，各级聚落内日用品的分配仍依赖跨区域市场网络的支持，这一网络允许进行商品交易以及商品在政治核心区内外流动，因此成为各地联动的关键纽带。由于缺乏更详细的文献记录，现阶段仍无法确定政府在西汉早期如何运筹帷幄，管理与控制市场交换。然而，根据现有资料，西汉时期的市场网络显然较秦国更为发达，并且更具整合性，对于普通消费者而言，更容易获得金属制品。这些分布模式的变化与都城区市场的整合，最终促进了汉王朝内各地区辐辏网络的发展，从而加强了汉朝的权威和官僚体系。因此，关注区域市场体系，为宏观的问题，如汉代的何种机制使得铁器分布范围如此之广，提供了新的视角。

结语
铁工业的管理与"食货"体系

> 《洪范》八政,一曰食,二曰货。食谓农殖嘉谷可食之物,货谓布帛可衣,及金、刀、鱼、贝,所以分财布利通有无者也。二者,生民之本,兴自神农之世。
>
> ——《汉书·食货志上》

本书之核心,在于探究都城区的铁器手工业及其与其他生产中心的联系,如何支撑起汉王朝对辽阔疆域的治理体系。笔者认为,铁器制品,尤其是日常所用之器,其生产与流通所展现的辐辏网络,对理解这一问题具有重要意义。汉王朝版图之广远,构建以都城为核心的物资与信息流通体系,实为王朝有效治理的重要基石。汉王朝治下各区域的铁器生产与跨区域调配,共同构成了支撑其运作的网络架构,使都城得以稳固其作为全国"辐辏中心"之作用。如绪论所述,从人类学视角观之,大规模生产的发展往往伴随着社会变革,因此铁工业形成的辐辏网络,不仅体现在跨区域运输方面,而且反映在生产组织的转型以及都城区市场体系的深度整合上。此外,铁器生产形成的辐辏网络,还将关中地区与其他制铁作坊所在地区联系起来,从而强化了国家对铁器生产领域的主导。通过系统整合都城区铁器手工业的各类证据,本书各章节逐一剖析了这一辐辏网络背后的深层机制,阐明了铁器生产与流通各环节中,矿工、工匠、周边社区居民及消费者形成的社会关系,并将这一进程置于秦汉王朝发展的脉络中予以考察。

中国古代铁工业的兴起是一个引人注目的历史现象。在短短二百余年间,生铁技术生产的工具便取代了绝大多数其他材质的生产工具。第一章着重分析了铁工业发展的区域差异及其普及轨迹。尽管证据表明,秦国早期曾进行过铁冶炼技术试验,但战国时期的秦国(至少在战国大部分时期)似乎并未实现大规模应用铁器技术。与晋、楚两国相比,秦国的居民区、墓葬及手工业遗址中出土的生铁制品相对较少,且迄今未见表明秦都出现大规模铁器生产中心的确凿证据。现有考古材料仅能证明秦国将铁器技术有限地运用于制造部分兵器,却未能充分发挥铁器在军事领域的潜在优势。综合考量,秦国的铁器产业发展水平似乎不及同期其他列国,这种滞后性甚至可能延续至统一战争结束以后。这种区域性差异或许折射出秦国早期市场体系相对欠发达的状况,同时也预示了汉王朝建立后,尝试把其他铁工业发达地区转化为供应都城及其他区域的重要物资生产基地。

第二章通过阐述汉朝都城区的社会背景与铁工业管理制度,力图更清晰地展现该区域内部与铁器相关的辐辏网络。大规模的都城建设、周边卫星城镇的兴起，以及运河渠道、仓储与道路网络的完善，共同将关中盆地打造成为汇聚各地人口与资源的枢纽。文献明确记载了中央与地方机构负责监管铁工业以确保农具供应，这一背景自然引发了对都城区内是否存在大规模铁器生产设施，以满足密集人口与农业需求的探讨。然而，通过对生产模式与社会环境的系统分析，本书揭示了一个耐人寻味的现象：与汉王朝的东部地区相比，都城区内次级中心的日用铁器生产规模普遍偏小。更令人意外的是，郿城制铁作坊等考古发现表明，其生产规模与当地巨大的铁器需求之间存在显著的落差。这一现象强烈地暗示了跨区域流通与区域内的市场网络在铁器供应体系中扮演了关键角色。

第三章深入探讨了区域劳动分工如何影响都城铁器的供应体系，以及铁器手工业如何推动辐辏网络的形成。通过考察关中以外地区的制铁作坊，我们对文献记载的铁官制度有了更深入的认识。目前发现的铁器生产考古证据主要集中在中原核心地区，包括今南阳盆地、嵩山周边以及泰山南北麓。这些区域性生产中心往往专注于特定生产环节的专业化分工。这种分工模式的设计，很可能是为了最大程度地利用当地的燃料、劳动力和铁矿等资源。部分大型作坊，如瓦房庄、古荥镇，还承担着为周边聚落提供各类铁制品的大规模生产任务。

都城区的制铁作坊，以郿城为代表，虽然掌握了汉代应用的大部分铁器生产技术，但其产品范围相对有限，主要集中于某些特定日用品的生产。笔者相信，这类作坊的运作必须依托跨区域或区域内的网络，以获取当地匮乏或供应不足的原料及半成品。通过对冶铁技术特征与墓葬出土铁器的对比分析，笔者认为，许多常见铁器类别（如炊具和农具）中的很大一部分，可能是通过市场网络从都城以外的生产中心流入邰县乃至整个都城区。此外，作坊的生产模式与铁器使用情况表明，关中地区的小型制铁作坊可能仅是大规模运输路线上的辅助节点，负责补充流通体系中的部分日用铁器。这一发现进一步印证了地方铁工业与跨区域市场网络之间的深度依存关系。由此可见，小型制铁作坊的运作机制是维系都城与其他地区之间辐辏网络的重要纽带。

随着汉代跨区域网络的日益完善，关中地区与各地的整合程度不断提升，使得铁器供应更加充足，有效地满足了农业、手工业及其他日常活动的需求。除大量铁器输入关中外，对该地区制铁作坊的详细研究，也揭示了其与关东大型生产中心之间的互动模式。在第四、五章中，笔者尝试通过利用战国至汉代，都城区大型制铁作坊与关中地区小型作坊的生产遗存空间分布特征及工匠饮食证据，考察劳动组织形式。这一比较研究旨在探讨生产规模差异是否反映了不同的管理模式，以及都城区与周边县级聚落的互动关系，从而更清晰地阐明都城区内部的辐辏网络，而这正是本书的研究主题。

第四章的一个重要结论是，多单位协作以及制铁作坊可能反映的集中化监管模式，是战国至汉代铁器生产的显著特征。战国时期的制铁与青铜铸造作坊通常采用大规模、集中化的工厂式生产模式。在这些汉代以前的作坊遗址内，不同区域可能专门生产特定类型的金属制品。然而，不同种类的产品遗存以及与制范、冶炼、铸造与修复等生产环节相关的遗迹，通常又在同一生产区内呈聚集分布状态。与各个生产步骤相关的遗存并未呈现出严格流水线式的空间布局（即每个小单元仅负责单一生产环节）。考虑到为秦国铸造青铜兵器的作坊可能采用单元式的生产单位，从事其他种类青铜和铁器日用品生产的大型作坊很可能也采用类似的组织形式，即一组工匠同时负责同一种（或多种）产品的制作流程。

邰城制铁作坊规模较小且产品种类有限，或许人们会推测该作坊生产依靠寥寥数位工匠，且每位工匠可能身兼数职，缺乏精细分工。然而，第四章对邰城遗址内部布局的细致分析却揭示了与这种预期不太一样的组织形态。虽然规模有限，但邰城作坊沿用了战国时期的组织原则——将负责相同生产环节的工匠划分为多个工作单元。通过分析带有不同标记的铸范在遗址内的分布规律，可以推断，负责不同工序的工匠之间存在着某种协作关系。就陶范合范标记所反映的组织形式而言，都城区的制铁作坊印证了笔者提出的"水平协作"概念，即承担相似生产环节的工作单元之间的协同配合。尽管考古记录并未保留工匠直接交流的实证，但遗址内遗存的分布清晰地反映了多单元协作的特征。无论这些制铁作坊是否完全由官府直接掌控，其运作必然存在某种程度的集中监督与协调。因此，我们不能简单地将邰城这类小规模生产单位等同于本章提及的当代民族志研究中描述的家庭作坊。

为深入探究制铁工匠参与生产的方式，以及制铁作坊与周边社区的社会联系，第五章引入"经济依附性"概念来分析作坊内饮食相关证据。研究表明，无论是战国还是汉代，都城区的制铁作坊都对专业化肉类供应（可能通过肉类市场供应）表现出高度的依赖性，这说明这些生产中心很可能雇用了全职专业工匠。特别是郐城案例，工匠展现出更显著的经济依附性特征，他们很可能依赖其他专业人员提供肉类或熟食。这一发现说明，这类小型作坊不太可能是完全独立运作的家庭生产单位。事实上，发达的食物市场是支撑此类全职专业化生产的前提条件，它确保了小型作坊的制铁工匠（包括技术工匠和体力劳动者）能够获得充足的食物供给。结合第四章对水平协作的解析，食物供应体系进一步证明，小型铁作坊的运作很可能受到某种集中协调机制的管理。

由于都城区制铁作坊必然与核心政治区的经济体系唇齿相依，这引发了另一个问题，即各级聚落中的市场在铁器运输中的整合程度到底如何。结合前文探讨的区域分工与跨区域交换，一个重要问题随之浮现：区域内的交换网络如何随着汉王朝的巩固而发生转变？第六章通过铁器的市场交换来研究这一区域整合问题。为厘清市场交换涉及的诸种复杂问题，笔者分别考察了战国和西汉时期都城区金属器的分布模式，以揭示其反映的整合程度。关中盆地墓葬出土的铁器与青铜器表明，该地区铁器分配与获取的运输网络可能经历了重大转变。从区域尺度来看，战国晚期，铁器与青铜日用品在都城区墓葬中出现频率较高，而偏远中心则相对稀少，这暗示了当时的区域运输体系尚处于雏形。相比之下，汉代同类物品的分布模式呈现出一种模糊的特征，随葬品出现与否与墓葬距离长安的远近无明显关联。加之该地区专业化制铁作坊的建立，使得无论居民身处何地，都能获得相似的铁器组合，从而弱化了汉代都城集中消费的传统模式。

都城区整合程度的提升，以及聚落、基础设施和手工业生产呈现的高度互联格局，往往是对帝国形成所导致转变的回应，这一现象在其他古代帝国的历史中亦有体现。通过对战国至汉代铁器生产各环节的探讨，可以清晰地观察到都城区及其周边辐辏网络的演变轨迹。不过这一结论或许并不出人意料，因为出土的行政文书早已证实了当时信息传递系统的高度整合。正如笔者在绪论中所述，关注铁器考古学证据的价值，不仅在于印证汉代考古与历史文献研究中的既有认知，而且还能以"辐辏网络"这一视角作为理解汉王朝变迁的一种新方法，探讨手工业变迁如何受政治需求影响，并进一步重构了社会关系。笔者的研究旨在揭示铁器生产与分配如何促成更为紧密联系的汉代疆域的形成，也与当代学界在古代帝国研究中强调"基层社会实质变化"的取向不谋而合。

对都城生产与分配体系的考察，揭示了一个有趣的现象：相较于17世纪欧洲因商品生产扩张而出现的各种转变，汉代铁工业组织本身并未出现根本性变革。邰城制铁作坊的研究表明，其组织形式与大型生产中心颇为相似。都城区铁工业的变化主要体现在小型制铁作坊数量的增加,这种延续性可能源于汉代之前就已形成的中央集权式管理传统。与此同时,这些作坊不仅与当地社区紧密联系,而且通过秦汉成熟的官僚体系,将关中与更遥远的地区连接起来,实现了原料、燃料、劳动力和成品的跨区域(或区域内部)流通。为保障都城的物资供应,这一运作网络必然影响其他地区,将汉代之前具备技术优势的区域转化为资源供应地。次级行政中心的整合与跨区域交换网络的形成,对理解汉王朝"辐辏网络"甚为重要,它不仅巩固了都城作为辐辏中心的地位,而且在盐铁专卖政策实施后增强了汉王朝权力对各级行政单位的渗透、控制。

与铁器生产和分配相关的网络还加强了核心区与偏远地区(如北部和西北边疆)的联系,进一步印证了绪论开篇描述的交通体系体现的"辐辏网络"。作为日常用品,铁器在文献中的记载少之又少,仅在边疆行政文书中偶见农具交易的零星记录。然而,边疆对铁制品的需求实则相当可观。为支持驻军系统扩大,汉朝在边疆推广屯田制,将大量戍卒转为农耕人口,但考古发现显示,锄、铧等农具并未在河西走廊大规模生产。鉴于河南、山东等地制铁作坊的高度集中与其他地区的相对匮乏,这些生产集群很可能曾为北部和西北边疆供应商品。而将这些产品运往河西地区,必须先经关中盆地这一重要枢纽中转,才能继续向西输送。换言之,都城的辐辏网络不仅是汉王朝实施促进手工业发展政策的结果,而且汉王朝通过铁器生产建立了都城与东部的联系,并为整合其他地区铺平了道路,将这些地区纳入更庞大的汉王朝供应体系，都城则成为这一体系不可或缺的中转站。

这一高度连接的系统也凸显了汉代铁工业的独特之处。如郏城之类的小型生产作坊，通过采用单元式组织保持灵活性，而大型作坊则以高成本著称，对后者的批评在《盐铁论》中再清楚不过。汉代，通过陆路将木炭等燃料和原料运至古荥镇、瓦房庄等集中铸造场所，其费用极其高昂。若这些相互协作的制铁作坊之间信息传递延误，可能导致出现产品过剩或劳动力闲置等浪费现象，这也成为当时集中式大规模生产体系遭受诟病的主因。即便是郏城这样的小型作坊，若在燃料、半成品乃至食物供应上出现纰漏，也可能严重影响急需铁器的生产。与当代云南会泽独立家庭作坊相比，这种集中式体系受到市场波动影响的风险更高。尽管如此，铁器生产的中央集权的本质，有可能一直延续到东汉末年，甚至更晚。虽然学界普遍认为，东汉时期并未严格实施铁器专卖政策，但零星的铁官记载表明，国家控制的生产体系及其依赖的辐辏网络在某些地区至少延续了相当长一段时间。可以说，汉代铁器的广泛流通与铁工业形成的网络，或许是以高昂的成本和资源浪费为代价的。这引发了进一步的思考：为何汉朝会青睐这种表面"不经济"的大规模生产与辐辏网络？尽管农业发展和技术进步确实刺激了市场需求并扩大了生产规模，然细究之，要理解汉代铁工业组织，实需要进行更深层的思考,①如国家财政需求、强化对铁器产区的政治控制等,俱为不容忽视之要素。

在对中国近现代经济历史的最新研究中,历史学家刘志伟基于对明清经济的深入考察,指出帝制中国的经济体系运作方式,实与现代经济学概念存在本质差异。现代经济学理论普遍假设人类处于资源稀缺的自然状态,因此一切经济行为都以最大化地配置有限资源为目的。这一核心观点体现在诸多经济学定义中,例如,"经济学是研究人类行为与稀缺资源关系的科学,这些稀缺资源具有多种用途"。虽然断言汉代至清代的经济体系一成不变未免武断,但刘志伟指出,传统史籍中常用的"食货"概念,是统称各类经济活动的术语,"食货"一词或许能为理解帝制经济运行机制提供更贴切的理论框架。从字义上看,"食货"即"食物"与"货物"的合称。在官方正史中,《食货志》专篇往往是记录国家通过各类经济政策保障民生、满足百姓基本需求的文献,如本章开篇所引文献所示。古代中国社会普遍认为自然界所赐资源足以满足人类基本生存需求。孔子在《论语》中探讨社会贫困根源时已有精辟阐述:

---

① 华道安曾提出,秦汉官僚体系内部"隐含"着特定的技术选择逻辑,即技术的采用并非出自个人决策,而是在制度环境中自然而然形成的选择。铁器生产在高产量与稳定的劳动力供给的前提下方能实现最佳效益,这解释了为何在秦国这类中央集权国家中,大规模铸铁制造业更易获得长足发展。尽管笔者认同华道安的基本论断,即铸铁产业的发展确实有赖于秦汉官僚体制提供的组织优势,但值得深思的是,单凭官僚体系这一种因素,或许仍不足以阐明秦汉政府何以愿意长期维系如此高成本的供应与分配体系。

> 丘也闻有国有家者，不患寡而患不均，不患贫而患不安。盖均无贫，和无寡，安无倾。

秉持孔子的这一观点，古代史家和官员往往不会将经济问题的症结归咎于自然资源不足以满足基本生存需求。相反，在广义的经济活动中，国家的主要目标是维持和协调"食"的生产，并确保"货"的流通，以满足百姓日常生活所需。① 从这个意义上说，古代中国的经济被构想为一个资源充裕的领域。在这个领域中，国家面对着充裕的资源，首要职责是制定策略来管理和获取部分资源，将部分自然财富纳入国家体系，实现"财富均平"，从而确保政治共同体中各阶层的需求得到合理满足。

尽管这种经济理念看似与现代经济学相通，但古代中国的经济理念实则根植于与现代学术截然不同的理论基础。在古代中国的认知体系中，自然资源并非稀缺之物，增加物资供给并不依赖于资源再分配或生产效率提升，而是依赖于国家对资源（土地、人口与矿产）的集中管控，确保物资充分流通与平均分配。"均平"的资源分配，则被视为社会稳定之基、人口

---

① 关于汉代经济体系的特点，鲁惟一（Loewe 1985）与舍福尔德（Schefold 2019）曾不约而同地指出，汉代国家通过对资源流通系统进行制度性管控，在很大程度上取代了传世文献提及的更自发的市场调节机制。渡边信一郎（1989）进一步强调，汉代经济的显著特征是中央政府通过协调与再分配体系，对边缘地区积累的资源实施有效的管控。值得注意的是，刘志伟提出的"食货"概念框架，或许能够更精准地把握汉代经济体系的本质特征。

增长之要，最终能积累资源以供皇家与王朝消费之需。在此体系下，古代中国的"经济理性"主要体现在通过国家机构调配与均平财富，使各地民众得以互通有无。这一理念恰与第二章论述的汉王朝意识形态相呼应，即"溥天之下，莫非王土"，天下所有自然资源皆为君王所有。故而，保障资源均平分配成为皇帝与官僚体系的主要职责。相较之下，现代经济模式则关注稀缺资源的最优配置与生产效率提升，以最大化产出，从而突破自然资源限制，才能实现"天下用饶"。

刘志伟进而提出一个有别于传统认识的卓见，他认为古代中国市场的形成，并非根源于区域交换需求；相反，市场在食货体系内作为管理工具而诞生，国家借此征调贡赋。这一观点与现代经济学的理论前提其实是南辕北辙的，后者视市场为一种自然机制，在此机制下，商品供给量的变化自然地调整供需关系，并引导物资流向需求更大或价值更高的地区。虽然食货体系下的市场同样承担着调剂盈虚的功能，将资源分配至匮乏地区，但商品流通并非完全由现代意义上的区域分工与专业化主导（即各地专精所长，以有余易不足，详见第三章）。维持物资流转畅通，防止商贾坐大与富室聚敛，这些都被视作古代中国的国家职责，而非交由"看不见的手"自发调节。在食货体系内，市场主要听命于王朝的行政机构，其核心职能是征调农作物与手工制品等盈余，将各地物产转化为朝廷贡赋。①因为天下货财，本质上都是要用来助贡赋的。正如第六章所述，汉代虽有市场体系，但金属制品等商品的生产、分配并非完全依赖市场交换机制，即资源配置由供应主导的自由浮动价格所决定，而是在运输过程中受行政中心主导调控。从某种意义上说，这种体系可被视为特殊的"再分配经济"，其独特之处在于，该系统将市场机制作为主要的再分配手段。在此模式下，财富创造源于资源集中与民力资源的征调，以供国用，汉代铁器专卖恰为这一模式的具体例证。

虽然考古证据已证实，铁器生产的供应与流通网络具有高度整合性，但食货体系理论为解析推动铁器生产达到最大化与协调运作的内在机制提供了更精妙的分析框架。汉代的铁器生产网络显然遵循着与食货体系一脉相承的经济逻辑，其根本目的在于确保国家能够有效地征调物资并实现均平分配。从核心

---

① 刘志伟将古代中国的经济体系界定为"贡赋经济"模式。有趣的是，罗马历史学家彼得·邦早些时候提出了相似的概念，使用"贡赋帝国"（tributary empire）来重新诠释罗马时期的市场体系。他指出："市场并非经济结构的决定因素，相反，其主要功能在于动员农业剩余产品并将其转化为可支配的财政资源。"（Bang 2008：62）通过对谷物贸易记录的研究，他发现罗马帝国内部缺乏确凿的证据，能够证明市场体系建立了跨区域的经济联系或促进了劳动分工的深化。这一发现也直接挑战了罗马帝国推动地中海市场经济发展的传统结论。要准确地理解古代市场的实际功能，研究重点应当转向市场如何在贡赋制度框架下实现奢侈品的再分配，以及如何协助国家征收农民的剩余产品，将其作为国家财政资源基础。然而，在汉王朝的案例中，生产与分配体系则展现了一个更为"整合"的世界。这一差异或许揭示了相较于罗马帝国，汉王朝及其官僚体系在经济各领域展现出更强势的主导作用。

区域到东部郡国的生产体系联动，以及各区域内部的整合，固然是为了实现跨区域的物资供应。若从食货体系的视角审视，此举更是旨在通过对矿产资源富集地区的系统性开发，务求实现这些重要资源在汉室江山之内的均平分配。试想，倘若这种高度协同的生产模式的核心目标并非单纯追求国库之利，亦非仅为应付地方性需求，那么许多看似"有违经济效益"的大规模生产与供应现象，便能获得更好的理解。诚如华道安对汉代经济运作的精辟见解："汉王朝将社会视为一个由贸易紧密联结的有机整体，通过恰当的中央调控，可使此整体效能臻于至善。"都城区及其他重要节点展现出的铁器生产辐辏网络，确实保障了资源与贡赋能够被有效地征调并在这一"有机整体"之中流通，从而维系汉王朝各区域特别是边陲之地的社会稳定。然而，在食货体系理念指导下推行的这一全国性整合网络，终究属于一次"制度试验"，而且汉王朝也付出了沉重的经济代价，因此在以后的历史发展中极少再现。

汉王朝成功地治理了幅员辽阔的疆土，其统治范围东抵山东半岛，西至河西走廊，北达河套平原，南至今越南中部地区。这一治理成就，历来被归功于其发达的官僚体系。该体系凭借庞大的官吏队伍和相对普及的识字水平，有效地保障了朝廷政令的畅通无阻，户籍与地方政情的稽核上计，以及资源的征调与再分配，包括力役、五谷征收、畜牧产出、赋税课敛与各类贡品。然而必须明辨，单靠国家强制权威或官僚体系本身，实难维系王朝全域的稳定与整合。铁器主要服务于黎民的日常生产与生活需求，此乃不争之事实。但铁器的生产与流通在构建王朝命脉所系的辐辏网络的过程中所起的重要作用，却长期被学界低估。作为汉王朝再分配体系的核心环节，都城及其周边区域的铁器生产与交换，实际上奠定了汉王朝有效治理与国库资源征调的制度基础。这种重要作用可能尚未在其他史料中得到充分的反映。铁器作为日常生产中不可或缺的实用工具，其制造工艺、使用与流通路径，在汉王朝体系内产生了深远影响，不仅加强了各郡国之间的联系，而且将这些地区逐步纳入统一的国家网络。尽管本书仅聚焦于汉王朝的特定区域，但随着学术界对汉代铁工业研究热情的持续高涨，对其他区域铁器产业及其与中央形成的辐辏网络的探究，或将有助于进一步厘清长期以来围绕汉王朝国家整合与巩固机制的学术争议，并开辟新的蹊径。

后　记

本书基于笔者的博士论文发展而成。首先，谨致谢于导师傅罗文教授。在博士学习期间，面对种种挑战，他始终给予耐心的指导，并不断提出富有洞见与启发性的意见，使本研究得以逐步深化与完善。得以师从傅教授，实为笔者之幸。同时，谨向论文委员会其他成员致以诚挚谢意：陈建立教授、C.C. 兰伯格-卡洛夫斯基（C.C. Lamberg-Karlovsky）教授、理查德·梅多（Richard Meadow）教授，以及普鸣（Michael Puett）教授，感谢他们在论文初稿阶段所给予的宝贵建议与支持。尤须感谢陈建立教授，他不仅引领我进入冶铁研究领域，更提供多项田野调查与实验室学习的机会，使我深受裨益。

自2015年起，笔者任教于香港中文大学，谨此感谢麦高登（Gordon Mathews）教授、任柯安（Andrew Kipnis）教授、黎明钊教授与蒲慕洲教授在教学与研究上的鼓励与支持。亦感谢两系诸位同人，共同营造出兼具学术深度与交流活力的环境，为本书的写作提供了很大的助益。

本书若干章节的早期成果曾发表于下列文献，内容已在此基础上作出实质性修订，以反映近年来的研究进展与思考深化：第一章发表于江伊莉（Elizabeth Childs-Johnson）主编之《牛津早期中国手册》（*The Oxford Handbook of Early China*），牛津大学出版社，第596–614页；第三章发表于《考古科学杂志》（*Journal of Archaeological Science*）（第100期：第88–101页），题为《西汉中心的铁器生产和交换系统：对邰城遗址群铁制品和制造业遗存的科学研究》（An iron production and exchange system at the center of the Western Han empire: scientific study of iron products and manufacturing remains from the Taicheng site complex）；第四章与第五章发表于《亚洲考古研究》（*Archaeological Research in Asia*）（第17期：第117–132页），题为《汉帝国都城地区的经济嵌入与小规模铁器生产：从动物遗骸的角度看问题》（Economic embeddedness and small-scale iron production in the capital region of the Han Empire: the perspective from faunal remains）；第六章发表于《亚洲视角》（*Asian Perspectives*）（第59卷第1期：第117–158页），题为《中华帝国早期的一体化和区域市场体系：渭河流域铁器和青铜器分布的个案研究》（Integration and regional market system in the early Chinese empires: a case study of the distribution of iron and bronze objects in the Wei River valley）。感谢相关编辑团队提供的审阅意见，对书稿完善助益良多。

本书诸多内容，均得益于2011年至2013年笔者参与的陕西邰城遗址的发掘项目，以及自2009年以来，笔者对河南、山东，尤其是湖南、广东等地金属生产或相关遗址进行的多次田野考察。谨此衷心感谢种建荣院长多年来提供的宝贵建议与鼎力协助。亦感谢孙周勇、田亚岐、王占奎、杨岐黄、张鹏程、赵凤燕、赵艺蓬诸位专家（按姓氏拼音排名），在项目过程中给予的支持与帮助。邰城发掘团队其他成员在资料采集与测量方面亦贡献良多，特此致谢。陕西地区其他学界同人亦曾于不同阶段给予协助，恕未能一一列名，亦铭感于心。

此外，笔者还要感谢常怀颖、邰向平、马赛、谢肃、王辉、于薇、余雯晶等友人。自2009年以来，暑期调查期间的共事时光，以及关于考古与历史交织关系的深入讨论，均给予我极大的启发，帮助我更深刻地理解汉代物质文化的复杂面貌。特别致谢北京大学的老师：崔剑锋教授、雷兴山教授、孙庆伟教授（按姓氏拼音排名），以及已故的刘绪教授，他们的教诲与支持铭刻于心。

本书得以成稿，也离不开以下学界友人的支持与反馈，他们在不同阶段提供了建议，或在陕西以外的研究计划中助我一臂之力：安赋诗（Francis Allard）、范旼澔（Mick Atha）、白云翔、纳撒尼尔·厄尔布-萨图尔洛（Nathaniel Erb-Satullo）、黄铭崇、莉萨·基尔霍夫（Lisa Kealhofer）、李秀珍、李志鹏、刘思然、吕良波、罗胜强、马萧林、莫林衡、黄慧怡、姚辉芸（Alice Yao）、游逸飞、张吉、张强禄、张周瑜，以及其他众多学者和朋友。

本书的研究与出版获得香港研究资助局（RGC）一般研究基金及香港中文大学文学院直接资助，在此谨表谢忱。同时也要感谢谢雅妍、胡心儿、邹钰淇三位研究助理与研究生协助制图与整理参考文献。尼尔·奥赖利（Neil O'Reilly）对早期书稿进行了细致的校阅，其贡献亦功不可没。此外，研究生陈虞通、肖毓绮、张钊等人也在成书过程中提供了帮助。本书英文版的编辑戴维·威尔姆赫斯特（David Wilmshurst）始终敦促我澄清问题、深化论点，对本书的完成有莫大助益。

本书定稿之后，适逢近年来陕西田野考古工作的持续推进，尤以城南杜城铸铁作坊的发现为甚，促使我意识到，部分既有观点在杜城报告与研究成果发表后，有必要进行修订与反思。谨此感谢陕西省考古研究院种建荣院长，以及孙战伟、强玉为、夏倍朝诸位老师的支持与信任，使我有机会参与相关资料的整理工作，并据此对过往的理解有所更新。但本书所持诸多观点，仍主要基于2021年以前之工作与资料，受限于作者学力，未能尽善，尚祈读者海涵。作者之所以不避浅陋而付梓此书中文版，正是期望本书得以作为进一步研究与批评之基础。

中文版之出版，蒙中国工人出版社编辑团队悉心策划与统筹，在此谨致谢忱。唯因篇幅所限，原书部分注释与图片未能收录，望读者见谅，并请有兴趣者参阅英文原版。感谢宋珮怡同学对本书进行的细致翻译。初稿完成后，本人亦参与了校订工作，并修改与补充了部分术语。本书之修订与校对工作，承香港特别行政区政府研究资助局优配研究金（RGC-GRF#14615723）及香港中文大学—斯坦福大学行为科学高等研究中心（CUHK–CASBS, Stanford）研究资助，特此一并致谢。

最后，衷心感谢我的妻子廖明英在本书撰写过程中给予的全力支持，也感谢我的两个儿子林以霖与林以近，以及父母、姐姐与岳母。若无家人的体谅与鼓励，本书将无法顺利完成。

参考文献

（本书保留了英文原著的参考文献及排列顺序。本书正文脚注及图、表说明引用、参考的古籍、学者研究成果均可在参考文献中找到具体信息）

Allard, Francis
2006 Frontiers and Boundaries: The Han Empire From its Southern Periphery. In, *Archaeology of Asia*. Miriam T. Stark (ed.), Pp. 233-254. Malden, MA: Blackwell Publishing Inc.

Appadurai, Arjun
1986 Introduction: Commodities and the Polities of Value. In, *The Social Life of Things*. Arjun Appadurai (ed.), Pp. 3-63. Cambridge: Cambridge University Press.

Arnold, Dean E.
2014 *The Evolution of Ceramic Production Organization in a Maya Community*. Boulder, CO: University Press of Colorado.

白云翔
2005 先秦两汉铁器的考古学研究. 北京：科学出版社.
2011 汉长安城手工业生产遗存的考古学研究. 见汉长安城考古与汉文化. 中国社会科学院考古研究所等编，97-161. 北京：科学出版社.
2014 汉代"蜀郡西工造"的考古学论述. 四川文物 2014(6):39-51.
2020 东周秦汉时期齐都临淄的金属冶铸业综合考察. 见临淄齐故城冶铸业考古. 中国社会科学院考古研究所等编，1131-1152. 北京：科学出版社.

白云翔，清水康二 编
2007 山东省临淄齐国故城汉代镜范的考古学研究. 北京：科学出版社.

Bagley, Robert W.
1993 Replication Techniques in Eastern Zhou Bronze Casting. In, *History from Things: Essays on Material Culture*. Steven Lubar and David W. Kingery (eds.), Pp. 231-241. Washington and London: Smithsonian Institution Press.
1995 What the Bronzes from Hunyuan Tell us about the Foundry at Houma. *Orientations* 26(1):46-54.
1996 Debris from the Houma Foundry. *Orientations* 27(9):50-58.
2009 Anyang Mold-making and the Decorated Model. *Artibus Asiae* 69(1):39-90.

Bang, Peter F.
2006 Imperial Bazaar: Towards a Comparative Understanding of Markets in the

Roman Empire. In, *Ancient Economies Modern Methodologies: Archaeology, Comparative History, Models and Institutions.* Peter F. Bang, Mamoru Ikeguchi, and Harmut Ziche (eds.), Pp. 51-88. Bari: Edipuglia.
2008 *The Roman Bazaar: A Comparative Study of Trade and Markets in a Tributary Empire.* Cambridge: Cambridge University Press.
2009 Commanding and Consuming the World: Empire, Tribute, and Trade in Roman and Chinese History. In, *Rome and China: Comparative Perspectives on Ancient World Empires.* Walter Scheidel (ed.), Pp.100-120. Oxford: Oxford University Press.

宝鸡市 [宝鸡市考古工作队]
1991 宝鸡市谭家村春秋及唐代墓. 考古 1991(5):392-399.
2002 陕西陇县原子头汉墓发掘简报. 文博 2002(2):4-11.

宝鸡市&宝鸡市 [宝鸡市博物馆 & 宝鸡市渭滨区文化馆]
1979 陕西宝鸡市茹家庄东周墓. 考古 1979(5):408-411.

宝鸡市&宝鸡县 [宝鸡市博物馆 & 宝鸡县图书馆]
1980 宝鸡县西高泉村春秋秦墓发掘记. 考古与文物 1980(9):1-9.

宝鸡市&陇县 [宝鸡市考古队 & 陇县博物馆]
2001 陕西陇县韦家庄秦墓发掘简报. 考古与文物 2001(4):9-19.

Barbieri-Low, Anthony J.
2007 *Artisans in Early Imperial China.* Seattle and London: University of Washington Press.
2011 Craftsman's Literacy: Uses of Writing by Male and Female Artisans in Qin and Han China. In, *Writing and Literacy in Early China: Studies from the Columbia Early China Seminar.* Feng Li and David P. Branner (eds.), Pp. 370-400. Washington: University of Washington Press.
2019 Coerced Migration and Resettlement in the Qin Imperial Expansion. *Journal of Chinese History* 2019:1–22.

Barbieri-Low, Anthony J., and Robin D.S. Yates
2015 *Law, State, and Society in Early Imperial China: A Study with Critical Edition and Translation of the Legal Texts from Zhangjiashan Tomb no. 247.* Leiden: Brill.

Barnard, Noel
1978-79 Did the Swords Exist? Rejoinder. *Early China* 4:60-65.

Barnard, Noel, and Tamotsu Satō
1975 *Metallurgical Remains of Ancient China.* Tokyo: Nichiōsha.

北京钢铁 [北京钢铁学院压力加工专业]
1975 易县燕下都44号墓葬铁器金相考察初步报告. 考古 1975(4):241-243.

北大商周&山西 [北京大学考古学系商周组 & 山西省考古研究所]
2000 天马—曲村. 北京:科学出版社.

北京科技 [北京科技大学冶金史研究室]
1996 角楼建筑遗址出土铁器金相鉴定报告. 见汉长安城未央宫:1980—1989年

考古发掘报告.中国社会科学院考古研究所编, 269. 北京: 中国大百科全书出版社.

北京市等. [北京市文物研究所,北京科技大学科技史与文化遗产研究院, 北京大学考古文博学院及延庆区文化委员会]

2018 北京市延庆区大庄科辽代矿冶遗址群水泉沟冶铁遗址.考古 2018(6):38-50.

北科大&徐州 [北京科技大学冶金史研究所 & 徐州汉兵马俑博物馆]

1997 徐州狮子山楚王陵出土铁器的金相实验研究. 文物 1997(7):146-156.

Betts, Alison, Peter W. Jia, and John Dodson

2014 The Origins of Wheat in China and Potential Pathways for its Introduction: A Review. *Quaternary International* 348:158–168.

毕雅静

2010 回中道考. 见秦汉研究（第四辑）. 梁安和、徐卫民编，230-233. 西安: 陕西人民出版社.

Bielenstein, Hans

1980 *The Bureaucracy of Han Times*. Cambridge: Cambridge University Press.

Binford, Lewis R.

1980 Willow Smoke and Dogs' Tails: Hunter-gatherer Settlement Systems and Archaeological Site Formation. *American Anthiquity* 45:4-20.

1981 *Bones: Ancient Men and Modern Myths*. New York: Academic Press.

Blanton, Richard E.

1996 The Basin of Mexico Market Systems and the Growth of Empire. In, *Aztec Imperial Strategies*. Francis F. Berdan (ed.), Pp. 47-84. Washington, D.C.: Dumbarton Oaks Research Library and Collection.

Bowen, Joanne

1992 Faunal Remains and Urban Household Subsistence in New England. In, *The Art and Mystery of Historical Archaeology: Essays in Honor of James Deetz*. Anne Elizabeth Yentsch and Mary C. Beaudry (eds.), Pp. 267-281. Boca Raton: CRC Press.

1994 A Comparative Analysis of the New England and Chesapeake Herding Systems. In, *Historical Archaeology of the Chesapeake*. Paul Shackel and Barbara Littler (eds.), Pp. 155-167. Washington: Smithsonian Institution Press.

1998 To Market, to Market: Animal Husbandry in New England. *Historical Archaeology* 32(3):137-152.

Bowman, Alan, and Andrew Wilson

2009 Quantifying the Roman Economy: Integration, Growth, Decline? In, Quantifying the Roman Economy: Methods and Problems. Alan Bowman and Andrew Wilson (eds), Pp. 3-84. Oxford: Oxford University Press.

Braswell, Geoffrey E.

2010 The Rise and Fall of Market Exchange: A Dynamic Approach to Ancient

Maya Economy. In, *Archaeological Approaches to Market Exchange in Ancient Societies.* Christopher P. Garraty and Barbara L. Stark (eds.), Pp.127-140. Boulder: University Press of Colorado.

Bronson, Bennet

1999 The Transition to Iron in Ancient China. In, *The Archaeometallurgy of The Asian Old World.* Vincent C. Pigott (ed.), Pp. 178-198. Philadelphia: The University Museum and University of Pennsylvania.

Brughmans, Tom

2013 Thinking through Networks: A Review of Formal Network Methods in Archaeology. *Journal of Archaeological Method and Theory* 20:623-662.

Brumfiel, Elizabeth M.

1980 Specialization, Market Exchange, and the Aztec State: A View from Huexotla. *Current Anthropology* 21(4):459-478.

Brunson, Katherine, He Nu, and Dai Xiangming

2016 Sheep, Cattle, and Specialization: New Zooarchaeological Perspectives on the Taosi Longshan. *International Journal of Osteoarchaeology.* 26:460-475.

卜宪群

2018 谈我国历史上的"大一统"思想与国家治理. 中国史研究 2018(2):14-20.

曹发展

1989 陕西户县南关春秋秦墓清理记. 文博 1989(2):3-12.

曹龙

2012 西汉帝陵陪葬制度初探. 考古与文物 2012(5):82-85.

Carr, Christopher

1984 The Nature of Organization of Intrasite Archaeological Records and Spatial Analytic Approaches to Their Investigation. *Advances in Archaeological Method and Theory* 7:103-222.

Carrier, James G.

1995 *Gifts and Commodities: Exchange and Western Capitalism Since 1700.* London: Routledge.

柴怡

2017 西安地区汉代人物俑的发现与分析研究. 文博 2017(4):42-52.

Chang Chun-shu

2007 *The Rise of the Chinese Empire* (2 vols.). Ann Arbor: University of Michigan Press.

长沙[长沙铁路车站建造工程文物发掘队]

1978 长沙新发现春秋晚期的钢剑和铁器 (The new discoveries of Spring-and-Autumn steel swords and iron products in Changsha). 文物 [*Cultural Relics*] 1978 (10):44-48.

陈博

2007 两汉京畿地区城址研究, 吉林大学硕士论文.

2016 从中心到边疆——汉帝国城市与城市体系的考古学研究. 北京: 科学出

版社.

陈建立

2007 山东临淄出土战国铁器实验研究. 见临淄齐墓（第一集）. 山东省文物考古研究所编, 489-491 页. 北京：文物出版社.

2014 中国古代金属冶铸文明新探. 北京：科学出版社.

2020 新疆早期铁器的制作技术及年代学研究. 见考古学研究（十一）. 北京大学考古文博学院 & 北京大学中国考古学研究中心编, 39-55. 北京：科学出版社.

陈建立 & 韩汝玢

2000 汉诸侯王陵墓出土铁器的比较. 文物保护与考古科学 12(1):1-8.

2007 汉晋中原及北方地区钢铁技术研究. 北京：北京大学出版社.

陈建立 & 马清林

2009 甘肃出土早期铁器的金相组织及AMS-14C年代测定. 文物科技研究 6:1-13.

陈建立, 毛瑞林, 王辉, 陈洪海, 谢焱, 钱耀鹏

2012 甘肃临潭磨沟寺洼文化墓葬出土铁器与中国冶铁技术起源. 文物 2012(8):45-53.

陈建立, 杨军昌, 孙秉君, 潘岩

2009 梁带村遗址M27出土铜铁复合器的制作技术. 中国科学E辑 52 (10):3038-3045.

陈坤龙, 梅建军, 潜伟

2018 丝绸之路与早期铜铁技术的交流. 西域研究 2018(2):127-137, 150.

陈坤龙, 梅建军, 王璐

2019 中国早期冶金的本土化与区域互动. 考古与文物 2019(3):114-121.

陈靓 & 邓普迎

2017 临潼新丰秦墓人骨鉴定研究. 见临潼新丰——战国秦汉墓葬考古发掘报告. 陕西省考古研究院编, 1927—1966 页. 北京：科学出版社.

陈星灿, 刘莉, 赵春燕

2010 解盐与中国早期国家的形成. 见中国盐业考古 2：国际视野下的比较观察. 李水城 & 罗泰编, 42-65. 北京：科学出版社.

陈星宇

2020 战国秦汉粮食亩产问题再探. 中国农史 2020(1):63-72, 62.

陈雪香, 马方青, 徐龙国, 白云翔, 王祁

2020 临淄齐故城阚家寨遗址B区第Ⅰ地点植物浮选结果及分析. 见临淄齐故城冶铸业考古, 中国社会科学院考古研究所等编, 748-771 页. 北京：科学出版社.

陈业新

2002 两汉时期气候状况的历史学再考察. 历史研究 2002(4):76-95.

陈直

1980 两汉经济史料论丛. 西安：陕西人民出版社.

1986 居延汉简研究. 天津：天津古籍出版社.

Cheng Lin, and Zhang Shen
2019 From contention to unification: transformation of economic thought in the Han Dynasty and its heritage. In, *The Political Economy of the Han Dynasty and Its Legacy*. Cheng Lin, Terry Peach, and Wang Fang (eds.), Pp. 31-50. London and New York: Routledge.

程林泉,韩国河,杨军凯,吴春
1992a 西安市未央区房地产开发公司汉墓发掘简报. 考古与文物 5:32-45.
1992b 西汉陈请士墓发掘简报.考古与文物 6:5-12.

Childe, Gordon V.
1944 Archaeological Ages as Technological Stages. *The Journal of the Royal Anthropological Institute of Great Britain and Ireland* 74(1/2):7-24.

Chin, Tamara T.
2015 *Savage Exchange: Han Imperialism, Chinese Literary Style, and the Economic Imagination*. Cambridge Massachusetts: Harvard University Asia Center.

崔在容
1998 西汉初关中地区官营冶铁业探讨. 史学集刊 1998(4):7-12.

Christaller, Walter
1966 *Central Places in Southern Germany*. Englewood: Prentice-Hall.

Clark, John E., and William J. Parry
1990 Craft Specialization and Cultural Complexity. *Research in Economic Anthropology* 12:289-346.

Costin, Cathy L.
1991 Craft Specialization: Issues in Defining, Documenting, and Explaining the Organization of Production. In, *Archaeological Method and Theory Volume 3*. Michael Schiffer (ed.), Pp. 1-56. Tuscon, AZ: University of Arizona Press.
2005 Craft Production. In, *Handbook of Archaeological Methods*. Herbert Maschner and Christopher Chippindale (eds.), Pp. 1032-1105. Lanham, MD: AltaMira Press.
2007 Thinking about Production: Phenomenological Classification and Lexical Semantics. In, *Rethinking Craft Specialization in Complex Societies: Archeological Analyses of the Social Meaning of Production*. Zachary X. Hruby and Rowan K. Flad (eds.), Pp. 143-162. Archeological papers of the American Anthropological Association. Arlington, VA American Anthropological Association and the University of California Press.

Crader, Diana C.
1989 Faunal Remains from Slave Quarter Sites at Monticello, Charlottesville, Virginia. *Archaeozoologia* 3:1-12.
1990 Slave Diet at Monticello. *American Antiquity* 55(4):690-717.

Crump, James
1996 Chan-kuo Ts'e. Ann Arbor: Center for Chinese Studies, University of

Michigan.

崔景贤
1992 渭南市郊古墓葬清理简报. 文博 6:3-12.

崔景贤 & 王文学
1998 渭南市区战国、汉墓清理简报. 考古与文物 2:14-24, 13.

Dahlin, Bruce H., Bair Daniel, Timothy Beach, Matthew Moriarty, and Richard E. Terry
2010 The Dirt on Food: Ancient Feasts and Markets Among the Lowland Maya. In, *Pre-Columbian Foodways: Interdisciplinary Approaches to Food, Culture, and Markets in Ancient Mesoamerica*. John E. Staller and Michael Carrasco (eds.), Pp. 191-234, New York: Springer.

Dahlin, Bruce H., Christopher T. Jensen, Richard E. Terry, David R. Wright, and Timothy Beach
2007 In Search of an Ancient Maya Market. *Latin American Antiquity* 18(4):363-384.

De Haas, Tymon C.A., and Gijs W. Tol
2017 *The Economic Integration of Roman Italy: Rural Communities in a Globalizing World*. Leiden; Boston: Brill.

邓福秋
1994 西汉前期的市场经济和我国历史上的资本主义萌芽问题——读《史记·货殖列传》札记之二. 中国经济史研究 1994(4):41-53.

Di Cosmo, Nicola
2009 Han Frontiers: Toward an Integrated View. *Journal of the American Oriental Society* 129(2):199-214.

丁邦友 & 魏晓明
2016 秦汉物价史料汇释. 北京: 中国社会科学出版社.

杜茀远 & 韩汝玢
2005 汉长安城武库遗址出土部分铁器的鉴定. 见汉长安城武库. 中国社会科学院考古研究所编, 132-133. 北京: 文物出版社.

杜宁, 李建西, 张光明, 王晓莲, 李延祥
2011 山东临淄齐国故城东北部冶铁遗址的调查与研究. 江西理工大学学报 32(6):12-15.

杜宁, 李延祥, 张光明, 王晓莲, 李建西
2012 临淄故城南部炼铁遗物研究. 中国矿业 21(12):115-120.

段宏振
2009 赵都邯郸城研究. 北京: 文物出版社.

段清波
2017 汉长安城轴线变化与南向理念的确立——考古学上所见汉文化之一. 中原文化研究 2017(2):25-33.

Düring, Bleda S.
2020 *The Imperialisation of Assyria: An Archaeological Approach*. Cambridge:

Cambridge University Press.

Earle, Timothy K.

2011 Redistribution and the Political Economy: The Evolution of an Idea. *American Journal of Archaeology* 115(2):237-244.

江村治树

1995 战国时代的城市和城市统治. 见日本中青年学者论中国史: 上古秦汉卷. 刘俊文编, 170-211. 上海: 上海古籍出版社.

2000 春秋战国秦汉时代出土文字数据の研究. 东京: 汲古书院.

2011 春秋战国时代青铜货币の生成と展开. 东京: 汲古书院.

Erb-Satullo, Nathaniel L.

2019 The Innovation and Adoption of Iron in the Ancient Near East. *Journal of Archaeological Research* 27(4):557–607.

Erdkamp, Paul

2005 *The Grain Market in the Roman Empire.* Cambridge: Cambridge University Press.

Fargher, Lane F.

2009 A Comparison of the Spatial Distribution of Agriculture and Craft Specialization in Five State-Level Societies. *Journal of Anthropological Research* 65.3(2009):353-387.

Feinman, Gary M.

1999 Rethinking Our Assumptions: Economic Specialization at the Household Scale in Ancient Ejutla, Oaxaca, Mexico. In, *Pottery and People: A Dynamic Interaction.* James M. Skibo and Gary M. Feinman (eds), Pp. 81-105. Salt Lake City: The University of Utan Press.

Feinman, Gary M., and Christopher P. Garraty

2010 Preindustrial Markets and Marketing: Archaeological Perspectives. *Annual Review of Anthropology* 39(2010):167-191.

Feinman, Gary M., and Linda M. Nicholas

2012 The Late Prehispanic Economy of the Valley of Oaxaca, Mexico: Weaving Threads from Data, Theory, and Subsequent History. In, *Political Economy, Neoliberalism, and the Prehistoric Economies of Latin America.* Ty Matejowsky and Donald Wood (eds.), Pp. 225-258. Bingley, UK: Emerald Group Publishing.

冯时

2015《保训》故事与地中之变迁. 考古学报 2015(2):129-156.

Fine, Ben

1997 Review of Gifts and Commodities: Exchange and Western Capitalism Since 1700. By James G. Carrier. London: Routledge, 1995. Pp. xvi, 240. £45.00. *The Journal of Economic History*, 57(3):772-773.

Finley, Moses I.

1999[1973] *The Ancient Economy.* Berkeley: University of California Press.

Fish, Suzanne. K., and Stephen A. Kowalewski (eds.)
1990 *The Archaeology of Regions: A Case For Full-coverage Survey*. Washington, D.C.: Smithsonian Institution Press.

Flad, Rowan
2011 *Salt Production and Social Hierarchy in Ancient China*. Cambridge: Cambridge University Press.
2018 Where Did the Silk Road Come From? In, *The China Questions: Critical Insights into a Rising Power*. Jennifer Rudolph and Michael Szonyi (eds.), Pp. 237-243. Cambridge, MA and London, England: Harvard University Press.

Franklin, Ursula M
1999 *The Real World of Technology*. Toronto: Anansi.

傅筑夫
1982 中国封建社会经济史. 北京: 人民出版社.

藤田胜久
2016 中国古代国家と情報伝达: 秦汉简牍の研究. 东京: 汲古书院.

Gale, Esson M.
1967 *Discourses on Salt and Iron: A Debate on State Control of Commerce and Industry in Ancient China (chapters I-XXVIII translated from the Chinese of Huan K'uan with introduction and notes)*. Taipei: Ch'eng-wen Publishing Company.

高杰
2019 汉代地方工官研究: 以出土骨签与漆器铭文为中心. 南京: 凤凰出版社.

高敏
1986 东汉盐、铁官制度辨疑. 中州学刊 1986(4):90-93, 89.

高若次 & 王桂枝
1988 宝鸡县甘峪发现一座春秋早期墓葬. 文博 4:21.

高维刚
2008 秦汉市场研究. 成都: 四川大学出版社.

高至喜
2012 湖南楚墓与楚文化. 长沙: 岳麓书社.

高忠玉 & 赵彩秀
1996 西北林学院基建中发现的古墓. 文博 5:65-73.

Gardner, Andrew
2012 Time and Empire in the Roman World. *Journal of Social Archaeology* 12(2):145-166.

Garraty, Christopher P.
2009 Evaluating the Distributional Approach to Inferring Market Exchange: A Test Case From the Mexican Gulf Lowlands. *Latin American Antiquity* 20:157-174.
2010 Investigating Market Exchange in Ancient Societies: A Theoretical Review. In, *Archaeological Approaches to Market Exchange in Ancient Societies*.

Christopher P. Garraty and Barbara L. Stark (eds.), Pp.3-32. Boulder: University Press of Colorado.

葛剑雄
1986 西汉人口地理.北京:人民出版社.
1990 西汉长安——陵县中国最早的城市群.见纪念顾颉刚学术论文集.尹达编,676-680.成都:巴蜀出版社.

葛全胜
2011 中国历朝气候变化.北京:科学出版社.

葛全胜,王顺兵,郑景云
2006 过去5000年中国气温变化序列重建.自然科学进展16(6):689-696.

Gettens, Rutherford J., Roy S. Clarke Jr., and William T. Chase
1971 *Two Early Chinese Bronze Weapons with Meteoritic Iron Blades*. Freer Gallery of Art Occasional Paper.

Gidney, Louisa
2000 Economic Trends, Craft Specialisation and Social Status: Bone Assemblages from Leicester. In, *Animal Bones, Human Societies*. Peter Rowley-Conwy (ed.), Pp. 170-178. Oxford: Oxbow Books.

Gordon, Robert B.
1996 *American Iron: 1607-1900*. Baltimore and London: The Johns Hopkins University Press.

Grant, Annie
1982 The Use of Tooth Wear as a Guide to the Age of Domestic Animals. In, *Ageing and Sexing Animal Bones from Archaeological Sites*. Bob Wilson, Caroline Grigson, and Sebastian Payne (eds.), Pp.91-108. Oxford: BAR.

Greenfield, Haskel J., and Miller, Duncan
2004 Spatial Patterning of Early Iron Age Metal Production at Ndondondwane, South Africa: the Question of Cultural Continuity Between the Early and Late Iron Age. *Journal of Archaeological Science* 31:1511-1532.

Gregory, Christopher A.
1982 *Gifts and Commodities*. London: Academic Press Inc. .
1997 *Savage Money: The Anthropology and Politics of Commodity Exchange*. Amsterdam: Harwood Academic Publishers.

郭浩
2011 汉代地方财政研究.济南:山东大学出版社.

管子校注
2009 管子校注,黎翔凤注.北京:中华书局.

郭美玲,陈坤龙,梅建军,孙占伟,邵晶
2014 陕西黄陵寨头河战国墓地出土铁器的初步科学分析研究.考古与文物 2014(2):121-127.

郭物
2009 From Western Asia to the Tianshan Mountains: On the Early Iron Artefacts

Found in Xinjiang. In, *Metallurgy and Civilisation: Eurasia and Beyond (Proceedings of the 6th International Conference on the Beginnings of the Use of Metals and Alloys)*. Mei Jianjun and Thilo Rehren (eds.), Pp. 107-115. London: Archetype.

Guo Yanlong
2016 *Affordable Luxury: The Entanglements of Metal Mirrors in Han China (202 BCE-220 CE)*, Ph.D dissertation, University of British Columbia,.
2018 The Monetary Value of Bronze Mirrors in the Han Dynasty. *T'oung Pao* 104(1-2):66-115.

国家[国家文物局] (编)
1998 中国文物地图集·陕西分册.西安:西安地图出版社.

国务院 & 国家 [国务院三峡工程建设委员会办公室,国家文物局]
2003 秭归柳林溪.北京:科学出版社.

韩保全 & 程林泉
1991 西安北郊枣园村汉墓发掘简报.考古与文物 1991(4):34-41.
1992 西安北郊枣园汉墓第二次发掘简报.考古与文物 1992(5):23-34.

韩国河 & 张继华
2015 汉代聚落考古的几个问题.中原文物 2015(6):22-26.

韩国河 & 张翔宇
2011 西安地区中小型西汉墓的分期与年代研究.考古学报.2011(2):213-244.

韩茂莉
2017 近代山西乡村集市的地理空间与社会环境.中国经济史研究 2017(1):115-125.

韩汝玢
1987 吉林榆树老河深鲜卑墓葬出土金属文物的研究.见榆树老河深.吉林省文物研究所编, 146-156.北京:文物出版社.
1998 中国早期铁器（公元前 5 世纪以前）的金相学研究.文物 1998(2):87-96.

Han Rubin, and Chen Jianli
2013 Casting Iron in Ancient China. In, *The World of Iron.* Jane Humphris and Thilo Rehren (eds.), Pp.168-77. London: Archetype.

Han, Rubin, and Duan Hongmei
2009 An Early Iron-using Center in the Ancient Jin State Region (8th - 3rd century BC). In, *Metallurgy and Civilisation: Eurasia and Beyond.* Mei Jianjun and Thilo Rehren (eds.), Pp. 99-106. London: Archetype.

韩汝玢 & 柯俊
2007 中国科学技术史（矿冶卷）.北京:科学出版社.

韩伟 & 焦南峰
1988 秦都雍城考古发掘研究综述.考古与文物.1988 (5&6):111-26.

韩宜良,罗武干,刘剑,白云翔,王昌燧
2012 济南运署街汉代铁工场遗址的相关问题探讨.文物保护与考古科.2012(4):25-32.

汉书
1997[1962] 汉书,（汉）班固撰,（唐）颜师古注. 北京：中华书局.
林巳奈夫
1975 汉代の饮食. 东方学报. 48:1-98.
何堂坤, 王继红, 靳枫毅
2004 延庆山戎文化铜柄铁刀及其科学分析. 中原文物 2004 (2):71-75.
贺喜
2012 明末至清中期湘东南矿区的秩序与采矿者的身份. 中国社会经济史研究 2012(2):19-20.
河北 [河北省文物研究所]
1985 藁城台西商代遗址. 北京：文物出版社.
1996 燕下都. 北京：文物出版社.
河南 [河南省文物考古研究所]
1993 河南新发现"扶戈当析"陶范. 中国钱币 1993(2):53-55, 63.
1994 新郑新发现的战国钱范. 华夏考古 1994(4):14-20.
2006 新郑郑国祭祀遗址. 郑州：大象出版社.
2009 河南泌阳县下河湾冶铁遗址调查报告. 中原文物 2009(4):16-28.
河南编写组 [河南省博物馆《中国冶金史》编写组]
1978 汉代叠铸：温县烘范窑的发掘和研究. 北京：文物出版社.
河南等 [河南省文物考古研究院, 鲁山县文物保护管理所, 城市考古与保护国家文物局重点科研基地]
2021 鲁山望城岗冶铁遗址 2018 年度调查发掘简报. 华夏考古 2021(1):14-39.
河南文化局[河南省文化局文物工作队]
1959 郑州二里冈. 北京：科学出版社.
1962 巩县铁生沟. 北京：文物出版社.
河南文物[河南省文物研究所]
1991a 南阳北关瓦房庄汉代冶铁遗址发掘报告. 华夏考古 1991(1):1-110.
1991b 河南新郑郑韩故城制陶作坊遗迹发掘简报. 华夏考古 1991(03):33-54.
1994 南阳瓦房庄汉代制陶、铸铜遗址的发掘. 华夏考古 1994(1):31-44.
河南文物&鲁山 [河南省文物考古研究所&鲁山县文物管理委员会]
2002 河南鲁山望城岗汉代冶铁遗址一号炉发掘简报. 华夏考古 2002(1):3-11.
河南文物 & 三门峡 [河南省文物考古研究所&三门峡市文物工作队]
1999 三门峡虢国墓. 北京：文物出版社.
河南文物&中国 [河南省文物研究所&中国历史博物馆考古部]
1992 登封王城岗与阳城. 北京：文物出版社.
河南文物等 [河南省文物研究所, 河南省丹江库区考古发掘队, 淅川县博物馆]
1991 淅川下寺春秋楚墓. 北京：文物出版社.
Henn, Roselle E.
1985 Reconstructing the Urban Foodchain: Advances and Problems in Interpreting Faunal Remains Recovered from Household Deposits. *American Archaeology* (5):202-209.

Henry, Susan L.
1987a A Chicken in Every Pot: The Urban Subsistence Pattern in Turn-of-the-century Phoenix, Arizona. In, *Living in Cities: Current Research in Urban Archaeology*. Edward Staski (ed.), Pp. 19-28. Pleasant Hill: CA Society for Historical Archaeology.
1987b Factors Influencing Consumer Behavior in Turn-of-the-century Phoenix, Arizona. In, *Consumer Choice in Historical Archaeology*. Suzanne Spence-Wood (ed.), Pp. 359-381. Plenum: New York.

Hietala, Harold J.
1984 Intrasite spatial analysis: a brief overview. In, *Intrasite Spatial Analysis in Archaeology*. Harold J. Hietala (ed.), Pp. 1-3. Cambridge: Cambridge University Press.

Hingley, Richard
2005 *Globalizing Roman Culture: Unity, Diversity, and Empire*. London: Routledge.

Hirth, Kenneth G.
1998 The Distributional Approach: A New Way to Identify Marketplace Exchange in the Archaeological Record. *Current Anthropology* 39(4):451-476.
2009 Housework and Domestic Craft Production: An Introduction. In, *Housework: Craft Production and Domestic Economy in Ancient Mesoamerica*. Kenneth G. Hirth (ed.), Pp. 1-12. Archaeological Papers of the American Anthropological Association.

Hirth, Kenneth G. and Joanne Pillsbury (eds)
2013 *Merchants, Markets, and Exchange in the Pre-Columbian World*. Washington D.C.: Dumbarton Oaks Research Library and Collection.

Hitchner, Bruce R.
2005 "The Advantage of Wealth and Luxury": The Case for Economic Growth in the Roman Empire. In, *The Ancient Economy: Evidence and Models*. Ian Morris and Joseph G. Manning (eds.), Pp. 207-222. Stanford: Stanford University Press.
2012 Roads, Integration, Connectivity and Economic Performance in the Roman Empire. In, *Highways, Byways, and Road Systems in the Pre-Modern World*. Susan Alcock, John Bodel and Richard J.A. Talbert (eds.), Pp. 222-234. Hoboken: Wiley-Blackwell.

洪石
2006 战国秦汉漆器研究. 北京: 文物出版社.

Horden, Peregrine, and Nicholas Purcell
2000 *The Corrupting Sea: A Study of Mediterranean History*. Oxford: Blackwell.

后汉书
2018[1965] 后汉书, 范晔撰, 李贤等注. 北京: 中华书局.

侯宁彬
2004 西安地区汉代墓葬的分布. 考古与文物 2004(5):50-57.
后晓荣
2009 秦代政区地理. 北京: 社会科学文献出版社.
邢义田
2011 [1983] 试释汉代的关东、关西与山东、山西. 见治国安邦:法制、行政与军事, 180-210. 北京: 中华书局.
2011[1989] 汉代案比在县或在乡?. 见治国安邦：法制、行政与军事, 211-248 页. 北京: 中华书局.
2020　有待发掘的汉武帝「外长城」——边塞汉简研究的未来. 古今论衡 34:4-52.
许倬云
1980 *Han Agriculture: The Formation of Early Chinese Agrarian Economy (206 B.C.-A.D. 220)*. Edited by Jack L. Dull. Seattle: University of Washington Press.
2006 [1965] 中国古代社会史论：春秋战国时期的社会流动. 桂林：广西师范大学出版社.
胡方
2015 汉武帝"广关"措置与西汉地缘政策的变化——以长安、洛阳之间地域结构为视角. 中国历史地理论丛 2015(3):40-46.
胡洪琼
2012 殷墟时期牛的相关问题探讨, 华夏考古 2012(3):47-54.
胡松梅,刘振东,张建锋
2006 西安汉长安城城墙西南角遗址出土动物骨骼研究报告. 文博 2006(5):59-60.
Hua Jueming
　　1983 The Mass Production of Iron Castings in Ancient China. *Scientific American* 248(1):121-124.
黄今言
2003 论秦汉商品市场发育水平的几个问题. 中国经济史研究 2003(3):93-102.
2005 秦汉商品经济研究. 北京: 人民出版社.
黄永美
2013 西汉长城若干问题研究, 西北大学博士论文.
黄展岳
1976 关于中国开始冶铁和使用铁器的问题.文物 1976(8):62-70.
湖北 [湖北省文物考古研究所]
1995 江陵九店东周墓. 北京: 科学出版社.
2000 湖北宜昌县上磨垴周代遗址的发掘. 考古 2000 (9):22-35, 99.
2011 湖北丹江口市薄家湾遗址发掘简报. 江汉考古 2011 (1):42-58.
湖北 & 湖北 [湖北省文物考古研究所,湖北省文物局南水北调办公室]
2010 湖北郧西张家坪遗址发掘简报. 江汉考古 2010 (3):3-19.
湖北 & 广水市 [湖北省文物考古研究所,广水市博物馆]

2008 湖北广水巷子口遗址发掘简报. 江汉考古 2008 (1):15-36.

湖北等 [湖北省文物考古研究所, 荆门市博物馆, 襄荆高速公路考古队]
2006 荆门左冢楚墓. 北京: 文物出版社.

湖北 & 老河口 [湖北省文物考古研究所 & 老河口市博物馆]
2003 湖北老河口杨营春秋遗址发掘简报. 江汉考古 2003 (3):16-31.

湖北 & 孝感 [湖北省文物考古研究所 & 湖北省孝感市博物馆]
2006 孝感大家园东周遗址发掘简报. 江汉考古 2006 (2):12-16.

湖北博物馆 [湖北省博物馆]
1982a 楚都纪南城的勘察与发掘(上). 考古学报 1982 (3):323-350.
1982b 楚都纪南城的勘察与发掘(下). 考古学报 1982 (4):477-507.

湖北荆地 [湖北省荆州地区博物馆]
1982 江陵天星观 1 号楚墓. 考古学报 1982 (1):82-103.
1984 江陵雨台山楚墓. 北京: 文物出版社.

湖北荆沙 [湖北省荆沙铁路考古队]
1991 包山楚墓. 北京: 文物出版社.

湖北荆州 [湖北省荆州博物馆]
2003 荆州天星观二号楚墓. 北京: 文物出版社.

湖北文物局 & 湖北省南水北调 [湖北省文物局 & 湖北省南水北调管理局]
2018 荆州张家台遗址. 北京: 科学出版社.

Huelsbeck, David R.
1991 Faunal Remains and Consumer Behavior: What Is Being Measured? *Historical Archaeology* 25(2):62-76.

Hulsewe, Anthony F. P.
1985 *Remants of Ch'in Law*. Leiden, Netherlands: Brill.

湖南省等 [湖南省文物考古研究所, 湖南张家界市文物局, 湖南桑植县文物局, 香港中文大学人类学系/历史系]
2019 湖南桑植官田冶炼遗址发掘简报及冶金分析研究. 南方文物] 2019(3):69-92.

池田雄一
2017 中国古代的聚落与地方行政. 上海: 复旦大学出版社.

Jaang Li
2015 The Landscape of China's Participation in the Bronze Age Eurasian Network. *Journal of World Prehistory* 28(3):179-213.

Jennings, Justin
2011 *Globalizations and the Ancient World*. Cambridge: Cambridge University Press.

冀朝鼎
1981[1930] 中国历史上的基本经济区与水利事业的发展. 北京: 中国社会科学出版社.

贾腊江
2011 秦早期青铜器科技考古学研究. 北京: 科学出版社.

蒋璐
2016 北方地区汉墓的考古学研究. 杭州: 浙江大学出版社.
江苏 & 南京 [江苏省文物管理委员会 & 南京博物院]
1965 江苏六合程桥东周墓. 考古 1965 (3):105-115.
焦南峰
2006 汉阳陵从葬坑初探. 文物 2006(7):51-57.
2013 西汉帝陵形制要素的分析与推定. 考古与文物 2013(5):72-81.
焦南峰 & 马永赢
2011 西汉帝陵选址研究. 考古 2011(11):76-82, 113.
晋文
2011 桑弘羊评传. 南京: 南京大学出版社.
2021 秦汉土地制度研究. 北京: 社会科学文献出版社.
金学山
1957 西安半坡的战国墓葬. 考古学报 1957(3):63-92.
荆门 [荆门市博物馆]
1990 荆门市响岭岗东周遗址与墓地发掘简报. 江汉考古 1990 (4):12-55.
影山刚
1984 中国古代的制铁手工业と专卖制. 见中国古代の商工业と专卖制, 271-309. 东京: 东京大学出版会.
柿沼阳平
2011 中国古代货币经济史研究. 东京: 汲古书院.
纸屋正和
1994 两汉时代的商业と市. 东洋史研究 52(4):655-682.
加藤繁
1993[1918] 汉代的国家财政和帝室财政区别及帝室财政一斑. 见日本学者研究中国史论著选译（vol.3）. 刘俊文编, 294-388. 北京: 中华书局.
柯俊, 吴坤仪, 韩汝玢, 苗长兴
1993 河南古代一批铁器的初步研究. 中原文物 1993(1):95-104, 87.
Keightley, David N
1976 Where Have All the Sword Gone? Reflections on the Unification of China. *Early China* 2:31-34.
Kelley, Klara B.
1976 Dendritic Central-Place Systems and the Regional Organization of Navajo Trading Posts. In, *Regional Analysis (Volume I): Economic System*. Carol A. Smith (ed.), Pp.219-254. New York: Academic Press.
Kidder, Tristram R., Liu Haiwang, and Li Minglin
2012 Sanyangzhuang: Early Farming and a Han Settlement Preserved Beneath Yellow River Flood Deposits. *Antiquity* 86:30–47.
Kim, Kyung-ho, and Lai Mingchiu
2018 An overview of the Qin-Han legal system from the perspective of recently unearthed documents. In, *Routledge Handbook of Early Chinese History*. Paul

R. Goldin (ed.), Pp. 386-404. Abingdon, Oxon: Routledge.

Kim, Nam
2018 Sinicization and Barbarization: Ancient State Formation at the Southern Edge of Sinitic Civilization. In, *Imperial China and Its Southern Neighbours*. Victor H. Mair and Liam Kelley (eds.), Pp. 43-79. Cambridge: Cambridge University Press.

König, Horst Erich, and Hans Georg Liebich
2020 *Veterinary Anatomy of Domestic Mammals (7th edition)*. Stuttgart: Thieme Medical Publishers.

Korolkov, Maxim
2021 *The Imperial Network in Ancient China: The Foundation of Sinitic Empire in Southern East Asia*. New York and London: Routledge.

Korolkov, Maxim, and Anke Hein
2020 State-Induced Migration and the Creation of State Spaces in Early Chinese Empires:
Perspectives from History and Archaeology. *Journal of Chinese History* 5(2):1-23.

黎明钊
2013 辐辏与秩序:汉帝国地方社会研究. 香港: 香港中文大学出版社.

Landon, David B.
1996 Feeding Colonial Boston: A Zooarchaeological Study. *Journal of the Society for Historical Archaeology*. 30(1):1-153.
1997 Interpreting Urban Food Supply and Distribution Systems from Faunal Assemblages: An Example from Colonial Massachusetts. *International Journal of Osteoarchaeology*. 7(1):51-64.

林永昌
2014 Everything Old is New Again? Rethinking the Transition to the Cast Iron Production in the Central Plains of China. *Journal of Anthropological Research* 70:511-542.
2019 秦汉陶文性质所见行政与手工业制度演变:以关中为中心. 中国古代政治制度与历史地理——严耕望先生百龄纪念论文集. 99-126. 济南:齐鲁书社.
2020 Integration and the Regional Market System in the Early Chinese Empires: A Case Study of the Distribution of Iron and Bronze Objects in the Wei River Valley. *Asian Perspectives* 59(1):117-158.

林永昌 & 陈建立
2017 东周时期铁器技术与工业的地域性差异. 南方文物 2017(3):98-106.

林永昌,陈建立,种建荣,雷兴山
2017 论秦国铁器普及化与关中地区战国时期铁器流通模式. 中国国家博物馆馆刊 3:36-53.

Lam Wengcheong, Chen Jianli, Chong Jianrong, Lei Xingshan, and Tam Wai-lun
2018 An Iron Production and Exchange System at the Center of the Western Han

Empire: Scientific Study of Iron Products and Manufacturing Remains from the Taicheng Site Complex. *Journal of Archaeological Science* 100:88-101.

林永昌,郑婧,陈建立
2017 西汉地方铸铁作坊的技术选择：以关中邰城作坊冶金陶瓷科技分析为例. 南方文物 2017(2):121-130.

Lam Wengcheong, Chong Jianrong, Lei Xingshan, and Chen Jianli
2019 Economic Embeddedness and Small-scale Iron Production in the Capital Region of the Han Empire: The Perspective from Faunal Remains. *Archaeological Research in Asia* 17:117-132.

Lam Wengcheong, Zhang Qianglu, Chen Jianli, and Wu Sumyi
2020 Provision of Iron Objects in the Southern Borderlands of the Han Empire: A Metallurgical Study of Iron objects from Han Tombs in Guangzhou. *Archaeological and Anthropological Sciences* 12:230.

劳榦
1971 汉代黄金及铜钱的使用问题. 历史语言研究所集刊 42:341-390.
1993 汉简人物眼中的世界（The world portraited in Han bamboo slips）. 见汉简研究的现状与展望.大庭修编, Pp. 16-21. 吹田：关西大学出版社.

Larreina, David, Li Yanxiang, Liu Yaxiong, and Marcos Martinón-Torres
2018 Bloomery Iron Smelting in the Daye County (Hubei): Technological Traditions in Qing China. *Archaeological Research in Asia* 16:148-165.

Legge, James D.D.
1876 *The She King (The Book of Ancient Poetry): Translated in English Verse, with Essays and Notes*. London: Trubner & Co., 57 & 59, Ludgate Hill.

雷从云
1980 战国铁农具的考古发现及其意义. 考古 1980 (3) :259-260.

冷鹏飞
2002a 战国秦汉时期农业领域商品经济的发展. 湖南师范大学社会科学学报 31(1):122-128.
2002b 中国古代社会商品经济形态研究. 北京：中华书局.

Lewis, Mark Edward
1999 Warring States Political History. In, *The Cambridge History of Ancient China: From the Origins of Civilization to 221 BC*. Michael Loewe and Edward Shaughnessy (eds.), Pp.587-650. Cambridge: Cambridge University Press.

Li Feng
2006 *Landscape and Power in Early China: The Crisis and Fall of the Western Zhou, 1045-771 BC*. Cambridge: Cambridge University Press.

李根蟠
2001 汉魏之际社会变迁论略. 中国社会历史评论（第3辑），1-27. 北京：中华书局.

李健
2009 新泰单家庄矿冶遗址综合研究, 山东大学硕士论文.

李剑农
1957 先秦两汉经济史稿. 北京: 三联书店.

李京华
1994[1985] 秦汉铁范铸造工艺探讨. 见中原古代冶金技术研究, 107-119. 郑州: 中州古籍出版社.
1994[1993] 中国秦汉冶铁技术与周围地区的关系. 见中原古代冶金技术研究, 190-204. 郑州: 中州古籍出版社.
2000 汉代大铁官职官管理体系的再研究. 中原文物 2000(4):27-32.

李京华 & 陈长山
1995 南阳汉代冶铁. 郑州: 中州古籍出版社.

李令福
2004 关中水利开发与环境. 北京: 人民出版社.
2012 论西汉关中平原的水运交通. 唐都学刊 28(2):5-14.

李新伟
2020 第一个"怪圈"——苏秉琦"大一统"思想束缚论述的新思考. 南方文物 2020(3):1-13.

Li Xiuzhen
2020 *Bronze Weapons of the Qin Terracotta Warriors: Standardisation, Craft Specialisation and Labour Organisation*. Oxford: BAR Publishing.

李秀辉
2006 郑国祭祀遗址出土部分铁器的金相实验研究. 新郑郑国祭祀遗址. 河南省文物考古研究所, 1050-1057. 郑州: 大象出版社.

Li Yung-Ti
2007 Co-Craft and Multicraft: Section-Mold Casting and the Organization of Craft Production at the Shang Capital of Anyang. In, *Craft Production in Complex Societies: Multicraft and Producer Perspective*. Shimada Izumi (ed.), Pp. 184-223. Salty Lake City: University of Utah Press.

李永迪, 岳占伟, 刘煜
2007 从孝民屯东南地出土陶范谈对殷墟青铜器的几点新认识. 考古 2007(3):52-63.

李志鹏
2011 殷墟孝民屯遗址出土家猪的死亡年龄与相关问题研究. 江汉考古 2011(4):89-96.
2020 临淄齐故城阚家寨遗址出土动物遗存的鉴定与分析. 见临淄齐故城冶铸业考古. 中国社会科学院考古研究所等编, 730-741. 北京: 科学出版社.

李志鹏, 江雨德, 何毓灵, 袁靖
2010 殷墟铁三路制骨作坊遗址出土制骨遗存的分析与初步认识. 中国文物报, 2010/09/25, 7.

李志鹏,何毓灵,江雨德
2011 殷墟晚商制骨作坊与制骨手工业的研究回顾与探讨.三代考古（四），471-480.北京：科学出版社.
李众
1975 中国封建社会前期钢铁冶炼技术发展的探讨.考古学报 1975 (2):1-21.
1976 关于藁城商代铜钺铁刃的分析.考古学报 1976(2):17-34.
梁万斌
2013 从长安到洛阳：汉代的关中本位政治地理,复旦大学博士学位论文.
2016 《津关令》与汉初之政治地理建构.复旦学报（社会科学版）2016(2):46-53.
梁云
2020 西垂有声：《史记·秦本纪》的考古学解读.北京：生活·读书·新知三联书店.
Lie, John
1997 Sociology of Markets. *Annual Review of Sociology* 23:341-360
林森
2014 商周时期"百工"研究.史学集刊 2014(1):105-112.
林益德
2008 论前汉山海池泽业务与少府之关系.中兴史学 14:1-38.
刘成
1999 龙首原西汉早期墓出土金属器件的能谱及金相显微组织分析.见西安龙首原汉墓.西安市文物保护考古所编, 262-270.西安：西北大学出版社.
刘得祯 & 朱建唐
1981 甘肃灵台县景家庄春秋墓.考古 1981 (4):298-301.
刘东亚
1962 河南新郑仓城发现战国铸铁器泥范.考古 1962(3):165-166.
刘光华
1988 汉代西北屯田研究.兰州：兰州大学出版社.
刘海峰,潜伟,陈建立
2020 临淄齐故城冶铸遗址出土冶铁遗物分析报告.见临淄齐故城冶铸业考古.中国社会科学院考古研究所等编, 966-984.北京：科学出版社.
刘江卫,夏寅,赵昆,王伟峰,杜安,周铁
2010 郑庄秦石料加工场遗址出土铁器的初步研究.中原文物 2010(5):100-103.
刘庆柱
1990 论秦咸阳城布局形制及其相关问题.文博 1990(5):200-211.
1995 汉长安城未央宫布局形制初论.考古 1995(12):1115-1124.
2000 古代都城与帝陵考古研究.北京：科学出版社.
刘庆柱 & 李毓芳
1985 秦汉栎阳城遗址的勘探和试掘.考古学报 1985(3):353-381,411-418.
2006 汉长安城考古的回顾与瞻望——纪念汉长安城考古半个世纪.考古 2006(10):12-21, 2.

刘瑞
2011 汉长安城的朝向、轴线与南郊礼制建筑. 北京: 中国社会科学出版社.
刘瑞, 李毓芳, 张翔宇, 高博
2020a [2018] 西安阎良秦汉栎阳城遗址. 见栎阳考古发现与研究. 中国社会科学院考古研究所, 西安市文物保护考古研究院编, 72-78 页. 北京: 科学出版社.
2020b [2018] 陕西西安秦汉栎阳城遗址考古取得重要收获——发现三座古城, 确定三号古城遗址为秦汉栎阳所在. 见栎阳考古发现与研究. 中国社会科学院考古研究所 & 西安市文物保护考古研究院编, 79-81 页. 北京: 科学出版社.
刘增贵
1999 居延汉简所见汉代边境饮食生活. 古今论衡 1999(12):2-18.
刘慧
1989 山东省莱芜市古铁矿冶遗址调查. 考古 1989(2):149-154.
刘兴林
2017 先秦两汉农业与乡村聚落的考古学研究. 北京: 文物出版社.
Liu Xinyi, Diane L. Lister, Zhijun Zhao et al.
2017 Journey to the East: Diverse Routes and Variable Flowering Times for Wheat and Barley en Route to Prehistoric China. *PLOS ONE* 12(e0187405).
Liu Yan
2018 Emblems of Power and Glory: The Han-period Chinese Lacquer Wares Discovered in the Borderlands. In, *Production, Distribution and Appreciation: New Aspects of East Asian Lacquer Ware*. Patricia Frick and Annette Kieser (eds.), Pp. 30-63. Leiden, The Netherlands: Brill.
Liu Yaxiong, Marcos Martinón-Torres, Chen Jianli, Sun Weigang, and Chen Kunlong
2019 Iron Decarburisation Techniques in the Eastern Guanzhong Plain, China, During Late Warring States Period: An Investigation Based on Slag Inclusion Analyses. *Archaeological and Anthropological Sciences* 11:6537–6549.
刘殷茗, 蓝万里, 王瑞雪
2021 鲁山望城岗冶铁遗址汉代植物大遗存浮选分析. 华夏考古 2021(1):88-89, 105.
刘振东
2016 简论汉长安城之郊. 考古与文物 2016(5):117-121.
2017 汉长安城综论——纪念汉长安城遗址考古六十年. 考古 2017(1):9-16.
2018 汉长安城城门遗址考古发现与研究. 华夏考古 2018(6):3-8, 99.
刘振东 & 张建锋
2006 西汉骨签的几个问题. 考古与文物 2006(3):58-62.
刘志伟
2019 代序: 中国王朝的贡赋体制与经济史——在云南大学"中国经济史研究的理论方法与发展趋势"课程上的演讲. 见贡赋体制与市场: 明清社会经济

史论稿，1-30 页. 北京: 中华书局.

刘志远

1973 汉代市井考: 说东汉市井画像砖. 文物 1973(3):52-57.

里耶秦简牍校释

2018 里耶秦简牍校释（第二卷），陈伟编. 武汉: 武汉大学出版社.

Loewe, Michael

1974 *Crisis and Conflict in Han China, 104 BC to AD 9.* London: George Allen and Unwin.

1985 Attempts at Economic Co-ordination during the Western Han Dynasty In, *The Scope of State Power in China.* Stuart R. Schram, S.R. (ed.), Pp. 237-267. New York: Chinese University Press and St. Martin's Press.

2000 *A Biographical Dictionary of the Qin, Former Han and Xin Periods (221 BC-AD 24).* Leiden: Brill.

2004 *The Men who Governed Han China: Companion to A Biographical Dictionary of the Qin, Former Han and Xin periods.* Leiden: Brill.

2006 *The Government of the Qin and Han Empires 221BCE- 220CE.* Indianapolis/Cambridge: Hackett Publishing Company, Inc.

陆德富

2018 战国时代官私手工业的经营形态. 上海: 上海古籍出版社.

论语集释

1990 论语集释，程树德注. 北京: 中华书局.

罗庆康 & 罗威

1995a 汉代盐制研究. 盐业史研究 1995(1):54-63.

1995b 汉代盐制研究续. 盐业史研究 1995(4):30-35.

1996 汉代盐制研究续. 盐业史研究 1996(1):73-80.

洛阳市 [洛阳市第二文物工作队]

2000 黄河小浪底盐东村汉函谷关仓库建筑遗址发掘简报. 文物 2000(10):12-25.

罗运兵，杨梦菲，袁靖

2006 郑国祭祀遗址动物骨骼研究报告. 见郑国祭祀遗址.河南省文物考古研究所编. 1063-1152. 郑州: 大象出版社.

Lyman, Lee R.

1984 Bone Density and Differential Survivorship of Fossil Classes. *Journal of Anthropological Archaeology.* 3:259-299.

1987 On Zooarchaeological Measures of Socioecnomic Position and Cost-Efficient Meat Purchases. *Historical Archaeology* 21(1):58-66.

2004 The Concept of Equifinality in Taphonomy. *Journal of Taphonomy* 2(1):15-26.

马大英

1983 汉代财政史. 北京: 中国财政经济出版社.

马代忠

2013 长沙走马楼西汉简《都乡七年垦田租簿》初步考察. 见出土文献研究（第

12 辑).中国文化遗产研究院编,213-222 页.北京:中西书局.

马建熙
1959 陕西耀县战国、西汉墓葬清理简报.考古 1959(3):147-149.

马俊才
1999 郑、韩两都平面布局初论.中国历史地理论丛 1999(2):115-129.

马孟龙
2012 汉武帝"广关"与河东地区侯国迁徙.中华文史论丛 1:210-231.

马增荣
2012 秦汉时期的雇佣活动与人口流动.中国文化研究所学报 54:1-27.

马啸,雷兴鹤,吴宏岐
2018 秦直道线路与沿线遗存.西安:陕西师范大学出版社.

Ma Xiaolin 马萧林
2008 Pig Husbandry Strategies in an Emergent Complex Society in Central China. *Journal of Indo-Pacific Archaeology*. 24:91-102.
2010 周原遗址齐家制玦作坊出土动物骨骼研究报告.见周原——2002 年度齐家制玦作坊和礼村遗址考古发掘报告.周原考古队编,724-751.北京:科学出版社.

马雪芹
2000 东汉长安与关中平原.中国历史地理论丛 2000(2):187-197.

马永赢
2011 汉武帝茂陵陵园布局的几点认识.考古与文物 2011(2):70-75.

Maddin, Robert, James D. Muhly, and Tamara S. Wheeler
1977 How the Iron Age Began. *Scientific American* 237(4):122-131.

Manning, G. Joseph, and Ian Morris
2005 Introduction. In, *The Ancient Economy: Evidence and Models.* Joseph Manning and Ian Morris (eds.), Pp. 1-46. Stanford: Stanford University Press.

毛诗正义
1999 毛诗正义,郑玄及孔颖达校注,阮元撰.北京:北京大学出版社.

Martinón-Torres, Marcos, Li Janice Xiuzhen, Andrew Bevan, Xia Yin, Zhao Kun, and Thilo Rehren
2014 Forty Thousand Arms for a Single Emperor: From Chemical Data to the Labor Organization Behind the Bronze Arrows of the Terracotta Army. *Journal of Archaeological Method and Theory* 21:534–562.

Mattingly, David J.
2006 The Imperial Economy. In, *A Companion to the Roman Empire.* David S. Potter (ed.), Pp. 283-297. Oxford: Blackwell Publishing.
2011 *Imperialism, Power, and Identity: Experiencing the Roman Empire.* Princeton: Princeton University Press.

Mauss, Marcel; translated by W.D. Halls
1990 [1954] *The Gift: The Form and Reason for Exchange in Archaic Societies.* London: Routledge.

McKee, Larry W.

1987 Delineating Ethnicity from the Garbage of Early Virginians: Faunal Remains from the Kingsmill Plantation Slave Quarter. *American Archaeology* 6(1):31-39.

Millett, Paul

2001 Productive to Some Purpose? The Problem of Ancient Economic Growth. In, *Economies beyond Agriculture in the Classical World.* David Mattingly and John Salmon (eds.), Pp.17-48. London: Routledge.

Minc, Leah D.

2006 Monitoring Regional Market Systems in Prehistory: Models, Methods, and Metrics. *Journal of Anthropological Archaeology* 25:82-116.

Morley, Neville

2010 *The Roman Empire: Roots of Imperialism.* London: Pluto Press.

2014 Globalisation and the Roman Economy. In, *Globalisation and the Roman World: World History, Connectivity and Material Culture.* Martin Pitts and Miguel J. Versluys (eds.), Pp.49-67. Cambridge: Cambridge University Press.

Mustchler, Fritz-Heiner, and Achim Mittag (eds.)

2008 *Conceiving the Empire: China and Rome Compared.* Oxford: Oxford University Press.

南普恒,王晓毅,潜伟

2019 山西隰县瓦窑坡墓地M23出土铜器的技术特征及相关问题. 中原文物 2019(1):114-119.

Naerebout, Frederick G.

2013 Convergence and Divergence: One Empire, Many Cultures. In, *Integration in Rome and in the Roman World.* Gerda de Kleijn and Stéphane Benoist (eds.), Pp. 263-281. Leiden, Boston: Brill.

南京[南京博物院]

1974 江苏六合程桥二号东周墓. 考古 1974 (2):116-120.

Nichols, Deborah L., Elizabeth M. Brumfiel, Hector Neff, Mary Hodge, Thomas H. Charlton, and Michael D. Glascock

2002 Neutrons, Markets, Cities, and Empires: A 1000-Year Perspective on Ceramic Production and Distribution in the Postclassic Basin of Mexico. *Journal of Anthropological Archaeology* 21:25-82.

Nickel, Lukas

2006 Imperfect Symmetry: Re-Thinking Bronze Casting Technology in Ancient China. *Artibus Asiae* 66(1):5–39.

Nishijima, Sadao

1986 The Economic and Social History of Former Han. In, *The Cambridge History of China, Vol.1: The Chin and Han Empires, 221 B.C-A.D.220,* Michael Loewe (ed.). Pp. 545-607. Cambridge: Cambridge University Press.

Nylan, Michael
2012 The Power of Highway Networks during China's Classical Era (323 BCE-316 CE): Regulations, Metaphors, Rituals, and Deities. In, *Highways, Byways, and Road Systems in the Pre-Modern World*. Susan Alcock, John Bodel, and Richard J.A. Talbert (eds.), Pp. 33-65. Hoboken: Wiley-Blackwell.
2015 Supplying the Capital with Water and Food. In, *Chang'an 26 BCE: An Augustan Age in China*. Michael Nylan and Griet Vankeerberghen (eds.), Pp. 99-130. Seattle: University of Washington Press.

Patterson, John R.
2006 *Landscapes and Cities: Rural Settlement and Civic Transformation in Early Imperial Italy*. Oxford: Oxford University Press.

Peacock, David P. S.
1982 *Pottery in the Roman World: An Ethnoarchaeological Approach*. London and New York: Longman.

彭卫
2010 关于小麦在汉代推广的再探讨. 中国经济史研究 2010(4):63-71.

Percy, John
1864 *Metallurgy: The Art of Extracting Metals from Their Ores, and Adapting Them to Various Purposes of Manufacture, Volume 2, Iron; Steel*. London: John Murray.

Pines, Yuri
2000 "The One That Pervades the All" in Ancient Chinese Political Thought: The Origins of "The Great Unity" Paradigm. *T'oung Pao* 86(4/5):280-324.
2017 *The Book of Lord Shang: Apologetics of State Power in Early China*. New York: Columbia University Press.

Pirazzoli-t'Serstevens, Michele
2010 Urbanism. In, *China's Early Empires: A Re-appraisal*. Michael Nylan and Michael Loewe (eds.), Pp. 169-185. Cambridge: Cambridge University Press.

Pitts, Martin
2017 Gallo-Belgic wares: Objects in Motion in the Early Roman Northwest. In, *Materialising Roman Histories*. Astrid van Oyen and Martin Pitts (eds.), Pp.47-64. Oxford: Oxbow Books.

Pitts, Martin, and Miguel John Versluys
2014 Globalisation and the Roman World: Perspectives and Opportunities. In, *Globalisation and the Roman World: World History, Connectivity and Material Culture*. Martin Pitts,   and Miguel J. Versluys (eds.), Pp. 3-31. Cambridge: Cambridge University Press.

Plattner, Stuart
1989 Markets and Marketplaces. In, *Economic Anthropology*. Stuart Plattner (ed.), Pp. 171-208. Stanford: Stanford University Press.

Polanyi, Karl
1957 The Economy as Instituted Process. In, *Trade and Market of Early Empire*. Karl Polanyi, Conrad M. Arensberg, and Harry W. Pearson (eds.), Pp. 243-270. Glencoe: Free Press.
2001 [1944] *The Great Transformation: The Political and Economic Origins of Our Time*. Boston: Beacon Press.
Poo Mu-chou
2018 *Daily Life in Ancient China*. Cambridge: Cambridge University Press.
Psarras, Sophia-Karin
2015 *Han Material Culture: An Archaeological Analysis and Vessel Typology*. New York, NY: Cambridge University Press
钱彦惠
2020 西汉长安城市场研究——兼论汉魏洛阳城的市场. 考古学报 2020(2):161-176.
秦建明,张在明,杨政
1995 陕西发现以汉长安城为中心的西汉南北向超长建筑基线. 文物 1995(3) 4-15.
秦晋
1980 凤翔南古城遗址的钻探和试掘. 考古与文物 1980(4):48-54.
秦臻,陈建立,张海
2016 河南舞钢、西平地区战国秦汉冶铁遗址群的钢铁生产体系研究. 中原文物 2016(1):109-117.
秦简牍合集
2014 秦简牍合集, 陈伟编. 武汉: 武汉大学出版社.
青岛市 & 黄岛区 [青岛市文物保护考古研究所 & 黄岛区博物馆]
2019 山东青岛土山屯墓群四号封土与墓葬的发掘. 考古学报 2019(3):405-459.
秦俑 [秦俑考古队]
1980 临潼上焦村秦墓清理简报. 考古与文物 1980(2):42-50.
Redding, Richard
2010 Status and Diet at the Workers' Town, Giza, Egypt. In, *Anthropological Approaches to Zooarchaeology: Colonialism, Complexity and Animal Transformations*. Douglas V. Campana, Pamela Crabtree, Susan D. deFrance, Justin Lev-Tov, and Alice M. Choyke (eds.), Pp. 65-75. Oxford: Oxbow Books
Rehren, Thilo, Tamás Belgya, and Albert Jambon et al.
2013 5,000 years Old Egyptian Iron Beads Made from Hammered Meteoritic Iron. *Journal of Archaeological Science* 40:4785-4792.
Reitz, Elizabeth J.
1986 Urban/Rural Contrasts in Vertebrate Fauna from the Southern Atlantic Coastal Plain. *Historical Archaeology* 20(2):47-58.

Reitz, Elizabeth J., and Martha A. Zierden
2014 Wildlife in Urban Charleston, South Carolina, USA. *Anthropozoologica* 49(1):33-46.

任洁,李严,张玉坤
2017 阴山—河套平原地区西汉长城防御体系分布结构研究. 中国文化遗产 2007(3):100-106.

Renfrew, Colin
1975 Trade as Action at a Distance. In, *Ancient Civilization and Trade.* Jeremy A. Sabloff and Clifford C. Lamberg-Karlovsky (eds.), Pp. 3-59. Albuquerque: University of New Mexico Press.
1977 Alternative Models for Exchange and Spatial Distribution. In, *Exchange Systems in Prehistory.* Timothy K. Earle and Jonathon E. Ericson (eds.), Pp. 71-90. New York: Academic Press.

Robbins, Lionel
1945[1932] *An Essay on the Nature and Significance of Economic Science* (Second edition, revised and extended). London: Macmillan and Co., Limited.

戎岩,罗武干,魏国锋,宋国定,王昌燧
2013 申明铺遗址出土铁器的工艺考察. 文物保护与考古科学 [*Sciences of Conservation and Archaeology*] 2013(3):64-70.

Rothschild, Nan A.
1989 The Effect of Urbanization on Faunal Diversity: A Comparison Between New York City and St Augustine, Florida, in the Sixteenth to Eighteenth Centuries. In, *Quantifying Diversity in Archaeology.* Robert D. Leonard and George T. Jones (eds.), Pp. 92-99. Cambridge: Cambridge University Presss.

Rothschild, Nan A., and Darlene Balkwill
1993 The Meaning of Change in Urban Faunal Deposits. *Historical Archaeology* 27(2):71-89.

佐原康夫
2002[1985] 汉代の市. 见汉代都市机构の研究, 281-323. 东京:汲古书院.
2002 [1994] 汉代铁专卖制の再检讨. 见汉代都市机构の研究, 350-392. 东京: 汲古书院.

Sanft, Charles
2014 *Communication and Cooperation in Early Imperial China: Publicizing the Qin Dynasty.* Albany: State University of New York Press.

三辅黄图校释
2005 三辅黄图校释,何清谷校注. 北京: 中华书局.

Santley, Robert S., and Ronald R. Kneebone
1993 Craft Specialization, Refuse Disposal, and the Creation of Spatial Archaeological Records in Prehispanic Mesoamerica. In, *Prehispanic Domestic Units in Western Mesoamericas: Studies of the Household, Compound, and Residence.* Robert S. Santley and Kenneth G. Hirth (eds.), pp.

37-63. Boca Raton: CRC Press.

Santley, Robert S., Philip Arnold II I, and Christopher Pool
1989 The Ceramics Production System at Matacapan, Veracruz, Mexico. *Journal of Field Archaeology* 16(1):107-132.

佐藤武敏
1962 中国古代工業史の研究. 东京: 吉川弘文馆.

Schefold, Bertram
2019 A Western perspective on the Yantie lun. In, *The Political Economy of the Han Dynasty and Its Legacy*. Cheng Lin, Terry Peach, and Wang Fang (eds.), Pp. 153-174. London and New York: Routledge.

Scheidel, Walter
2009 The Monetary System of the Han and Roman Empires. In, *Rome and China: Comparative Perspectives on Ancient World Empires*. Walter Scheidel (ed.), Pp.137-208. New York: Oxford University Press.
2011 The Roman Slave Supply. In, *The Cambridge World History of Slavery 1: The Ancient Mediterranean World*. Keith Bradley and Paul Cartledge (eds.), Pp. 287-310. Cambridge: Cambridge University Press.
2012 Slavery. In, *The Cambridge Companion to the Roman Economy*. Walter Scheidel (ed.), Pp. 321-333. Cambridge: Cambridge University Press.
2014 The Shape of the Roman World: Modelling Imperial Connectivity. *Journal of Roman Archaeology* 27:7-32.
2015 State Revenue and Expenditure in the Han and Roman Empires. In, *State Power in Ancient China and Rome*. Walter Scheidel (ed.), Pp. 150-180. New York: Oxford University Press.

Schiffer, Michael B.
1987 *Formation Processes of the Archaeological Record*. Albuquerque, NM: University of New Mexico Press.

Schmitt, Dave N., and Charles D. Zeier
1993 Not by Bones Alone: Exploring Household Composition and Socioeconomic Status in an Isolated Historic Mining Community. *Historical Archaeology* 27(4):20-38.

Schulz, Peter D., and Sherri M. Gust
1983 Faunal Remains and Social Status in 19th Century Sacramento. *Historical Archaeology* 17(1):44-53.

陕西地方志 [陕西省地方志编纂委员会] 编
1993 陕西省志（第四卷）:地质矿产志. 西安: 陕西人民出版社.

陕西凤翔 [陕西省考古所凤翔发掘队]
1962 陕西凤翔南古城村遗址试掘记. 考古 1962(9):493-495, 408.

陕西华仓 [陕西省考古所华仓队]
1983 韩城芝川镇汉代冶铁遗址调查简报. 考古与文物 1983(4):27-29.

陕西研究所 [陕西省考古研究所]

1984 陕西长武上孟村秦国墓葬发掘简报. 考古与文物 1984(3):8-17.
1986 陕西铜川枣庙秦墓发掘简报. 考古与文物 1986(2):7-17.
1987 西安北郊大白杨秦汉墓葬清理简报. 考古与文物 1987(2):43-51.
1990 西汉京师仓. 北京: 文物出版社.
1998a 陇县店子秦墓. 西安: 三秦出版社.
1998b 陕西临潼零口战国墓发掘简报. 考古与文物 1998(3):15-21.
2001 西安南郊三爻村汉唐墓葬清理发掘简报. 考古与文物 2001(3):3-26.
2003a 白鹿原汉墓. 西安: 三秦出版社.
2003b 陕西高陵县益尔公司秦墓发掘简报. 考古与文物 2003(6):3-15.
2003c 西安北郊汉代积沙墓发掘简报. 考古与文物 2003(5):25-33.
2004a 高陵张卜秦汉唐墓. 西安: 三秦出版社.
2004b 秦都咸阳考古报告. 北京: 科学出版社.
2004c 陕西临潼零口汉墓清理简报. 文博 2004(1):68-78.
2006a 宝鸡建河墓地. 西安: 陕西科学技术出版社.
2006b 陕西投资策划服务公司汉墓清理简报. 考古与文物 2006(4):10-22.
2006c 西安北郊秦墓. 西安: 三秦出版社.
2006d 西北农林科大战国秦墓发掘简报. 考古与文物 2006(5):37-47.
2007 西安南郊缪家寨汉代厕所遗址发掘简报. 考古与文物 2007(2):15-20.
2008 西安北郊郑王村西汉墓. 西安: 三秦出版社.
陕西研究所&宝鸡市 [陕西省考古研究所宝鸡工作站&宝鸡市考古工作队]
1988 陕西陇县边家庄五号春秋墓发掘简报. 文物 1988 (11):14-23, 54.
1989 陕西眉县常兴汉墓发掘报告. 文博 1989(10):43-51.
陕西研究所&北京 [陕西省考古研究所&北京大学考古实习队]
1987 铜川市王家河墓地发掘简报. 考古与文物 1987(2):1-8.
陕西研究所 & 秦始皇 [陕西省考古研究所 & 秦始皇兵马俑博物馆]
2006 华县东阳. 北京: 科学出版社.
2007 秦始皇帝陵园考古报告 2001～2003. 北京: 文物出版社.
陕西研究所等. [陕西省考古研究所, 宝鸡市考古工作队, 凤翔县博物馆]
2005 陕西凤翔县长青西汉汧河码头仓储建筑遗址. 考古 2005(7):21-28.
陕西研究院 [陕西省考古研究院]
2008a 西安尤家庄秦墓. 西安: 陕西科学技术出版社.
2008b 汉阳陵帝陵东侧 11～21 号外藏坑发掘简报. 考古与文物 2008(3):3-32.
2010 陕西扶风纸白西汉墓发掘简报. 文物 2010(10):43-51.
2011 陕西眉县尧上遗址为秦汉中小型聚落遗址研究提供重要实物资料. In, 中国文物报, 2011/03/11, 4.
2016 临潼新丰——战国秦汉墓葬考古发掘报告. 北京: 科学出版社.
2017a 陕西西安富力赛高城市广场汉墓发掘简报. 考古与文物 2017(3):3-13.
2017b 西安北郊枣园南岭西汉墓发掘简报. 考古与文物 2017(6):17-33.
2018a 邺城铸铁: 陕西杨凌汉代铸铁遗址发掘与研究. 上海: 上海古籍出版社.
2018b 西安张家堡秦墓. 西安: 陕西科学技术出版社.
2018c 咸阳东郊秦墓. 北京: 科学出版社.

2020 陕西西咸新区坡刘村秦墓发掘简报.考古与文物 2020(4):12-35.
陕西研究院 & 宝鸡市 [陕西省考古研究院 & 宝鸡市考古研究所]
2012 陕西宝鸡苟家岭西汉墓葬发掘简报.考古与文物 2012(1):3-11.
2013 陕西宝鸡凉泉汉墓发掘简报.考古与文物 6:3-19.
陕西研究院 & 北大[陕西省考古研究院 & 北京大学考古文博学院]
2019 陕西岐山孔头沟遗址铸铜作坊发掘简报.南方文物 2019(3):59-68.
陕西研究院 & 咸阳市文物 [陕西省考古研究院 & 咸阳市文物考古研究所]
2012 汉哀帝义陵考古调查、勘探简报.考古与文物 2012(5):18-27.
2013 汉元帝渭陵考古调查、勘探简报.考古 2013(11):23-34.
2014 汉平帝康陵考古调查、勘探简报.考古 2014(6):50-63.
陕西研究院 & 渭南市 [陕西省考古研究院 & 渭南市考古研究所]
2011 陕西渭南阳郭庙湾战国秦墓发掘简报.文博 2011(5):3-14.
陕西研究院 & 杨凌区 [陕西省考古研究院 & 杨凌区文物管理所]
2018 邰城汉墓.上海:上海古籍出版社.
陕西研究院等 [陕西省考古研究院,宝鸡市考古研究所,凤翔县博物馆]
2013 秦雍城豆腐村战国制陶作坊遗址.北京:科学出版社.
2015 凤翔孙家南头:周秦墓葬与西汉仓储建筑遗址发掘报告.北京:科学出版社.
陕西研究院等 [陕西省考古研究院,咸阳市考古研究所,茂陵博物馆]
2011 汉武帝茂陵考古调查、勘探简报.考古与文物 2011(2):3-13.
陕西研究院等 [陕西省考古研究院,咸阳市考古研究所,渭城区秦咸阳宫遗址博物馆]
2019 陕西咸阳聂家沟秦代制骨作坊清理简报.考古与文物 2019(3):50-62.
陕西研究院等[陕西省考古研究院, 延安市文物研究所,黄陵县旅游文物局]
2018 寨头河:陕西黄陵战国戎人墓地考古发掘报告.上海:上海古籍出版社.
陕西研究院等 [陕西省考古研究院,中国国家博物馆,宝鸡市考古研究所,凤翔县博物馆,宝鸡先秦陵园博物馆,西北大学]
2020 陕西凤翔雍山血池秦汉祭祀遗址考古调查与发掘简报.考古与文物 2020(6):3-24.
陕西研究院等 [陕西省考古研究院,中国社会科学院考古研究所,西安市文物保护考古研究院]
2014 西安市汉长安城北渭桥遗址.考古 2014(7):34-47.
2021 汉宣帝杜陵考古调查勘探简报.考古与文物 2021(1):40-52.
陕西省 & 澄城 [陕西省文管会 & 澄城县文化馆联合发掘队]
1982 陕西坡头村西汉铸钱遗址发掘简报.考古 1982(1):23-30.
陕西省 & 大荔县 [陕西省文管会 & 大荔县文化馆]
1978 朝邑战国墓葬发掘简报.见文物资料丛刊(2),文物编辑委员会编.75-91.北京:文物出版社.
陕西省宝中 [陕西省考古研究所宝中铁路考古队]
1999 陕西陇县店子村汉唐墓葬.考古与文物 1999(4):3-29.
陕西省工作站 [陕西省考古研究所雍城工作站]

1991 凤翔邓家崖秦墓发掘简报.考古与文物 1991(2):14-19.
陕西省配合 [陕西省考古所配合基建考古队]
1989 陕西临潼骊山床单厂基建工地古墓清理简报.考古与文物 1989(5):2-11.
陕西省文管会 [陕西省文管会秦墓发掘组]
1975 陕西省户县宋村春秋秦墓发掘简报.文物 1975(10):13-20.
陕西省文物 [陕西省文物管理委员会]
1960 西安东郊韩森寨汉墓清理简报.文物 1960(5):72, 91.
1965 陕西宝鸡阳平镇秦家沟村秦墓发掘记.考古 1965(7):330-346.
1966 秦都栎阳遗址初步勘探记.文物 1966(1):10-16.
陕西省雍城 [陕西省雍城考古队]
1980 陕西凤翔八旗屯秦国墓葬发掘简报．文物资料丛刊(3).文物编辑委员会编, 67-85.北京：文物出版社.
1986 一九八一年凤翔八旗屯墓地发掘简报.考古与文物 1986(5):23-40.
山东大学 [山东大学考古队]
1998 长清仙人台周代墓地.考古 1998(9):11-25.
山东济宁市 [山东省济宁市文物管理局]
1991 薛国故城勘查和墓葬发掘报告.考古学报 1991(4):449-495, 521-534.
山东等 [山东省文物考古研究院,北京大学考古文博学院,济南市考古研究所]
2019 济南市章丘区东平陵城遗址铸造区 2009 年发掘简报.考古 2019(11):49-66.
2020 济南市章丘区东平陵城遗址铸造区 2012 年发掘简报.考古 2020(12):41-52.
商君书注译
2011 商君书注译,高亨注.北京：清华大学出版社.
尚新丽
2008 西汉人口问题研究.北京：线装书局.
尚志儒 & 赵丛苍
1986 陕西凤翔八旗屯西沟道秦墓发掘简报.文博 1986(3):19-25.
山西 [山西省考古研究所]
1993 侯马铸铜遗址.北京：文物出版社.
1994 山西夏县禹王城汉代铸铁遗址试掘简报.考古 1994(8):685-691.
1996 侯马陶范艺术 [*Art of Houma Foundry*]. New Jersey: Princeton University Press.
2012 侯马白店铸铜遗址.北京：科学出版社.
山西等 [山西省考古研究所,山西博物院,长治市博物馆]
2010 长治分水岭东周墓地.北京：文物出版社.
山西等 [山西省考古研究所,运城市文物局,临猗县文物旅游局,临猗县博物馆]
2012 临猗铁匠营古城南汉代遗址发掘报告.三晋考古（第四辑），457-467. 上海：上海古籍出版社.
山西侯马 [山西省考古研究所侯马工作站]
1995 1992 年侯马铸铜遗址发掘简报.文物 1995(2):29-53.
1996 晋都新田.太原：山西人民出版社.
Shaw, Leslie C.
2012 The Elusive Maya Marketplace: An Archaeological Consideration of the

Evidence. *Journal of Archaeological Research* 20:117-155.

Shelach-Lavi, Gideon
2016 East Asia as laboratory for Early Globalization. In, *The Routledge Handbook of Archaeology and Globalization*. Tamar Hodos (ed.), Pp. 389-393. London and New York: Routledge.

Shelach-Lavi, Gideon, and Yuri Pines
2006 Secondary State Formation and the Development of Local Identity: Change and Continuity in the State of Qin (770-221 B.C.). In, *Archaeology of Asia*. Mirlam T. Stark (ed.), Pp. 202-230. Malden: Blackwell Publishing.

沈睿文
2001 西汉帝陵陵地秩序. 文博 2001(3):17-23.

沈睿文 & 易曙峰
2021 安溪青洋下草埔冶铁遗址的几点初步认识. 自然与文化遗产研究 2021(3):48-58.

石晶晶, 赵凤燕, 李秀辉
2019 西安古桥遗址出土汉代大型铸铁件的分析研究. 文博 2019(6):91-97.

史念海
1963 古代的关中. 河山集（一）, 26-66. 北京：三联书店.
1991 娄敬和汉朝的建都. 见河山集（四）, 368-380 页. 西安：陕西师范大学出版社.

石璋如
始皇陵 [始皇陵秦俑坑考古队]
1983 陕西省临潼鱼池遗址调查简报. 考古与文物 1983(4):14-26.

史记
1997 史记,（汉）司马迁等撰,（唐）张守节,（唐）司马贞,（南朝宋）裴骃. 北京：中华书局.

Silver, Ian A.
1969 The Ageing of Domestic Animals. In, *Archaeology: A Survey of Progress and Research*. Don Brothwell and Eric Higgs (eds.), Pp. 283-302. London: Science Thames and Hudson.

Simek, Jan F.
1989 Structure and diversity in intrasite spatial analysis. In, *Quantifying Diversity in Archaeology*. Robert D. Leonard and George T. Jones (eds.), Pp. 59-68. Cambridge: Cambridge University Press.

Sinopoli, Carla M.
1988 The Organization of Craft Production at Vijayanagara, South India. *American Anthropologist* 90(3):580-597.
2003 *The Political Economy of Craft Production: Crafting Empire in South India. C. 1350-1650*. New York: Cambridge University Press.

Skinner, William
1964 Marketing and Social Structure in Rural China: Part I. *Journal of Asian*

Studies 24(1):3-43.
- 1965a Marketing and Social Structure in Rural China: Part II. *Journal of Asian Studies* 24(2):195-228.
- 1965b Marketing and Social Structure in Rural China: Part III. *Journal of Asian Studies* 24(3):363-399.

Smith, Carol A.
- 1976a Regional Economic Systems: Linking Geological Models and Socioeconomic Problems. In, *Regional Analysis (Volume I): Economic System*. Carol A. Smith (ed.), Pp. 3-68. New York: Academic Press.
- 1976b Analyzing Regional Social Systems. In, *Regional Analysis (Volume II): Social Systems*. Carol A. Smith (ed.), Pp.3-20. New York: Academic Press.

Smith, Cyril Stanley
- 1970 Art, Technology, Science: Notes on Their Historical Interaction. *Technology and Culture* 11:493-549.

Smith, Michael E.
- 1978 The Aztec Marketing System and Settlement Pattern in the Valley of Mexico: A Central Place Analysis. *American Antiquity* 44:110-125.
- 1999 On Hirth's "Distributional Approach". *Current Anthropology* 40(4):528-530.
- 2004 The Archaeology of Ancient State Economies. *Annual Review of Anthropology* 33:73-102.
- 2010 Regional and Local Market Systems in Aztec-period Morelos. In, *Archaeological Approaches to Market Exchange in Ancient Societies*. Christopher P. Garraty and Barbara L. Stark (eds.), Pp. 151-184. Boulder: University Press of Colorado.

宋杰
- 1994 《九章算术》与汉代社会经济. 北京: 首都师范大学出版社.

Sterckx, Roel
- 2011 *Food, Sacrifice, and Sagehood in Early China*. Cambridge: Cambridge University Press.
- 2015 Ideologies of the Peasant and Merchant in Warring States China. In, *Ideology of Power and Power of Ideology in Early China*. Yuri Pines, Paul R. Goldin, and Martin Kern (eds.), Pp. 211-248. Leiden: Brill.
- 2020 Agrarian and Mercantile Ideologies in Western Han. *Journal of the Economic and Social History of the Orient* 63:465-504.

苏秉琦
- 1984 斗鸡台东区墓葬（节选）. 见苏秉琦考古学论术选集, 3-58. 北京: 文物出版社.

孙铁山 & 种建荣
- 2001 西安北郊永济电机厂秦汉墓发掘简报. 文博 2001(5):3-8.

Sun Zhouyong

2008 *Craft Production in the Western Zhou Dynasty (1046-771BC): A Case Study of a Jue-Earrings Workshop at the Predynastic Capital Site, Zhouyuan, China*. Oxford: Archaeopress.

Swann, Nancy Lee

1950 *Food and Money in Ancient China: The Earliest Economist History of China to A.D. 25 (Han shu 24, with related texts, Han shu 91 and Shih-chi 129)*. New York: Octagon Books.

Swedberg, Richard

1994 Markets as Social Structure. In, *The Handbook of Economic Sociology*. Neil L. Smelser and Richard Swedberg (eds.), Pp. 255-282. Princeton: Princeton University Press.

谭宗义

1967 汉代国内陆路交通考. 香港: 香港新亚研究所.

汤超

2019 秦铁官体系与冶铁业新识. 江汉考古 2019(2):75-80.

唐际根

1993 中国冶铁术的起源问题. 考古 1993(6):563-564.

Teng Mingyu 滕铭予

1993 论关中秦墓中洞室墓的年代. 华夏考古 1993(2):90-97.

1995 论秦釜. 考古 1995(8):731-736.

2002 秦文化: 从封国到帝国的考古学观察. 北京: 学苑出版社.

2013 From Vassal State to Empire: An Archaeological Examination of Qin Culture (trans. Susanna Lam). In, *Birth of an Empire: The State of Qin Revisited*. Yuri Pines, Gideon Shelach, Lothar von Falkenhausen, and Robin D.S. Yates (eds.), Pp. 113-140, Berkeley: University of California Press.

Temin, Peter

2013 *The Roman Market Economy*. Princeton and Oxford: Princeton University Press.

田仁孝 & 雷兴山

1993 宝鸡市益门村二号春秋墓发掘简报. 文物 1993(10):1-14.

Tian Tian

2015 The Suburban Sacrifice Reforms and the Evolution of the Imperial Sacrifices. In, *Chang'an 26 BCE: An Augustan Age in China*. Michael Nylan and Griet Vankeerberghen (eds.), Pp. 263-292. Seattle: University of Washington Press.

田亚岐

2013 秦都雍城布局研究. 考古与文物 2013(5):63-71.

2018 雍城: 东周秦都与秦汉"圣城"布局沿革之考古材料新解读. 见新果集（二）: 纪念林沄先生八十华诞论文集. 吉林大学边疆考古研究中心编, 328-341. 北京: 科学出版社.

田亚岐 & 杨亚长
1998 陇县温水乡汉墓清理简报.文博 1998 (2):44-49.

童恩正
1990 试论我国从东北至西南的遍地半月形传播带.见中国西南民族考古论文集, 252-278. 北京: 文物出版社.

唐俊峰
2014 秦汉的地方都官与地方行政.新史学 25(3):1-63.

Trousdale, William
1977 Where All the Swords Have Gone. Reflections on Some Questions Raised by Professor Keightley. *Early China* 3:65-66.

Vaiglova, Petra, Rachel E.B. Reid, and Emma Lightfoot et al.
2021 Localized Management of Non-indigenous Animal Domesticates in Northwestern China During the Bronze Age. *Scientific reports* 11(15764).

van der Leeuw, Sander E.
1977 Towards a Study of the Economics of Pottery Making. In, *Ex Horreo*. van Ben L. Beek, Roel W. Brandt and Willy Groenman-van Watteringe (eds.), Pp. 68-76. Amsterdam: University of Amsterdam.

van Oyen, Astrid
2015 Actor-Network Theory's Take on Archaeological Types: Becoming, Material Agency, and Historical Explanation. *Cambridge Archaeological Journal* 25:63–78.

Vogel, Hans Ulrich
1993 *Salt Production Techniques in Ancient China: the Aobo Tu*. Translated and revised by Hans Ulrich Vogel. Leiden: Brill.

von Falkenhausen, Lothar
2004 Mortuary Behavior in Pre-imperial Qin: A Religious Interpretation. In, *Religion and Chinese Society. Volume 1: Ancient and Medieval China*. John Lagerwey (ed.), Pp.109-172. Hong Kong: Chinese University of Hong Kong Press.
2006 *Chinese Society in the Age of Confucius (1000-250 BC): The Archaeological Evidence*. Los Angeles: The Costen Institute of Archaeology at UCLA.

von Glahn, Richard
2016 *An Economic History of China: From Antiquity to the Nineteenth Century*. New York: Cambridge University Press.

Wagner, Donald B.
1993 *Iron and Steel in Ancient China*, Handbuch der Orientalistik, IV:9. Leiden: E.J.Brill.
2001 *The State and the Iron Industry in Han China*. Copenhagen: NIAS.
2008 *Science and Civilisation in China. Vol 5. Chemistry and Chemical Technology. Part 11, Ferrous Metallurgy*. Cambridge: Cambridge University Press.

Waldbaum, Jane C.
1999 The Coming of Iron in the Eastern Mediterranean: Thirty Years of Archaeological and Technological Work. In, *The Archaeometallurgy of the Asian Old World.* Vincent C. Pigott (ed.), Pp. 27-57. Philadelphia: University of Pennsylvania Museum.

万家保
1975 A Comparative Study of the Casting of Bronze *Ting*-cauldrons from Anyang and Hui-Hsien. In, *Ancient Chinese Bronzes and Southeast Asian Metal and Other Archaeological Artifacts.* Barnard Noel (ed.), Pp. 17-46. Melbourne: National Gallery of Victoria.

王长启 & 孔浩群
1987 西安北郊发现汉代墓葬.考古与文物 1987(4):3-14.

王光永
1975 陕西省千阳县汉墓发掘简报.考古 1975(3):178-181.

王久刚
1994 西安南郊山门口战国秦墓清理简报.考古与文物 1994(1):27-31.

王凯
2010 郑韩故城手工业遗存的考古学研究,郑州大学硕士学位论文.

王培华
2009 汉唐长安粮食供应与关中天地人关系.陕西师范大学学报（哲学社会科学版）38(3):60-66.

王仁湘
1985 带钩概论.考古学报 1985(3):267-312.
2012 善自约束：古代带钩与带扣.上海：上海古籍出版社.

王社教
1999 论西汉定都长安与关中经济发展的新格局.中国历史地理论丛 1999(3):46-63.

王晓琨
2014 战国至秦汉时期河套地区古代城址研究.北京：社会科学文献出版社.

王晓青,田奇瑃,刘祖彝
1934 湖南铁矿志.湖南：湖南地质调查所.

王学理
1999 咸阳帝都记.西安：三秦出版社.
2004 秦始皇陵园汉墓清理简报.文物 2004(5):31-37.

王学理 & 梁云
2000 秦文化.北京：文物出版社.

王颖琛,刘亚雄,姜涛,陈坤龙
2019 三门峡虢国墓地M2009出土铁刃铜器的科学分析及其相关问题.光谱学与光谱分析 39(10):3154-3158.

王勇
2004 东周秦汉关中农业变迁研究.长沙：岳麓书社.

2008 大司农的演变与汉代的农业经营. 南京农业大学学报: 社会科学版 2008(3):101-106.

王子今
2007 西汉长安居民的生存空间. 人文杂志 2007(2):150-158.
2018 秦直道: 秦始皇直道考察与研究 西安: 陕西师范大学出版社.
2019 宛珠·齐纨·穰橙邓橘:战国秦汉商品地方品牌的经济史考察. 中国经济史研究 2019(3):5-17.
2021 秦汉边政的方位形势:"北边""南边""西边""西北边". 中央民族大学学报(哲学社会科学版)2021(3):144-151.

渡边信一郎
1989 汉代财政的运营与国家物流.京都府立大学学术报告. 人文 (41):1-20.

Watson, Burton
1993[1961] *Records of the Grand Historian of China: translations from the Shiji of the Sima Chien* (Han Dynasty I). Hong Kong, New York: A Renditions-Columbia University Press.
2007 *The Analects of Confucius*. New York: Columbia University Press.
2013 *The Complete Works of Zhuangzi*. New York: Columbia University Press.

魏坚
2020 河套地区战国秦汉塞防研究. 见大漠朔风: 魏坚北方考古文选(历史卷), 52-65. 北京: 科学出版社.

Wertime, Theodore A, and James D. Muhly (eds.)
1980 *The Coming of the Age of Iron*. New Haven: Yale University Press.

Wilbur, Martin C.
1943a Industrial Slavery in China During the Former Han Dynasty (206 B.C.-A.D. 25). *The Journal of Economic History* 3(1):56-69.
1943b *Slavery in China during the Former Han dynasty, 206 B.C.-A.D. 25*. Chicago: Museum of Natural History.

Witcher, Robert
2017 The Globalized Roman World. In, *The Routledge Handbook of Archaeology and Globalization*. Tamar Hodos (ed.), Pp. 634-651. New York: Routledge.

Woolf, Greg
1998 *Becoming Roman: The Origins of Provincial Civilization in Gaul*. Cambridge: Cambridge University Press.

吴晓筠
2011 马车在早期东西交流中的地位与交流模式: 公元前 2000—1200 年. 故宫学术季刊 28(4):95-119.

吴辉
2008 长沙楚墓年代学研究述评, 江汉考古 2008(1):90-95.

吴礽骧
2005 河西汉塞调查与研究. 北京: 文物出版社.

吴荣曾
2012 隶臣妾制度探讨.见简牍与古代史研究.吴荣曾、汪桂海编,21-32.北京:北京大学出版社.
吴小平
2007 从铭文看两汉铜器皿的生产经营方式及其变化.故宫博物院院刊 2007(4):100-107.
吴朝阳&晋文
2013 秦亩产新考——兼析传世文献中的相关亩产记载.中国经济史研究 2013(4):38-44, 64.
西安中心 [西安文物保护修复中心]
2004 汉锺官铸钱遗址.北京:科学出版社.
西安市 [西安市文物保护考古所]
1997a 西安北郊二府庄汉墓发掘简报.文博 1997(5):15-25.
1997b 西安财政干部培训中心汉、后赵墓发掘简报.文博 1997(6):19-25.
1998a 西安北郊方新村汉墓第二次发掘简报.文博 1998(2):3-11.
1998b 西安北郊青门汉墓发掘简报.文博 1998(4):16-31.
1999 西安龙首原汉墓（甲编）.西安:西北大学出版社.
2003 西安北郊枣园大型西汉墓发掘简报.文物 2003(12):29-38.
2004a 西安东郊西汉窦氏墓(M3)发掘报告.文物 2004(6):4-21.
2004b 西安南郊秦墓.西安:陕西人民出版社.
2004c 西安市长安区西北政法学院西汉张汤墓发掘简报.考古 2004(6):22-28.
2009a 西安南郊荆寺二村西汉墓发掘简报.考古与文物 2009(4):3-12.
2009b 西安张家堡新莽墓发掘简报.文物 2009(5):4-20.
西安市 & 郑州 [西安市文物保护考古所 & 郑州大学考古专业]
2004 长安汉墓.西安:陕西人民出版社.
西安市研究院[西安市文物保护考古研究院]
2012 西安南郊西汉墓发掘简报.文物 2012(10):4-24.
2013 西安南郊曲江羊头镇西汉墓发掘简报.文博 2013(6):3-17.
2017 西安未央印象城汉墓发掘简报.文博 2017(2):3-12.
2018 西安北郊两座汉墓发掘简报.文博 2018(2):13-24.
2019a 西安市张家堡两座西汉墓葬的发掘.考古 2019(2):23-37.
2019b 陕西高陵坡底战国秦汉墓地发掘报告.黄河.黄土.黄种人（华夏文明） 2019(24):6-14.he
西安市研究院 & 北京联合 [西安市文物保护考古研究院 & 北京联合大学]
2020 陕西西安曲江春临村汉代窑址发掘简报.文博 2020(2):3-11.
咸阳秦都 [咸阳秦都考古工作站]
1986 陕西秦都咸阳汉墓清理简报.考古与文物 1986(5):10-15.
咸阳市文管会
1992 西北林学院古墓清理简报.考古与文物 1992(3):21-35.
咸阳市文物 [咸阳市文物考古研究所]
1996 咸阳市杨凌区秦、汉墓葬清理简报.考古与文物 1996(2):23-27.

1998 塔儿坡秦墓.西安:三秦出版社.
1999 陕西第二针织厂空心砖汉墓.文博 1999(3):11-15.
2000 咸阳马泉镇西汉空心砖墓清理报告.文博 2000(6):10-20.
2004 陕西咸阳市北郊杜家堡新莽墓发掘简报.考古与文物 2004(3):23-27.
2005 任家咀秦墓.北京:科学出版社.
2006 陕西咸阳 202 所西汉墓葬发掘简报.考古与文物 2006(1):5-14.
2007 西汉昭帝平陵钻探调查简报.考古与文物 2007(5):3-5.
2010 西汉帝陵钻探调查报告.北京:文物出版社.
2017 咸阳花杨战国秦墓群发掘简报.文博 2017(1):10-18.

咸阳市文物 & 陕西研究院[咸阳市文物考古研究所 & 陕西省考古研究院]
2019 汉成帝延陵考古调查勘探报告.北京:文物出版社.

肖爱玲
2007 西汉初年汉郡区城市等级及空间分布特征探析——张家山汉简研究.中国历史地理论丛 22(4):60-70.

肖健一
2007 长安城郊中小型西汉墓葬的研究现状及存在问题.西北大学学报(哲学社会科学版)37(1):48-52.

肖健一,师瑞玲,张小涓
2017 咸阳周边秦墓的时空范围.西安电子科技大学学报(社会科学版)27(4):123-126.

西北 [西北大学历史系考古专业 77 级实习队]
1989 陕西华县梓里村汉墓清理记.文博 1989(2):13-21.

辛德勇
1988 西汉至北周时期长安附近的陆路交通——汉唐长安交通地理研究之一.中国历史地理论丛 1988(3):85-113.
1989a 汉唐期间长安附近的水路交通——汉唐长安交通地理研究之三.中国历史地理论丛 1989(1):33-44.
1989b 长安城兴起与发展的交通基础——汉唐长安交通地理研究之四.中国历史地理论丛 1989(2):131-140.
2008 汉武帝"广关"与西汉前期地域控制的变迁.中国历史地理论丛 2008(2):76-82.
2010 论细柳仓与澄邑仓.陕西师范大学学报(哲学社会科学版)39(2):118-124.

辛怡华
2018 血池遗址与雍地五畤及相关问题.湖南省博物馆馆刊第十四辑,19-25.长沙:岳麓书社.

许宏
2017 先秦城邑考古.北京:西苑出版社.

徐龙国
2003 秦都咸阳的手工业和商业遗存初探.文博 2003(4):11-16.
2013 秦汉城邑考古学研究.北京:中国社会科学出版社.
2020 汉长安城地区铸钱遗址与上林铸钱三官.考古 2020(10):97-107.

2021 汉长安城手工业遗存的发现与研究. 南方文物 2021(2):175-182.
许卫红
2021 从手工业遗存看秦都咸阳城北区布局. 南方文物 2021(2):168-174.
许卫红 & 苏庆元
2016 秦都咸阳城（北区）西界点的分析. 北方文物 2016(1):37-43.
徐卫民
2000 秦都城研究. 西安: 陕西人民教育出版社.
2011 秦汉都城与自然环境关系研究. 北京: 科学出版社.
Yahalom-Mack, Naama, and Adi Eliyahu-Behar
2015 The Transition from Bronze to Iron in Canaan: Chronology, Technology, and Context. *Radiocarbon* 57(2):285-305.
山田胜芳
1993 秦汉财政收入の研究. 东京: 汲古书院.
1998 秦汉代手工业の展开——秦汉代工官の变迁から考える. 东洋史研究. 56:701-732.
杨建
2010 西汉初期津关制度研究: 附《津关令》简释. 上海: 上海古籍出版社.
杨宽
2003 战国史. 上海: 上海人民出版社.
2004 中国古代冶铁技术发展史. 上海: 上海人民出版社.
杨权喜
2004 试论楚国铁器的使用和发展. 江汉考古 2004 (2):70-77.
杨瑞栋 & 李晓岑
2011 云南曲靖市董家村石范制作技术的调查及相关问题. 四川文物 2011(6):84-92.
杨瑞栋, 李晓岑, 李劲松, 华觉明
2010 云南会泽石范铸铁的调查. 中国科技史杂志 2010(10):94-113.
杨武站 & 王东
2014 西汉陵邑营建相关问题研究. 文博 2014(6):39-43.
Yang Yishi, Lele Ren, Guanghui Dong, Yifu Cui, Ruiliang Liu, Guoke Chen, Hui Wang, Shevan Wilkin, and Fuha Chen
2019 Economic Change in the Prehistoric Hexi Corridor (4800–2200BP), North-West China. *Archaeometry* 61(4):957-976.
杨勇
2021 临淄齐故城冶铸业考古的收获与进展. 南方文物 2021(2):154-161.
杨勇, 魏成敏, 徐龙国, 钱益汇, 王晓莲
2013 山东临淄齐故城冶铸遗存考古调查与发掘取得重要收获. 中国文物报, 2013/07/19, 8.
杨远
1978 西汉盐、铁、工官的地理分布. 中国文化研究所学报 9:219-244.

杨哲峰
2009 渭北西汉帝陵布局设计之观察. 文物 2009(4):61-68.
盐铁论校注
1992 盐铁论校注,桓宽撰,王利器注. 北京: 中华书局.
Yao, Alice
2016 *The Ancient Highlands of Southwest China: From the Bronze Age to the Han Empire*. Oxford: Oxford University Press.
2020 The Great Wall as Destination? Archaeology of Migration and Settlers under the Han Empire. In *Archaeologies of Empire: Local Participants and Imperial Trajectories*. Anna L. Boozer, Bleda Düring, Bradley J. Parker (eds.), Pp. 57-88. Albuquerque: University of New Mexico Press.
Yates, Robin D.S.
2002 Slavery in Early China: A Socio-Cultural Approach. *Journal of East Asian Archaeology* 3(1-2):283-331.
尹弘兵
2019 楚都纪南城探析：基于考古与出土文献新资料的考察. 历史地理研究 2019(2):46-57.
殷墟 [殷墟孝民屯考古队]
2007 河南安阳市孝民屯商代铸铜遗址 2003~2004 年的发掘. 考古 2007(1):14-25.
益阳 & 益阳市 [益阳市文物管理处 & 益阳市博物馆]
2008 益阳楚墓. 北京:文物出版社.
雍城 [雍城考古队]
1980 凤翔县高庄战国秦墓发掘简报. 文物 1980(9):10-14, 31.
1985 陕西凤翔县大辛村遗址发掘简报. 考古与文物 1985(1):38-44.
1986 陕西凤翔西村战国秦墓发掘简报. 考古与文物 1986(1):52-64.
喻曦 & 李令福
2012 浅析秦汉上林苑农业的多功能性. 中国农史 2012(3):3-10.
Yu Ying-shih
1977 The Han Period. In, *Food in Chinese Culture: Anthropological and Historical Pespectives*, Chang Kwang-chih (ed.). Pp. 23-53. New Heaven: Yale University Press.
俞伟超 & 高明
1985 [1978,1979] 周代用鼎制度. 见先秦两汉考古学论文集. 俞伟超编, 62-114. 北京:文物出版社.
于振波
2006 走马楼吴简师佐籍蠡测. 汉学研究 24(2):41-69.
Yuan Jing, and Flad, Rowan k.
2005 New Zooarchaeological Evidence for Changes in Shang Dynasty Animal Sacrifice. *Journal of Anthropologcial Archaeology* 24(3):252-270.
袁延胜
2018 秦汉简牍户籍资料研究. 北京:人民出版社.

袁仲一 & 刘钰
2009 秦陶文新编. 北京: 文物出版社.

Zaccagnini, Carlo
1990 The Transition from Bronze to Iron in the Near East and in the Levant: Marginal Notes. *Journal of the American Oriental Society* 110(3):493-502.

臧知非
2012 秦汉赋役与社会控制. 西安: 三秦出版社.
2017 秦汉土地赋役制度研究. 北京: 中央编译出版社.

Zeder, Melinda A.
1988 Understanding Urban Process through the Study of Specialized Subsistence Economy in the Near East. *Journal of Anthropological Archaeology* 7:1-55.

Zeder, Melinda.A., Ximena Lemoine, and Sebastian Payne
2015 A New System for Computing Long-bone Fusion Age Profiles in Sus scrofa. *Journal of Archaeolical Science*. 55:135-150.

张国硕 & 汤洁娟
2017 中原地区早期冶铁问题分析. 中原文物 2017(2):64-69.

张弘
2003 战国秦汉时期商人和商业资本研究. 济南: 齐鲁书社.

张建锋
2016 汉长安城地区城市水利设施和水利系统的考古学研究. 北京: 科学出版社.

张继海
2006 汉代城市社会. 北京: 社会科学文献出版社.
2015 The Residential Wards of Western Han Chang'an. In, *Chang'an 26 BCE: An Augustan Age in China*. Michael Nylan and Griet Vankeerberghen (eds.), Pp. 175-200. Seattle: University of Washington Press.

张金光
2013 战国秦社会经济形态新探. 北京: 商务印书馆.

张俊民
2007 简牍文书所见"长安"资料辑考, 武汉大学简帛研究中心, 简帛网, 2007.12.8,http://www.bsm.org.cn/show_article.php?id=757.

Zhang Mengyi, Li Yingfu, Xiong Zhaoming, Li Shijia, and Li Yuniu
2020 Iron Production and Trading in Lingnan During the Qin and Han Dynasties. *Antiquity* 94(373)e4:1–6.

张天恩
1987 宝鸡市谭家村四号汉墓. 考古 1987(12):1086-1090, 1158.

张天宇,张吉,黄凤春,陈建立
2020 叶家山 M111 出土的商代铁援铜戈. 南方文物 2020(2):110-115.

张童心 & 黄永久
1993 夏县禹王城庙后辛庄战国手工业作坊遗址调查简报. 文物季刊 1993 (2):11-16.

张万钟
1997 从侯马出土的工具范试论青铜农具的铸造与使用. 中国历史博物馆馆刊 1997(1):57-64.

张先得 & 张先禄
1990 北京平谷刘家河商代铜钺铁刃的分析鉴定. 文物 1990(7):66-71.

张昕瑞
2017 汉阳陵出土铁器制作工艺与保存现状研究, 西北大学硕士论文.

张朝阳
2019 东汉临湘县交址来客案例详考——兼论早期南方贸易网络. 中山大学学报（社会科学版）2019(1):78-84.

张振明 编
2009 古荥镇汉代冶铁遗址. 扬州: 广陵书社.

张中一
1959 陕西长安洪庆村秦汉墓第二次发掘简记. 考古 12:662-667.

张家山 [张家山二四七号汉墓竹简整理小组编]
2001 张家山汉墓竹简（二四七号墓）. 北京: 文物出版社.

Zhangsun Yingzi, Ruiliang Liu, and Zhengyao Jin et al.
2017 Lead Isotope Analyses Revealed the Key Role of Chang'an in the Mirror Production and Distribution Network During the Han dynasty. *Archaeometry* 59(4):685-713.

赵春燕, 李志鹏, 袁靖
2015 河南省安阳市殷墟遗址出土马与猪牙釉质的锶同位素比值分析. 南方文物 2015(3):77-80, 112.

Zhao Fengyan, Sun Manli, Li Xiuhui, Guo Fei, and Li Mengyu
2020 The Manufacturing Technology of Iron Swords from the Capital of the Han Empire in China. *SN Applied Science* 2(1510).

赵化成
1997 宝鸡市益门村二号春秋墓族属管见. 考古与文物 1997(1):31-34.
2006 从商周"集中公墓制"到秦汉"独立陵园制"的演化轨迹. 文物 2006(7):41-48.
2012 The Application and Production of Iron. In, *The History of Chinese Civilization* (Vol.1). Yuan Xingpei, Yan Wenming, Zhang Chuanxi and Lou Yulie (eds.), Pp.312-46. Cambridge: Cambridge University Press.

赵青云, 李京华, 韩汝玢, 丘亮辉, 柯俊
1985 巩县铁生沟汉代冶铁遗址再探讨. 考古学报 1985(2):157-183.

赵学谦 & 刘随盛
1963 陕西宝鸡福临堡东周墓葬发掘记. 考古 1963(10):536-543.

赵艺蓬, 种建荣, 陈钢
2012 陕西杨凌邰城汉代铸铁作坊遗址. 中国文物报 2012/3/16, 8.

赵志军
2010 植物考古学：理论、方法和实践. 北京: 科学出版社.

2020 临淄齐故城阚家寨遗址B区第Ⅱ和第Ⅲ地点植物浮选结果及分析. 见临淄齐故城冶铸业考古. 中国社会科学院考古研究所等编, 772-794. 北京: 科学出版社.

浙江 [浙江省文物考古研究所]
2009 浙江越墓. 北京: 科学出版社.

浙江 & 德清 [浙江省文物考古研究所, 德清县博物馆]
2011 德清亭子桥: 战国原始瓷窑址发掘报告. 北京: 文物出版社.

郑州 [郑州市博物馆]
1978 郑州古荥镇汉代冶铁遗址发掘简报. 文物 1978(2):28-43.

中国科学院 [中国科学院考古研究所]
1962 沣西发掘报告: 1955—1957年陕西长安县沣西乡考古发掘资料. 北京: 文物出版社.

中国矿藏 [中国矿藏发现史. 陕西卷编委会编]
1996 中国矿藏发现史: 陕西卷. 北京: 地质出版社.

中国社会 [中国社会科学院考古研究所]
1987 殷墟发掘报告, 1958—1961. 北京: 文物出版社.
1995 1992年汉长安冶铸遗址发掘简报. 考古 1995(9):792-798.
1996a 汉长安城未央宫: 1980-1989年考古发掘报告. 北京: 中国大百科全书出版社.
1996b 宣帝杜陵陵园遗址. 北京: 科学出版社.
1997 1996年汉长安冶铸遗址发掘简报. 考古 1997(7):5-12.
2003 西汉礼制建筑遗址. 北京: 文物出版社.
2004 安阳小屯. 北京: 世界图书出版公司.
2005 汉长安城武库. 北京: 文物出版社.
2007 南邠州·碾子坡. 北京: 世界图书出版公司.
2010 中国考古学（秦汉卷）. 北京: 中国社会科学出版社.
2020 安阳孝民屯三（殷商遗存·铸铜遗物）. 北京: 文物出版社.

中国社会 & 济南 [中国社会科学院考古研究所, 济南市考古研究所]
2018 山东济南魏家庄墓地出土铁器的保护修复. 北京: 故宫出版社.

中国社会 & 日本 [中国社会科学院考古研究所 & 日本奈良国立文化财研究所]
2007 汉长安城桂宫: 1996—2001年考古发掘报告. 北京: 文物出版社.

中国社会 & 西安市研究院 [中国社会科学院考古研究所 & 西安市文物保护考古研究院]
2018 秦汉上林苑——2004—2012年考古报告. 北京: 文物出版社.

中国社会等 [中国社会科学院考古研究所, 山东省文物考古研究院, 淄博市临淄区齐文化发展研究中心]
2020 临淄齐故城冶铸业考古. 北京: 科学出版社.

中国社会安阳 [中国社会科学院考古研究所安阳工作队]
2006 2000—2001年安阳孝民屯东南地段铸铜遗址发掘报告. 考古学报 2006(3):351-381.

中国社会长安 [中国社会科学院考古研究所汉长安城工作队]
2018 西安市汉长安城遗址直城门大街试掘简报. 考古 2018(11):34-49.
中国社会长安&西安市研究院 [中国社会科学院考古研究所汉长安城工作队 & 西安市文物保护考古研究院]
2014 西安市大白杨村汉墓发掘简报. 考古 2014(10):16-28.
2017 西安市莲湖区三民村西汉大型建筑遗址发掘简报. 考古 [2017(1):17-28.
中国社会汉城 [中国社会科学院考古研究所汉城队]
1994 汉长安城窑址发掘报告. 考古学报 1994(10):99-129.
中国社会汉城工作 [中国社会科学院考古研究所汉城工作队]
1994 汉长安城 23—27 号窑址发掘简报. 考古 1994(11):986-996.
中国社会陕西 [中国社会科学院考古研究所陕西六队]
1988 陕西兰田泄湖战国墓发掘简报. 考古 1988(12):1084-1089.
中国社会唐城队[中国社会科学院考古所唐城队]
1991 西安北郊汉墓发掘报告. 考古学报 1991(2):240-267.
中国社会武功[中国社会科学院考古研究所武功发掘队]
1996 陕西武功县赵家来东周时期的秦墓. 考古 1996(12):44-48.
中国冶金 [中国冶金史编写组]
1978 从古荥遗址看汉代生铁冶炼技术. 文物 1978(2):27, 44-47.
周原 [周原考古队]
2007 周原庄李西周铸铜遗址 2003 与 2004 年春季发掘报告. 考古学报 2011(2):246-300.
周原博物馆
2001 陕西扶风县官务汉墓清理发掘简报. 考古与文物 2001(5):17-29.
周振鹤
1999 西汉县城特殊职能探讨. 见周振鹤自选集, 15-35. 桂林: 广西师范大学出版社.
周振鹤, 李晓杰, 张莉
2016 中国行政区划通史（秦汉卷）. 上海: 复旦大学出版社.
朱晨露 & 赵钧陶
2018 西汉帝陵朝向新探. 西北大学学报（哲学社会科学版）48(2):96-104.
朱士光, 王元林, 呼林贵
1998 历史时期关中地区气候变化的初步研究. 第四纪研究 1998(1):1-10.
庄蕙芷
2016 论汉代车马出行图的形式与墓室结构的关系. 中国美术研究 2016(3):13-24.
庄子集释
2013 庄子集释, 郭庆藩注. 北京: 中华书局.
禚振西
1980 陕西户县两座汉墓. 考古与文物 1:46-52.
Zierden, Martha A., and Elizabeth J. Reitz
2009 Animal Use and the Urban Landscape in Colonial Charleston, South Carolina, USA. *International Journal of Historical Archaeology* 13:327-365.

邹水杰
2008 两汉县行政研究. 长沙: 湖南人民出版社.